新版会计从业资格学习与应试指南丛书

财经法规与职业道德应试指南

会计从业资格学习与应试指南编委会 编

中国财政经济出版社

图书在版编目（CIP）数据

财经法规与职业道德应试指南/会计从业资格学习与应试指南编委会编．—北京：中国财政经济出版社，2010.4

（新版会计从业资格学习与应试指南丛书）

ISBN 978－7－5095－2144－1

Ⅰ．财…　Ⅱ．会…　Ⅲ．①财政法－中国－会计－资格考核－自学参考资料②经济法－中国－会计－资格考核－自学参考资料③会计人员－职业道德－资格考核－自学参考资料　Ⅳ．D922.2　F233

中国版本图书馆 CIP 数据核字（2010）第 059607 号

责任编辑：林治滨　　　　责任校对：张　凡

封面设计：邹海东　　　　版式设计：董生萍

中国财政经济出版社出版

URL：http：//www.cfeph.cn

E－mail：cfeph @ cfeph.cn

社址：北京市海淀区阜成路甲 28 号　邮政编码：100142

发行处电话：88190406　财经书店电话：64033436

北京财经印刷厂印刷　　各地新华书店经销

787×1092 毫米　16 开　17.25 印张　420 000 字

2010 年 7 月第 1 版　2010 年 7 月北京第 1 次印刷

印数：1—6 000　　定价：30.00 元

ISBN 978－7－5095－2144－1/F·1693

（图书出现印装问题，本社负责调换）

本社质量投诉电话：010－88190744

本书编委会

主　　编： 赵庶杰

副 主 编： 于卫东　王永前　于国旭

编委会成员： 于卫东　于国旭　王永前　赵庶杰

前言

根据《会计从业资格管理办法》和新《会计从业资格考试大纲》的内容变化及确定的考试范围，结合会计法律法规和会计继续教育的有关规定，为了配合相关省（市）开展的会计从业资格考试，满足广大考生参加会计从业资格考试的实际需求，中国财政经济出版社组织会计理论界和实务界的专家学者，严格按照最新《会计从业资格考试大纲》的要求，编写了一套《新版会计从业资格学习与应试指南丛书》，以满足有关省（市）会计从业资格考试之急需。丛书分《会计基础学习与应试指南》、《会计电算化学习与应试指南》、《财经法规与职业道德应试指南》。

《财经法规与职业道德应试指南》主要内容分会计法律制度、支付结算法律制度、税收法律制度、财政法律制度、会计职业道德、学习方法与应试指南、财经法规与职业道德应试指南题库等。

本书在编写过程中，紧扣新大纲要求，突出了会计从业人员必备的知识结构，且语言简练，深入浅出，难度适中，体现了会计专业特色。主要以新《会计从业资格考试大纲》为依据，全面、系统、准确地阐述本学科的基本原理、基础知识，努力做到科学性、系统性和实用性的统一。重点突出了会计基础、会计岗位的技能训练与职业道德规范、会计电算化的学习方法与应试技巧，力求简练、通俗易懂。配套了丰富齐全的应试题库，使读者全面了解考试题型，强化复习效果，有的放矢、积极备考；同时，参阅了历年考试题库和大量的参考文献，从中汲取丰富的营养，使本书政策法规新、依据准确、章节明了清晰、题库面宽丰富，是一本较好的考试用书。它既是会计从业资格考试的专用教材，也可作为广大会计工作人员自学、培训和提高业务技能与职业道德水平的读本。

由于时间问题，教材难免存在错漏之处，敬请广大读者批评指正。

会计从业资格学习与应试指南编委会

2010 年 5 月 1 日

目录

第一章

会计法律制度

【本章内容简介】 本章主要讲述的内容：会计法律制度的构成、会计工作管理体制、会计核算、会计监督、会计机构和会计人员、会计法律责任等。

【主要题型及分值】“会计法律制度”在试卷中所占分值在45%左右，是本门课程最重要的一章，涉及的题型包括单选题、多选题、判断题。

第一节　会计法律制度的构成

会计法律制度是指国家权力机关和行政机关制定的各种会计规范性文件的总称，包括会计法律、会计行政法规、国家统一的会计制度和地方性会计法规。

我国会计法律制度基本构成主要指会计法律、会计行政法规、会计规章及地方性法规。

一、会计法律

会计法律是指由全国人民代表大会及其常委会经过一定立法程序制定的有关会计工作的法律。我国目前有两部会计法律，分别是《会计法》和《注册会计师法》。

（一）会计法

《中华人民共和国会计法》（以下简称《会计法》）是1985年1月21日，第六届全国人民代表大会常务委员会第九次会议通过，自1985年5月1日起施行。1993年12月29日，第八届全国人民代表大会常务委员会第五次会议通过了《关于修改〈中华人民共和国会计法〉的决定》，自公布之日起施行。《会计法》发布实施以来，特别是《会计法》重新修改发布实施以后，对规范会计工作，促进会计工作更好地为经济管理服务，起到了一定作用。随着改革开放的深入和社会主义市场经济的发展，经济管理对会计工作提出了许多新的要求。为适应新形势发展的需要，1999 年 10 月 31 日，第九届全国人民代表大会常务委员会第十二次会议再次对《会计法》进行修订，国家主席发布第二十四号主席令予以公布，自 2000 年 7 月 1 日起施行。再次修订《会计法》，是我国会计法制建设中的一件大事，对于规范会计行为，保证会计资料真实、完整，充分发挥会计工作在加强经济管理和财务管理、提高经济效益、维护社会主义市场经济秩序中的作用，都具有十分重要的意义。

因此，《会计法》是会计法律制度中层次最高的法律规范，是制定其他会计法规的依据，也是指导会计工作的最高准则。

（二）注册会计师法

为了适应对外开放的需要，《中华人民共和国注册会计师法》是 1993 年 10 月 31 日第八届全国人民代表大会常务委员会第四次会议通过，1993 年 10 月 31 日中华人民共和国主席令第十三号公布，1994 年 1 月 1 日起施行。注册会计师法主要分总则、考试和注册、业务范围和规则、会计师事务所、注册会计师协会、法律责任、附则七章四十六条。

我国实际是 1980 年恢复、重建了注册会计师制度的。财政部于 1980 年 12 月发布了《关于成立会计顾问处的暂行规定》。1985 年全国人大常委会通过了《中华人民共和国会计法》。1986 年 7 月，根据《中华人民共和国会计法》第二十条第二款的规定，国务院发布了《中华人民共和国注册会计师条例》。这些法律、法规，对建立和发展注册会计师制度，明确注册会计师资格，规范注册会计师执业行为，起了良好的作用。

《注册会计师法》的出台，主要随着改革的深入发展，对企业的财务检查、审核工作将按照国际惯例，逐步转变为由注册会计师等社会监督力量承担。特别是股份制企业的发展，企业财务的公开，企业股东、债权人、多方利益相关者以及潜在投资者对企业财务状况的信赖程度，主要取决于注册会计师对企业财务报告进行独立审计后所出具的报告。发行债券，向社会集资，多种所有制的联合，各种经济纠纷，有关的诉讼案件，等等，都需要注册会计师以独立的、公正的、客观的身份予以鉴证。因此，注册会计师既要对企业负责、对政府负责，也要对全社会负责。注册会计师工作已成为转变政府职能、转换企业经营机制、促进市场发育、健全社会经济监督体系的重要环节。在这种情况下，注册会计师立法是否健全，直接关系到我国注册会计师事业的发展和市场发育进度，关系到在新的经济运行方式下经济生活的正常秩序。与此同时，随着注册会计师队伍的增加、服务领域的扩大、社会责任的加重，对注册会计师的人员素质、专业资格、技术能力、职业责任、职业道德、工作制度等，也都提出了更高的要求，其法律地位和法律责任也需要相应提高和加重。而当时注册会计师条例远远不能适应这种情况。因此，《注册会计师法）出台，是当时形势迫切需要的。

《注册会计师法》自 1994 年实施以来，对规范注册会计师行业发挥了积极作用。但随着中国经济的快速发展，注册会计师执业的外部环境发生了很大变化，行业内部也出现了许多新情况、新问题，现行《注册会计师法》的某些规定已难以适应新形势的要求，法律规定的一些内容明显滞后，难以适应行业的需要。这些问题都在客观上要求对现行《注册会计师法》进行修订，补充、完善一些必需的制度、规范。

据悉，国务院于日前颁布了 2010 年立法工作计划。其中，为业内关注的，由财政部起草的《注册会计师法（修订）》位列“需要抓紧研究、待条件成熟时提出”的 116 件立法项目中。

二、会计行政法规

会计行政法规是指由国务院制定并发布，或者国务院有关部门拟订并经国务院批准发布，调整经济生活中某些方面会计关系的法律规范。如国务院发布的《总会计师条例》、《企业财务会计报告条例》等。

（一）总会计师制度

1. 我国总会计师制度的建立。总会计师是在单位负责人领导下，主管经济核算和财务会计工作的负责人。早在建国之初，我国就借鉴原苏联的经验，在一些大、中型国有企业实行总会计师制度，目的是加强经济核算和会计管理。为了进一步推动这一制度的建立和不断完善，1963 年 10 月，国务院批转了国家经委、财政部《关于国营工业、交通企业设置总会计师的几项规定（草案）》，规定国营工业、交通企业设置总会计师，并对总会计师地位、任职条件、任免办法及总会计师的职责和权限等问题作了具体规定。1978 年 9 月，国务院颁发的《会计人员职权条例》中，专设一章规定总会计师制度问题，并把设置总会计师扩大到所有企业。1984 年 10 月，党的十二届三中全会通过的《中共中央关于经济体制改革的决定》，再次肯定了总会计师制度，提出“一厂三总师”（厂长和总工程师、总经济师、总会计师）和党委书记的单位领导班子成员。1985 年颁布实施的《会计法》，首次以法律的形式明确了设置总会计师的要求，充分肯定了总会计师制度，从而大大推动了我国总会计师制度的发展。为了贯彻实施《会计法》和党中央、国务院的有关决定、规定，1990 年 12 月，国务院发布了《总会计师条例》，对总会计师的地位、职责、权限、任免与奖惩除了完整、全面、系统、具体的规定，使我国总会计师制度进入了一个全新的发展时期。1993 年修改的《会计法》再次明确规定：“大、中型企业、事业单位和业务主管部门可以设置总会计师。总会计师由具有会计师以上专业技术任职资格的人员担任。”这次修订的《会计法》对设置总会计师的范围又有了新的规定，即“国有的各国有资产占控股地位或者主导地位的大、中型企业必须设置总会计师”。

2. 总会计师的设置范围。

（1）国有大、中型企业必须设置总会计师。新修订的《会计法》对总会计师的设置范围有了明确规定，即国有的和国有资产占控股地位或者主导地位的大、中型企业必须设置总会计师。这一规定，与原《会计法》以及《总会计师条例》规定的范围有所不同。

随着我国社会主义市场经济的发展和国有企业改革的深化，国有企业尤其是国有大、中型企业组织形式不断发展变化，在发挥国有经济活力和优化资源配置的前提下，通过改组、改制和改造，有的成了国有独资公司，有的成了国有控股公司，国有企业的组织结构日趋完善，在我国国民经济中的控制力、影响力日益增强。国家作为国有企业的投资者，为了有效行使所有者的权利，必须依法加强对国有企业资产管理、财务管理和主要负责人员的监管。总会计师是主管企业经济核算和财务会计工作的单位领导成员，在资产管理和财务会计管理等方面起重要作用。因此，修订后的《会计法》适应国有企业改革的要求并吸收了国有企业改革的成功经济，将“可以设置总会计师”改为“必须设置总会计师”，将设置范围界定在“国有的各国有资产占控股地位或者主导地位的大、中型企业”。同时规定“总会计师的任职资格、任免程序、职责权限由国务院规定”，为适时修订《总会计师条例》提供法律依据。

（2）《会计法》不限制其他单位根据需要设置总会计师。《会计法》规定国有大、中型企业必须设置总会计师，并没有限制除国有大、中型企业以外的其他单位设置总会计师的范围。其他单位完全可以根据业务需要，视情况自行决定是否设置总会计师。从实际情况看，许多外商投资企业、民营企业等也都设有总会计师。

3. 总会计师的地位和任职条件。

（1）总会计师的地位。明确总会计师的地位，有利于保证总会计师依法行使职权，发挥总会计师的应有作用。《总会计师条例》对此作了明确规定：总会计师是单位领导成员，协助单位负责人工作，直接对单位负责人负责。总会计师作为单位财务会计的主要负责人，全面负责本单位的财务会计管理和经济核算，参与本单位的重大经营决策活动，是单位负责人的参谋和助手。为了保障总会计师的职权，《总会计师条例》不规定，凡设置总会计师的单位不能再设置与总会计师职责重叠的副职。

（2）总会计师的任职条件。按照《总会计师条例》的规定，担任总会计师，应当具备以下条件：一是坚持社会主义方向，积极为社会主义市场经济建设和改革开放服务；二是坚持原则、廉洁奉公；三是取得会计师专业技术资格后，主管一个单位或者单位内部一个重要方面的财务会计工作的时间不少于3年；四是要有较高的理论政策水平，熟悉国家财经纪律、法规、方针和政策，掌握现代化管理的有关知识；五是具备本行业的基本业务知识，熟悉行业情况，有较强的组织领导能力；六是身体健康、胜任本职工作。

4. 总会计师的职责和权限。

（1）总会计师的职责。根据《总会计师条例》的规定，总会计师的职责主要包括两个方面：一是由总会计师负责组织的工作，包括组织编制和执行预算、财务收支计划、信贷计划，拟订资金筹措和使用方案，开辟财源，有效地使用资金；建立、健全经济核算制度，强化成本管理，进行经济活动分析，精打细算，提高经济效益；负责对本单位财务会计机构的设置和会计人员的配备，组织对会计人员进行业务培训和考核；支持会计人员依法行使职权等。二是由总会计师协助、参与的工作，主要有协助单位负责人对本单位的生产经营和业务管理等问题作出决策；参与新产品开发、技术改造、科学研究、商品（劳务）价格和工资、奖金方案的制定；参与重大经济合同和经济协议的研究、审查。

（2）总会计师的权限。根据《总会计师条例》的规定，总会计师有以下权限：

①对违法违纪问题的制止和纠正权，即对违反国家财经纪律、法规、方针、政策、制度和有可能在经济上造成损失、浪费的行为，有权制止和纠正，制止或者纠正无效时，提请单位负责人处理。

②建立健全单位经济核算的组织指挥权。

③对单位财务收支具有审批签署权。

④有对本单位会计人员的管理权，包括对本单位会计机械设置、会计人员配备、继续教育、考核、奖惩等。

（二）企业财务会计报告条例

《企业财务会计报告条例》是为了规范企业财务会计报告，保证财务会计报告的真实、完整，根据《会计法》而制定的，2000年6月21日以中华人民共和国国务院令第287号发布的，自2001年1月1日起施行。

《企业财务会计报告条例》主要内容包括总则、财务会计报告的构成、财务会计报告的编制、财务会计报告的对外提供、法律责任和附则，共六章四十六条。

财务会计报告应当包括：会计报表、会计报表附注和财务情况说明书。会计报表应当包括资产负债表、利润表、现金流量表及相关附表。要求对投资者和对外提供的财务会计报告反映的会计信息应当真实、完整。企业应当依照法律、行政法规和国家统一的会计制度有关财务会计报告提供期限的规定，及时对外提供财务会计报告。不得随意改变会计要素的确认和计量标准的，不得随意改变财务会计报告的编制基础、编制依据、编制原则和方法等。对授意、指使、强令会计机构、会计人员及其他人员编制、对外提供虚假的或者隐瞒重要事实的财务会计报告，或者隐匿、故意销毁依法应当保存的财务会计报告，构成犯罪的，依法追究刑事责任；尚不构成犯罪的，可以处5000元以上5万元以下的罚款；属于国家工作人员的，并依法给予降级、撤职、开除的行政处分或者纪律处分。

三、国家统一的会计制度

国家统一的会计制度是指国务院财政部门根据《会计法》制定的关于会计核算、会计监督、会计机构和会计人员以及会计工作管理的制度，包括部门规章和规范性文件。

（一）会计部门规章

会计部门规章是根据《中华人民共和国立法法》（简称《立法法》）规定的程序，由财政部制定，并由部门首长签署命令予以公布的制度办法，如以财政部第26号部长令签发的《会计从业资格管理办法》和以财政部第33号部长令签发的《企业会计准则——基本准则》等。

1. 会计从业资格管理办法。2005年1月22日，财政部以第26号令公布了《会计从业资格管理办法》，自2005年3月1日起施行。其主要内容：

（1）对不符合《中华人民共和国行政许可法》（简称《行政许可法》）要求的事项予以取消，如取消了会计从业资格证书年检和强制要求会计人员参加继续教育的规定等。

（2）对申请会计从业资格证书人员，突出了对其会计法规和职业道德要求。

（3）对会计人员继续教育提出了指导性要求，即持有会计从业资格证书的人员应当接受继续教育，每年参加继续教育时间不得少于24小时。

（4）加强持证人员的后期管理，规范证书的注册、备案制度，改变“重发证、轻管理”的现象。

（5）规范了会计从业资格证书申请、受理、审查、决定、发放的程序和期限，以体现公开、便民原则，保护会计人员的合法权益。

（6）会计从业资格的取得实行考试制度，实行“凡进必考”。规定所有申请取得会计从业资格证书的人员，都必须参加会计从业资格考试。取消了中专（含）以上会计类专业毕业的人员可以直接申领的规定。有些市及各县（市）、区已经停止对中专（含）以上会计类专业毕业的人员直接颁发会计从业资格证书。

（7）考试科目。考试科目包括：财经法规与会计职业道德、会计基础、初级会计电算化三个科目，其中具备国家教育主管部门认可的中专（含）以上会计类专业毕业的人员，自毕业之日起2年内（含2年）可以免试会计基础、初级会计电算化。

（8）国民待遇一致。对港、澳、台地区及境外人员实行国民待遇，其报名条件、考试试题、免试政策、证书登记、证书吊销等事项同内地一致。

2. 企业会计基本准则。

(1) 2006 年 2 月 15 日，财政部发布了《企业会计准则——基本准则》，实现了我国会计准则与国际财务报告准则的实质性趋同，顺应了完善我国社会主义市场经济体制和经济全球化的需要，在我国会计发展史中具有里程碑意义。其中，基本准则是在 1992 发布的《企业会计准则》的基础上，根据形势发展的需要作了重大修订和调整，对于规范企业会计行为，提高会计信息质量，完善公司治理结构将起到十分积极的作用。同时，基本准则作为整个企业会计准则体系的概念基础，对于指导具体准则的制定和解决会计实务问题同样意义重大。

(2) 基本准则是我国会计法规体系的重要组成部分，除了《会计法》和《企业财务会计报告条例》分别属于会计法律、行政法规，并对企业会计核算和财务报告的编报提出要求、做出规范之外，基本准则属于部门规章，而各具体准则及其应用指南属于部门规范性文件。因此，在整个企业会计准则体系中，基本准则不仅法律层次较高，而且具有强制性和权威性。无论是准则制定人员在制定具体准则时，还是企业财会人员学习、实施准则时，都需要从理解、掌握基本准则规范的基本问题入手，只有这样，才能确保会计准则的高质量，确保准则体系能够贯彻实施到位。

(3) 企业会计基本准则的内容：基本会计准则在总则、会计信息质量要求、资产、负债、所有者权益（增加直接计入所有者权益的利得和损失）、收入、费用、利润（增加计入利润的利得和损失）的定义、确认、计量，财务会计报告（组成及内容）等方面有所变化，特别是增加了“会计计量”，除历史成本计量属性外，还增加了重置成本、可变现净值，尤其是现值和公允价值属性。

(二) 会计规范性文件

会计规范性文件是指主管全国会计工作的行政部门即国务院财政部门制定并发布的制度办法，如企业会计准则体系中的 38 项具体准则及应用指南《企业会计制度》、《会计基础工作规范》，以及财政部与国家档案局联合发布的《会计档案管理办法》等。

1. 企业会计准则体系中的 38 项具体准则及应用指南。2006 年 2 月 15 日，财政部发布了新企业会计准则体系，包括 1 项基本准则和 38 项具体准则（含应用指南），已于 2007 年 1 月 1 日起在上市公司施行。这一企业准则体系既与中国国情相适应，又与国际财务报告准则想趋同，为我国各类企业现有的经济业务提供了会计确认、计量和报告的标准。其主要内容：

(1) 资产的计价。新准则仅在经济环境和市场条件允许的情况下，对特定资产或者交易采用公允价值，比如金融工具、投资性房地产、非共同控制下的企业合并、债务重组和非货币性交易等；另从稳健性与防止盈余操纵方面出发对固定资产减值准备的计提作了较大的调整。

①存货。存货的借款费用一定条件下可以资本化。现行准则关于借款费用可以资本化的资产范围仅为固定资产，新准则关于借款费用可以资本化的资产范围除了固定资产外，还包括需要经过相当长时间的购建或者生产活动才级达到可使用或可销售状态的存货投资性房地产。取消了发出存货计价的后进先出法。现行准则对存货发出成本的确定可以采用后进先出法，但后进先出法未能真实反映存货流转，因此，新准则取消了存货的后进先出法，企业应当采用先进先出法、加权平均法或个别计价法确定发出存货的成本。

需要注意的是，虽然《企业会计准则第 8 号——资产减值》第十七条明确规定了“资产减值一经确认，在以后的会计期间不得转回”，但此准则不适用于存货。《企业会计准则第 1 号——存货》第十九条明确规定存货跌价准备在原先计提的存货跌价准备的金额内转回，转回的金额计入当期损益。

②固定资产。固定资产规定了弃置费的会计处理。如一些行业固定资产的弃置费用往往很大，与现行准则相比，新准则规定固定资产预计的弃置费用应计入固定资产的成本，计提折旧。修改了后续支出的确认原则。新准则修改了后续支出的确认原则，与国际准则趋同，取消了固定资产减值转回。固定资产的减值按照《企业会计准则第 8 号——资产减值》的规定处理，即固定资产减值损失一经确认，在以后会计期间不允许转回。这样，上市公司执行新准则后，提取固定资产减值准备将会增加当期利润。

③投资性房地产。投资性房地产是指为赚取租金或资本增值，或两者兼有而持有的房地产，包括已出租的土地使用权、长期持有并准备增值后转让的土地使用权和企业拥有并已出租的建筑物，不包括自用房地产和作为存货的房地产，在会计报表中将单列“投资性房地产”项目，会计处理可以采用成本模式（与固定资产差异不大）或者公允价值模式，但以成本模式为主导，谨慎使用公允价值。应注意企业对投资性房地产的计量模式一经确定，不得随意变更，从成本模式转为公允价值模式，视为会计政策变更。已采用公允价值模式计量的投资性房地产，不得从公允价值模式转为成本模式。

④长期股权投资。投资的分类方式和计量标准的变化。因为引入了金融工具的概念，新准则将短期投资修改为交易性证券投资，长期债权投资修改为持有至到期投资均适用《企业会计准则第 22 号——金融工具确认和计量》。

成本法和权益法应用范围的变化。由于权益法或成本法核算对企业合并的结果并没有太大影响，新准则规定投资企业能够对被投资单位实施控制的长期股权投资改用采用成本法核算，只是在编制合并会计报表时，应当按照权益法进行调整。由于投资企业对被投资单位无控制、无共同控制且无重大影响，但在活跃市场中有报价、公允价值能够可靠计量的长期股权投资由《企业会计准则第 22 号——金融工具确认和计量》规范。

⑤无形资产。现行准则规定的无形资产包括了可辨认无形资产和不可辨认无形资产。不可辨认无形资产指商誉，但不包括企业自创商誉，外购的商誉按照无形资产核算，要在一定年限内摊销。新准则明确规定无形资产不包括商誉。规范了研究开发费用的会计处理。现行准则对依法申请取得前发生的研究与开发费用，应于发生时确认为当期费用；新准则对企业内部研究开发项目的支出，区分研究阶段支出与现阶段支出，分别进行费用和资本化。取消了为首次发行股票而投入的无形资产按账面价值入账的规定。《企业会计准则第 6 号——无形资产》第十四条规定：投资者投入的无形资产，应当按照投资合同或协议约定的价值作为成本，但合同或协议约定价值不公允的除外。企业应当在每个会计期间对使用寿命不确定的无形资产进行复核，如果有证据表明无形资产的使用寿命是有限的，应当估计其使用寿命，在使用寿命内按照能够反映企业预期水平该项资产所产生的未来经济利益的方式系统合理摊销，无法可靠确定方式的，应当采用直线法摊销。

⑥资产减值。《企业会计准则第 8 号——资产减值》第十七条明确规定：“资产减值损失一经确认，在以后会计期间不得转回”。但需要注意的是《资产减值》准则中资产减值损失不得转回的范围仅限于该准则的适用范围，主要是固定资产、无形资产和对子公司、联营

公司和合营的长期股权投资等。存货、应收款项、短期投资、投资性房地产及生物资产等其他资产减值能否转回还应根据其适用的其他具体准则的规定，存货适用《企业会计准则第1号——存货》。存货跌价准备可以转回，转回的金额计入当期损益。

（2）特殊行业业务处理。特殊行业的特定业务准则规范特殊行业的特定业务的确认和计量要求，如石油天然气开采、生物资产、金融工具确认和计量、金融资产转移、原保险合同、再保险合同等准则项目。

①石油天然气开采。属于新颁布的准则，石油天然气开采的计量可采用公允价值。

②生物资产。新准则主要规范农垦企业对生物资产的会计处理，属于农业企业的特定业务准则，其他行业很少涉及。新准则将生物资产划分为生产性、消耗性、公益性三类，分别进行会计处理。新准则一般采用成本模式计量，仅在有确凿证据表明生物资产的公允价值能够持续可靠取得时，生物资产应当采用公允价值计量。

③金融工具的4项具体准则。新准则对金融企业使用金融工具具体准则的修改。新会计准则对金融工具的使用制定了4项具体准则，这对于金融企业特别是上市或拟上市的金融企业将会产生较大的影响。如新会计准则规定对于衍生金融工具一律以公允价值计最，并目要求从表外移到表内反映。这就要求上市银行必须谨慎使用衍生金融工具，以避免给报表带来过大的波动。

④原保险合同等6项金融方面的会计准则。新颁布的原保险合同、再保险合同、金融工具确认和计量、金融资产转移、套期保值、金融工具列报6项金融方面的会计准则，取代原《金融企业会计制度》、《保险公司会计制度》、《证券公司会计制度》。

（3）特殊业务的处理。

①债务重组。新准则重新引入公允价值，进而产生资产转让损益。新准则改变现行的“一刀切”将由于债权人让步而导致债务人豁免或者少偿还的负债计入资本公积的做法，恢复1998年版债务重组准则的原状，将债务重组收益计入当期损益。

②非货币性资产交换。新准则将原“非货币性交易”名称改为“非货币性资产交换”，并对非货币性资产再次运用了公允价值来计量，但是增加了限定条件以防止企业利用非货币性资产交换蓄意虚增利润。非货币性资产交换具有商业实质，换入资产或换出资产的公允价值能够可靠计量的非货币性资产交换应以公允价值和应支付的相关税费作为换入资产的成本，公允价值与换出资产的账面价值和应支付的相关税费作为换入资产的成本，不确认损益。在新准则中，空间是采用账面价值还是公允价值计价，关键在于对非货币性资产交换是否具有商业实质的判断。

③企业合并。新准则对于一项企业合并首先判断其属于同一控制下企业合并还是非控制下企业合并。对同一控制下企业合并采用类似权益结合法处理，对于非控制下企业合并采用购买法核算。新会计准则对于合并会计报表理论进行了较大的修改。

④股份支付。股份支付就是指企业为获取职工和其他方提供服务而授予权益工具或者承担以权益工具为基础确定的负债的交易。股份支付分为以权益结算的股份支付和以现金结算的股份支付。

以权益结算的股份支付，是指企业为获取服务以股份或其他权益工具作为对价进行结算的交易。

以现金结算的股份支付，是指企业为获取服务承担以股份或其他工具为基础计算确定的交付现金或其他资产的义务。

新准则对以权益结算和以现金结算两类股份支付，分别规范了会计处理方式，并引入公允价值计量。

⑤企业年金基金。新准则考虑到我国的实际情况，对企业年金基金的资产、负债、收入、费用和净资产的会计处理均进行了具体规范，实务操作性更强。新准则的发布使得企业年金基金的核算有则可依，准则不仅对企业年金基金的资产、负债、收入、费用和净资产的会计处理均进行了具体规范，而且对企业年金基金资产负债表和净资产变动表及其附注的内容作了详细规定，并以附录的形式提供了资产负债表和净资产变动表的具体格式，新准则较具可操作性，将使得企业年金基金的资产动作和保值增值的信息更加规范透明。

⑥职工薪酬。职工薪酬是指企业为获得职工提供的服务而给予各种形式的报酬以及其他相关支出，包括职工工资、奖金、津贴和补贴；职工福利费；医疗保险费、养老保险费、失业保险费、工伤保险费和生育保险费等社会保险费；住房公积金；工会经费和职工教育经费；非货币性福利；因解除与职工的劳动关系给予的补偿；其他与获得职工提供的服务相关的支出。

新准则规范了企业职工薪酬的概念、确认、计量和披露，将提高企业会计信息的质量。企业施行新准则后，取消了计提应付福利费的规定，按照实际发生额计入资产成本或当期费用，职工薪酬一定条件下可以进无形资产成本，上述都可能会增加企业当期利润。

⑦所得税。新所得税准则不再使用应付税款和递延法，只用债务法。所用债务法是资产负债表债务法，不是原来的损益表债务法，因此，引进了计税基础、暂时性差异的概念，形成了最大的不同。

⑧外币折算。在可选记账本位币的表述上有不同的描述。

（4）财务会计报告。报告准则指规范各类企业财务会计报告的准则，如财务报表列报、现金流量表、关联方交易及其披露等准则项目。

①增加“财务报表列报”准则。增加了所有者权益（股东权益）变动表，取消了利润分配表；资产负债表单独列示：“投资性房地产、生物资产、持有到期投资”，“应付职工薪酬”等；利润表要单独列示“公允价值变动损益”、“资产价值损失”、“非流动资产处置损益”，并将原费用分类改为新的功能性分类即“管理费用、销售费用（原来是营业费用）、财务费用”。

②现金流量表准则有所变动。投资活动现金流量部分增加了“处置子公司及其他营业单位收到的现金净额”，“取得子公司及其他营业单位支付的现金净额”；披露在对净利润进行调节方面增加了“公允价值变动损益”、“取得或处置子公司及营业单位的信息”等。

③关联方及其交易的披露范围。新准则规定对国有企业之间的关联方关系的确定延续目前的规定，即仅仅同受国家控制而不存在其他关联方关系的企业，不构成关联方，国有企业之间只有当存在投资纽带或者其他控制关系时才认定为存在关联方关系。

④新增“合并财务报表”准则。新会计准则对于合并会计报表理论进行了较大的修改，即由原来的“侧重母公司理论”转化为现在的“侧重实体理论”；而对于合并报表的范围则更侧重于“实质性控制原则”，即母公司必须将其所有一能控制的子公司全部纳入合并范围，而不一定考虑其持有子公司的股权比例。另外，新准则还特别强调，即使是所有一者权益为负数的子公司，只要是持续经营的，都应纳入合并报表的范围。

（5）其他。为了给首次执行企业会计准则体系的企业提供规范和指导，新准则体系中还包括了《企业会计准则第 38 号——首次执行企业会计准则》，相当于新旧会计标准的衔接办法。

2. 会计基础工作规范。会计基础工作是会计工作的基本环节，也是经济管理工作的重要基础。我国历来十分重视会计基础工作，制定了相应的规章制度。1984 年 4 月，财政部发布了《会计人员工作规则》，对建立会计人员岗位责任制、使用会计科目、填制会计凭证、登记会计账簿、编制会计报表、管理会计档案、办理会计交接等问题作出了具体规定。随着社会主义市场经济体制的确立和 1993 年以来会计制度的重大改革，会计基础工作出现了许多新情况、新问题。为适应会计基础工作的新要求，财政部对《会计人员工作规则》进行了重新修订，于 1997 年 6 月 17 日发布了《会计基础工作规范》。

《会计基础工作规范》共六章一百零一条，主要分总则、会计机构和会计人员、会计核算、会计监督、内部会计管理制度、附则。重点阐明了会计基础工作规范制定的依据、必要性、适用范围和管理。主体内容是关于会计机构和会计人员、会计核算、会计监督、内部会计管理制度等四个方面的规范，分四章分别进行阐述。

3. 会计档案管理办法。财政部、国家档案局发布的《会计档案管理办法》自 1984 年实施以来，对加强单位会计档案管理、促进会计工作为单位经济和国家经济建设服务等方面发挥了积极的作用。随着我国社会主义市场经济的发展，经济和会计工作中的新情况、新问题不断出现，原会计档案管理规定已不适应经济发展和会计改革的要求。为此，财政部、国家档案局依据《中华人民共和国会计法》和《中华人民共和国档案法》的有关规定，对《会计档案管理办法》进行了修订，自 1999 年 1 月 1 日起施行。

会计档案管理应建立会计档案的立卷、归档、保管、查阅和销毁等管理制度，才能保证会计档案妥善保管、有序存放、方便查阅，严防毁损、散失和泄密。

会计档案是包括会计凭证、会计账簿、财务会计报告等会计核算专业材料，是纪录和反映单位经济业务的重要史料和证据。具体包括：

（1）会计凭证类：原始凭证，记账凭证，汇总凭证，其他会计凭证。

（2）会计账本类：总账，明细账，日记账，固定资产卡片，辅助账簿，其他会计账簿。

（3）财务报告类：月度、季度、年度财务报告，包括会计报表、附表、附注及文字说明，其他财务报告。

（4）其他类：银行存款余额调节表，银行对账单，其他应当保存的会计核算专业资料，会计档案移交清册，会计档案保管清册，会计档案销毁清册。

单位的预算、计划、制度等文件材料属于文书档案，不属于会计档案。

（三）地方性会计法规

地方性会计法规是指省、自治区、直辖市人民代表大会及其常委会在与会计法律、会计行政法规不相抵触的前提下制定的地方性会计法规。它包括所制定的条例、规定、办法、细则等规范性的会计文件。地方性会计法规需要经过提出和起草、审议和通过、公布与实施等程序。制定地方性会计法规的范围：

1. 为了保证宪法、法律、行政法规和自治区地方性会计法规的实施，需要制定地方性会计法规的。

2. 国家尚未制定法律、行政法规和自治区尚未制定地方性会计法规，根据本地的实际情况，需要制定地方性会计法规的。

第二节　会计工作管理体制

国家会计工作管理体制是指国家管理会计工作的组织形式和基本制度，包括管理机构的设置、职责范围的确定和管理职权的划分，是国家会计法律、法规、规章、制度和方针、政策得以贯彻落实的组织保障和制度保障。

国家会计工作管理体制由法律、行政法规规定。我国会计法规定，国务院财政部门主管全国的会计工作。县级以上地方各级人民政府财政部门管理本行政区域内的会计工作。我国会计工作实行“统一领导，分级管理”体制。即在国务院财政部门统一规划、统一领导的前提下，实行分级负责、分级管理，充分调动地方、部门、单位管理会计工作的积极性和创造性。

一、会计工作的行政管理

国务院财政部门主管全国的会计工作，县级以上地方各级人民政府财政部门管理本行政区域内的会计工作。财政部门履行的会计行政管理职能主要有：

（一）会计准则制度及相关标准规范的制定和组织实施

1. 企业会计准则的制定。我国自 1992 年开始制定和发布了第一个会计准则——《基本会计准则》和 16 个具体会计准则。近年来，已有专家围绕我国会计准则的制定机构和制定程序进行了多方位的理论研究，于 2006 年对原有的 1 项基本会计准则和 16 项具体会计准则进行了修订，同时又发布了 22 项具体会计准则和两类企业（金融和非金融企业）适用的会计科目与会计报表。新准则首次构建了比较完整的有机统一体系，形成了我们的内部控制有效的外部环境。

我国新颁布的会计准则体系是一套内在严密、协调一致的体系。它具有连贯性、前瞻性、国际趋同的特点。《企业会计准则》包括三部分：基本准则、具体准则、具体准则指南。

（1）企业会计准则——基本准则。基本准则是由财政部发布于 2006 年 2 月 15 日，文号：中华人民共和国财政部令第 33 号，属于财政部部门规章，自 2007 年 1 月 1 日起施行。

（2）企业会计准则——具体准则。具体准则是由财政部发布于 2006 年 2 月 15 日，文号：财会［2006］3 号，属于财政部规范性文件，自 2007 年 1 月 1 日起在上市公司范围内施行，鼓励其他企业执行（执行具体准则的企业不再执行原准则、《企业会计制度》和《金融企业会计制度》）。具体准则共计 38 项，分别是：

企业会计准则第 1 号——存货；

企业会计准则第 2 号——长期股权投资；

企业会计准则第 3 号——投资性房地产；

企业会计准则第 4 号——固定资产；
企业会计准则第 5 号——生物资产；
企业会计准则第 6 号——无形资产；
企业会计准则第 7 号——非货币性资产交换；
企业会计准则第 8 号——资产减值；
企业会计准则第 9 号—— 职工薪酬；
企业会计准则第 10 号——企业年金基金；
企业会计准则第 11 号——股份支付；
企业会计准则第 12 号——债务重组；
企业会计准则第 13 号——或有事项；
企业会计准则第 14 号——收入；
企业会计准则第 15 号——建造合同；
企业会计准则第 16 号——政府补助；
企业会计准则第 17 号——借款费用；
企业会计准则第 18 号——所得税；
企业会计准则第 19 号——外币折算；
企业会计准则第 20 号——企业合并；
企业会计准则第 21 号——租赁；
企业会计准则第 22 号——金融工具确认和计量；
企业会计准则第 23 号——金融资产转移；
企业会计准则第 24 号——套期保值；
企业会计准则第 25 号——原保险合同；
企业会计准则第 26 号——再保险合同；
企业会计准则第 27 号——石油天然气开采；
企业会计准则第 28 号——会计政策、会计估计变更和会计差错更正；
企业会计准则第 29 号——资产负债表日后事项；
企业会计准则第 30 号——财务报表列报；
企业会计准则第 31 号——现金流量表；
企业会计准则第 32 号——中期财务报告；
企业会计准则第 33 号——合并财务报表；
企业会计准则第 34 号——每股收益；
企业会计准则第 35 号——分部报告；
企业会计准则第 36 号——关联方披露；
企业会计准则第 37 号——金融工具列报；
企业会计准则第 38 号——首次执行企业会计准则。

（3）企业会计准则——应用指南。应用指南是由财政部发布于 2006 年 10 月 30 日，文号：财会［2006］18 号，属于财政部规范性文件，自 2007 年 1 月 1 日起在上市公司范围内施行，鼓励其他企业执行（执行应用指南的企业不再执行原准则、《企业会计制度》和《金融企业会计制度》、各项专业核算办法和问题解答）。应用指南共计 32 项，并附录《会计科目和主要账务处理》。其中，32 个应用指南分别为：

《企业会计准则第 1 号——存货》应用指南；

《企业会计准则第 2 号——长期股权投资》应用指南；

《企业会计准则第 3 号——投资性房地产》应用指南；

《企业会计准则第 4 号——固定资产》应用指南；

《企业会计准则第 5 号——生物资产》应用指南；

《企业会计准则第 6 号——无形资产》应用指南；

《企业会计准则第 7 号——非货币性资产交换》应用指南；

《企业会计准则第 8 号——资产减值》应用指南；

《企业会计准则第 9 号——职工薪酬》应用指南；

《企业会计准则第 10 号——企业年金基金》应用指南；

《企业会计准则第 11 号——股份支付》应用指南；

《企业会计准则第 12 号——债务重组》应用指南；

《企业会计准则第 13 号——或有事项》应用指南；

《企业会计准则第 14 号——收入》应用指南；

《企业会计准则第 16 号——政府补助》应用指南；

《企业会计准则第 17 号——借款费用》应用指南；

《企业会计准则第 18 号——所得税》应用指南；

《企业会计准则第 19 号——外币折算》应用指南；

《企业会计准则第 20 号——企业合并》应用指南；

《企业会计准则第 21 号——租赁》应用指南；

《企业会计准则第 22 号——金融工具确认和计量》应用指南；

《企业会计准则第 23 号——金融资产转移》应用指南；

《企业会计准则第 24 号——套期保值》应用指南；

《企业会计准则第 27 号——石油天然气开采》应用指南；

《企业会计准则第 28 号——会计政策、会计估计变更和会计差错更正》应用指南；

《企业会计准则第 30 号——财务报表列报》应用指南；

《企业会计准则第 31 号——现金流量表》应用指南；

《企业会计准则第 33 号——合并财务报表》应用指南；

《企业会计准则第 34 号——每股收益》应用指南；

《企业会计准则第 35 号——分部报告》应用指南；

《企业会计准则第 37 号——金融工具列报》应用指南。

对于《企业会计准则第 15 号——建造合同》、《企业会计准则第 25 号——原保险合同》、《企业会计准则第 26 号——再保险合同》、《企业会计准则第 29 号——资产负债表日后事项》、《企业会计准则第 32 号——中期财务报告》、《企业会计准则第 36 号——关联方披露》、《企业会计准则第 38 号——首次执行企业会计准则》等 6 项具体准则，财政部未发布应用指南。

上述基本准则、具体准则、应用指南三个方面，依次自上而下形成企业会计准则的三个层次，构成我国的企业会计准则体系，并具有法律法规上效力，在全国范围内（港、澳、台地区除外）执行。

2. 会计准则的实施。会计准则的制定固然重要，准则的实施更为关键。财政部规定企业会计准则于2007年1月1日起首先在上市公司施行，鼓励其他企业执行。针对企业会计准则体系实施过程中遇到的问题，财政部会计准则委员会成立了“企业会计准则实施问题专家工作组”，于2007年2月1日、2007年4月30日，先后发布了两项《企业会计准则实施问题专家工作组意见》，便于及时指导上市公司、会计师事务所等有关方面正确地理解和执行新会计准则。

从2006年7月开始，财政部通过三所国家会计学院等培训基地，主要面向全国上市公司、具有证券期货业务资格的会计师事务所、各级财政部门、相关监管部门和会计学术界等，全面开展了会计准则培训，直接受训人数逾万人。既有普及性培训，又有专题式、高层次的培训；既有针对专业技术人员的培训，又有适应监管部门、公司负责人的培训；通过多种方式在在全社会范围内宣传培训会计准则，为中国会计准则的有效实施奠定了扎实的基础。

在准则实施后，针对准则实施情况，继续开展会计准则的宣传培训工作。特别是从2007年3月至12月，中国财政部在全国范围内成功举办了以会计准则为主要内容的会计知识大赛，通过网上答题全国共有1000多万会计人员参加了此次大赛，会计从业人员参赛率超过70%。以网上答题为基础，组织了全国各省和大型企业集团组成代表队，利用中央电视台进行会计准则比赛，在全国范围内进一步掀起了学习会计准则的热潮，有力地宣传普及了会计准则，确保准则的贯彻实施。

（二）会计市场管理

1. 会计市场概念。会计市场是指会计资源市场，是对会计资源进行有效开发、合理配置，从而达到充分利用的运行机制。

（1）会计资源具有使用价值和价值。会计资源的使用价值取决于会计资源本身的自然属性。不同的会计资源，其自然属性不同，使用价值也不同。会计人才的使用价值是加工处理、验证和传递会计信息；会计信息的使用价值表现为它是经济决策的依据。会计资源的价值是凝结在会计资源上的社会必要劳动。不同的会计资源的价值，在质的方面是相同的，但在量的方面有所不同，其主要原因在于不同的会计资源，其价值的构成要素有所不同。会计人才的价值包括本人及其家属生活资料的价值和教育训练的费用，而会计信息的价值则包括其生产资料的价值、劳动力的价值、剩余价值和风险价值。会计资源所具有的一般商品属性为其进入市场交换配置提供可能性，并成为前提条件。

（2）会计资源的配置需要运用市场机制。我国要建立社会主义市场经济体制，就必须建立统一、开放、竞争、有序的市场体系，不仅全部消费品，而且全部生产要素都要进入市场。会计资源作为生产要素中能动性因素对市场体系起着重要的作用。如果其他生产要素进入市场，而会计资源不进入市场，就不可能形成统一开放的市场体系，也不可能实现会计资源的优化配置。因此，建立会计市场，利用市场机制配置会计资源，是建立社会主义市场经济的内在要求。如果我们无视这一客观现实，那么不仅会影响到整个社会的市场效率和会计事业的发展，而且最终会影响到社会经济秩序和社会经济的发展速度。可见，会计资源运用市场机制加以配置，形成有效的会计市场，是市场经济运行的现实需要。

（3）在会计资源交换过程中存在着多种交换关系。会计资源是一种商品，那么在交换过程中必然存在两种相互对立的主体：会计资源的供应主体和会计资源的需求主体，两者之间必然要发生一系列的交换关系。从总体来看，会计资源的交换关系主要有两个方面，即会计资源的交换价值关系和供求关系。交换价值关系，主要包括会计人员与会计主体、注册会计师与会计师事务所之间的关于会计人才的交换关系，会计主体与会计师事务所之间注册会计师服务的交换关系，以及会计主体与其外部经济决策者之间关于会计信息的交换关系等。会计资源的供求关系中，主要包括会计人才的供求关系，注册会计师服务的供求关系和会计信息的供求关系等。可见，会计资源的交换与供求关系是很复杂的，它必然需要一个有效的方式与手段加以理顺，而市场规则与作用恰好可以实现这一目标。因此，会计资源交换与供求关系的复杂性为会计资源进入市场提供了必要性。

2. 会计市场管理。

（1）完善行业资格认定，建立分级准入体系。

①放宽低层次如代理记账、财会咨询市场的准入条件。国家正规大学财经类毕业生或取得会计中级职称以上人员都可以进入，不进行考试，机构由行业协会核准。

②提高注册会计师、注册税务师考试报名条件，要求必须是行业从业 3 年以上。考试过关自动成为协会会员，离开执业岗位 1 年以上自动失效。

③设立金融证券和财务会计两种行业特许资格。个人资格通过考试取得，团体资格通过评价指标体系考核取得，评价体系既要有绝对量指标，又要有相对量指标，定量定性考核相结合。

（2）规范执业机构组织模式，实行执业机构核准制。

①全面推行事务所合伙制。现为有限责任事务所的应在规定的期限内改造完毕。全面推行核准制，制订核准制下的工作程序以及条件和标准。

②规范合伙人入伙、退伙行为，实行合伙人变更备案制。因经营性失败而倒闭的事务所合伙人应限制参加事务所重组和成为新设立事务所的合伙人，受到严重惩戒或其他依法强制撤销的事务所合伙人应终身禁止作为事务所合伙人出现。合伙人退伙应和注册会计师转所结合起来。

③规范事务所重组、合并行为，限制采用终止设立方式。按照市场细划的级次，不允许逆向收购，鼓励市场准入层次高的事务所兼并低层次事务所，配套完善在资产、业务档案、风险等方面合并办法。

④建立事务所托管机制。对出现重大风险责任事故或隐患，以及接受停业惩戒的事务所，为防止风险扩散，由行业协会各级办事处进行托管，在托管期间进行强制性辅导，防止非法分散、转嫁风险的行为。

（3）完善市场规则，规范市场行为。

①全面放开业务收费限制。取消最低限价，取消收费标准的政府管制，把收费权完全交由事务所，交由市场裁定。

②理顺业务委托机制。从目前上市公司审计中所出现的一些虚假报告案例看，一个共同现象是拿股东的钱为股东作报告，却和管理层串通一气，显然委托机制有问题。因此，应规范委托时限和更换执业机构的程序。对于恶意欺诈和信用差的委托方除非指令性委托，应对其进行服务限制以示惩戒。

③用法律规范执业报告效力。明确区分鉴证性业务和咨询、代理业务，既要防止证明效

力无限扩大，减少鉴证风险，又要确保执业报告的法定效力。通过法律固定鉴证报告的权威性。

④完善职业道德准则和执业准则。分别制定咨询和代理业务的工作标准，完善执业准则。

⑤健全规范市场行为的组织保障。在行业协会内部建立相应专业委员会，按照相互制约的原理，实行准则、调查和惩戒分离。

⑥改革调查方式和惩戒方式，推行特许业务报告制度和注册会计师资格身份鉴证制度，细划惩戒分类，如对个人会员有终身禁入、开除会籍、停止会籍、强行辅导、合伙人谈话提醒，对团体会员终止会籍、停业整顿、强制托管等。

（三）会计专业人才评价

随着经济全球化不断深入，科学技术日新月异，人才资源已成为最重要的战略资源。小康大业，人才为本。作为拥有1000多万名会计人员队伍的会计行业，如何科学评价各类会计人才，最大限度做到人尽其才，不断提高会计人员整体专业素质，打造一支拥有国内一流、国际认可的金牌证书的专业队伍，是一个事关会计行业以什么样的方式发展、以什么样的速度发展的大问题。会计专业技术资格考试只是会计人才评价的一种方式。在目前我国经济持续快速发展，社会各界对会计人才评价需求急剧增加的形势下，进一步提高对会计人才评价工作重要性的认识，积极探究会计人才评价新途径，是摆在我们面前的一项重要任务。

1. 建立会计人才评价体系。

（1）实行会计人员岗位资格管理制度和会计人员持证上岗制度，严格《会计证》的发放管理；坚持并完善会计专业技术资格考试制度，通过考试选拔不同层次的会计人才；完善高级会计师考评结合制度，逐步建立科学、规范、公平的高级会计人才评价机制；逐步建立会计人员业绩考核、奖励、评价机制，调动会计人员的积极性、创造性。国家通过组织会计从业资格考试、会计技术职称考试、会计执业资格考试以及组织选拔高层次会计人才培训等方式，逐步建立完善科学客观的会计人才评价选拔机制，形成一种积极向上的激励机制、形成一种严谨的会计人员管理体制，会计队伍人才结构逐步改善，会计人员专业水平稳步提高。科学的评价体系是带动人才结构调整、人员素质提高的关键。实践证明，实行会计专业技术资格考试制度，是建立公平、合理的会计人才评价和选拔机制的重要措施，对促进会计人员系统学习专业知识，提高会计人员业务素质和工作水平有着重要的作用。

（2）构建重在社会和业内认可的社会化评价体系。一是完善会计人才评价标准。对中、高级会计专业技术职务申报评审条件进行修订完善，在科学性、规范性、导向性方面要有新的突破。二是丰富评价方式，不断提高评价质量。根据会计专业、岗位特点，制定了针对性强、科学化的评价办法、考评结合、知识测试等。

（3）加强评价组织的管理，严肃职称工作纪律。所有高评会的组建均采取计算机随机抽取人选的办法。一是建立适应社会主义市场经济发展需要的科学的专业技术人才社会化评价体系；二是以强化公正评价和单位自主聘任为核心，逐步建立健全了“个人自主申报、社会公正评价、单位自主聘用、政府宏观调控”的专业技术人才评价与使用机制；坚持以“一个体系、两项制度”为重点创新人才评价与使用机制，收到了很好的效果。

2. 会计人才评价标准。评价会计人才，应该围绕“德”、“才”两方面展开。高级会计人才应该具备“双高”，即高职业操守、高专业能力。“德”应该包括敬业和诚信。就是要传承先辈诚信礼义的美德，恪守自己的职业道德和执业操守，树立并保持会计职业的尊严。“才”则要求会计人员成为职业化人才，就是说会计人才应该是专业化、复合型的人才。在知识经济时代，会计人员要突破记账、算账、报账这种传统、简单的也是基本的会计工作方式，逐步培养和提高三种能力：一是理财能力。理财就是组织财务活动、处理各种财务关系的一种管理活动，要讲究“生财”“聚财”“用财”之道。具备如组织编制和执行本企业的预算、财务收支计划和信贷计划，筹措资金，有效使用资金，进行成本费用预测、计划、控制、核算、分析和监督等工作的能力。二是决策能力。决策能力源于个人知识的深度、广度和丰富的实践。实践经验来自于具体业务操作。这种能力反映为财务预警能力、提出解决方案的能力、决断能力。三是学习创新能力。在实际工作中应具备强烈的求知欲、旺盛的进取心和开拓创新的能力。培养良好的记忆力、敏锐的观察力、严谨的思维能力、充分的表达能力和运用新知识、新方法分析解决问题能力。

3. 会计人才的评价管理。

（1）坚持群众公认、注重实绩的原则，把党政干部和专业人才选准用好，必须落实好群众对他们的知情权、参与权、选择权和监督权。在考核评价工作中扩大民主、反映民意。

（2）发展会计人才评价机构，积极探索社会化的职业经理人资质评价制度，完善国家职业资格证书制度。同时，改进技能人才评价方式，积极开发适应不同层次会计人才的考核测评技术，不断提高人才评价的科学水平。

（3）加快建立以职业能力和工作业绩为导向，注重职业道德和职业知识水平的会计人才评价新体系。建立健全反映经营业绩的财务指标和反映人才综合管理能力等非财务指标相结合的人才评价新体系。在人才测评工作中，把能力和业绩作为衡量人才的主要标准。只有从以学历为本位转变为以能力为本位，以人才为社会所创造的价值大小去衡量，才能真正让“市场和出资人认可”成为考核评价企业经营管理人才的重要尺度。从而，防止人才评价上的人为偏差和腐败行为，让人才在公正、公开的竞争选拔环境中脱颖而出。

（4）会计专业技术人才的评价工作要得到社会和业内的认可，必须以深化职称制度改革为突破口，以打破专业技术职务终身制为重点，建立科学、公正和社会化的人才评价机制。人才评价机制是贯穿于人才培养、选拔、使用、激励、淘汰等各个环节。因此，注重社会和业内认可，必须建立以岗位要求为基础、社会化的会计专业技术人才评价规范。这样有利于建立会计人才评价“自下而上”的新机制，有利于建立更民主、更透明、更规范的人才评价和选拔机制。

（四）会计监督检查

1. 单位内部会计监督。

（1）单位内部会计监督的概念。单位内部会计监督是指为了保护单位资产的安全、完整，保证其经营活动符合国家法律、法规和内部有关管理制度，提高经营管理水平和效率，而在单位内部采取的一系列相互制约、相互监督的制度和方法。

（2）单位内部会计监督主体和对象。内部会计监督的主体是各单位的会计机构和会计人员。内部会计监督的对象是单位的经济活动。

（3）单位内部会计监督制度的基本要求。各单位应当建立、健全本单位内部会计监督制度和内部控制制度。单位内部会计监督制度应当符合以下要求：

①记账人员与经济业务事项或会计事项的审批人员、经办人员、财物保管人员的职责权限应当明确，并相互分离、相互制约。

②重大对外投资、资产处置、资金调度和其他重要经济业务事项的决策和执行的相互监督、相互制约的程序应当明确。

③财产清查的范围、期限和组织程序应当明确。

④对会计资料定期进行内部审计的办法和程序应当明确。

（4）会计机构和会计人员在单位内部会计监督中的职权。

①对违反《会计法》和国家统一的会计制度规定的会计事项，有权拒绝办理或者按照职权予以纠正。

②发现会计账簿记录与实物、款项及有关资料不相符的，按照国家统一的会计制度的规定有权自行处理的，应当及时处理；无权处理的，应当立即向单位负责人报告，请求查明原因，作出处理。

2. 财政部门实施会计监督检查的内容。

（1）设置会计账簿检查。

①应当设置会计账簿的是否按规定设置会计账簿。

②是否存在账外设账的行为。

③是否存在伪造、变造会计账簿的行为。

④设置会计账簿是否存在其他违反法律、行政法规和国家统一的会计制度的行为。

（2）会计凭证、会计账簿、财务会计报告等资料的检查。财政部门依法对各单位会计凭证、会计账簿、财务会计报告和其他会计资料的真实性、完整性实施监督检查，内容包括：

①《会计法》规定的应当办理会计手续、进行会计核算的经济业务事项是否如实在会计凭证、会计账簿、财务会计报告和其他会计资料上反映。

②填制的会计凭证、登记的会计账簿、编制的财务会计报告与实际发生的经济业务事项是否相符。

③财务会计报告的内容是否符合有关法律、行政法规和国家统一的会计制度的规定。

④其他会计资料是否真实、完整。

3. 单位会计核算的检查。财政部门依法对各单位会计核算的下列情况实施监督检查：

（1）采用会计年度、使用记账本位币和会计记录文字是否符合法律、行政法规和国家统一的会计制度的规定。

（2）填制或者取得原始凭证、编制记账凭证、登记会计账簿是否符合法律、行政法规和国家统一的会计制度的规定。

（3）财务会计报告的编制程序、报送对象和报送期限是否符合法律、行政法规和国家统一的会计制度的规定。

（4）会计处理方法的采用和变更是否符合法律、行政法规和国家统一的会计制度的规定。

（5）使用的会计软件及其生成的会计资料是否符合法律、行政法规和国家统一的会计制度的规定。

（6）是否按照法律、行政法规和国家统一的会计制度的规定建立并实施内部会计监督制度。

（7）会计核算是否有其他违法会计行为。

4. 会计档案的检查。财政部门依法对各单位会计档案的建立、保管和销毁是否符合法律、行政法规和国家统一的会计制度的规定实施监督检查。

5. 公司、企业会计核算的检查。财政部门依法对公司、企业执行会计核算特别规定的情况实施监督检查：

（1）公司、企业必须根据实际发生的经济业务事项，按照国家统一的会计制度的规定确认、计量和记录资产、负债、所有者权益、收入、费用、成本和利润。

（2）公司、企业进行会计核算不得有下列行为：

①随意改变资产、负债、所有者权益的确认标准或者计量方法，虚列、多列、不列或者少列资产、负债、所有者权益。

②虚列或者隐瞒收入，推迟或者提前确认收入。

③随意改变费用、成本的确认标准或者计量方法，虚列、多列、不列或者少列费用、成本。

④随意调整利润的计算、分配方法，编造虚假利润或者隐瞒利润。

⑤违反国家统一的会计制度规定的其他行为。

6. 各单位任用会计人员监督检查。财政部门依法对各单位任用会计人员的下列情况实施监督检查：

（1）从事会计工作的人员是否持有会计从业资格证书。

（2）会计机构负责人（会计主管人员）是否具备法律、行政法规和国家统一的会计制度规定的任职资格。

7. 其他监督检查。国务院财政部门及其派出机构和省、自治区、直辖市财政部门依法对会计师事务所出具的审计报告的程序和内容实施监督检查。

二、会计工作的自律管理

（一）中国注册会计师协会

1. 中国注册会计师协会主要职责。办理注册会计师注册；拟订行业准则、规则，监督、检查实施情况；组织对注册会计师的任职资格、注册会计师和会计师事务所的执业情况进行年度检查等。

2. 注册会计师行业的指导思想。以邓小平理论和“三个代表”重要思想为指导，深入贯彻落实科学发展观，全面总结行业发展经验，针对当前困扰行业发展的突出问题，着力从体制机制上深化改革、开拓创新，加强行业监管，推动诚信建设和组织建设，通过必要的扶持政策和鼓励措施，引导会计师事务所协调发展和走向国际，不断扩大执业领域和执业范围，全面提升执业质量和服务能力，大力改善执业环境和内部治理，促进注册会计师行业又好又快发展。

3. 注册会计师行业的基本原则。

（1）坚持解放思想、开拓创新。要立足我国国情，借鉴国际经验，在遵循法制要求和市场规则的前提下，大力支持会计师事务所改革创新，积极探索加快行业发展的多种模式、途径和方法，鼓励优化组合、兼并重组、强强联合，促进行业走跨越式发展道路。

（2）坚持科学发展、规范管理。要以科学发展观指导行业发展，形成大型、中型和小型会计师事务所执业领域各有侧重、市场定位各有特色、服务对象各有倾斜、地域分布较为合理，不同规模的会计师事务所有序竞争、接续发展的格局。同时，强化政府行政管理和监督，充分发挥行业协会的服务、协调和行业自律管理作用，健全会计师事务所组织形式、治理机制和行业制度，确保行业健康发展。

（3）坚持诚信为本、质量第一。要始终把诚信建设作为行业发展的生命线，以维护社会公众利益为宗旨，以职业道德建设为核心，坚守独立、客观、公正的职业立场，全面提升行业的诚信度和公信力，使注册会计师行业成为受社会尊重和信赖的专业服务行业。

4. 严格注册会计师行业行政监管和自律约束。

（1）加强行政许可，严格市场准入。财政部门要根据注册会计师法、行政许可法的要求和设立会计师事务所的规定，按照公开、公平、公正、便民、高效的原则，依照法定程序严格审批会计师事务所。未持有中国注册会计师证书的人员、不在会计师事务所专职执业人员、在申请设立会计师事务所前 3 年内因执业行为受到行政处罚的人员，不得担任会计师事务所的合伙人（股东）。在执业活动中受到行政处罚、刑事处罚，自处罚决定生效之日起不满 3 年的会计师事务所，不得申请设立证券期货资格会计师事务所。要及时跟踪了解会计师事务所有关信息和动态，监督会计师事务所业务活动，防止出现重审批、轻监管等现象。会计师事务所之外的其他中介机构和个人不得承办注册会计师审计业务。不具备证券期货资格的会计师事务所，不得承接证券期货相关业务。禁止会计师事务所一所多章分头签发业务报告等行为。

（2）加强行政监管，提高监管效能。财政部和各省级财政部门要加强对注册会计师行业的行政监管，健全行业监管跨部门沟通协调机制，建立财政部门和审计、银行、证券、保险等监管部门的信息共享制度，不断提高监管效能。要建立并实施会计师事务所及其注册会计师退出机制，严厉惩治通同舞弊、挂名签字、兼职执业等违法违规行为。财政部要重点加强对大中型会计师事务所及其注册会计师的监管。各省级财政部门要重点加强对小型会计师事务所的监管。采取多种形式交流监管经验，建立完善定期检查制度。要研究建立注册会计师监管责任追究制度，寓监管于服务之中，将强化监管与改进服务结合起来，将打击不良风气、违规行为与表彰先进、弘扬正气结合起来。要加强国际交流，把握全球行业发展动向，推动注册会计师行业始终保持良性快速发展态势。

（3）加强协会建设，严格自律约束。要充分发挥注册会计师协会的作用，不断提高管理和服务水平，促进行业又好又快发展。要加强注册会计师协会自身组织建设，严格注册会计师注册及考试制度，大力开展继续教育，夯实行业自律基础。要加强对注册会计师执业质量的自律检查和惩戒力度，建立健全行业诚信信息监控体系，不断丰富和创新行业自律手段。要进一步完善执业准则体系和职业道德准则体系，促进注册会计师执业质量和诚信水平不断提高。

（二）中国会计学会

会计学会是由全国会计领域各类专业组织及个人自愿结成的学术性、专业性、非营利性社会组织。

中国会计学会创建于 1980 年，是财政部所属由全国会计领域各类专业组织以及会计理论界、实务界会计工作者自愿结成的学术性、专业性、非营利性社会组织。中国会计学会在财政部领导的重视与支持下，围绕财政、会计工作的改革与发展，较好地发挥了理论先导、政策宣传、知识传播、发现人才的作用。目前，中国会计学会已成为联系政府机构、工商界和学术界的桥梁和纽带，是会计精英就财务会计改革与实践进行交流的高层次平台。

中国会计学会以组织、推动会计理论和实务交流，建立和完善适应社会主义市场经济发展需要的、具有国际影响力的会计理论与方法体系，向会员提供终身持续的专业化服务为目标。中国会计学会单位会员涵盖全国各省级会计管理机构、国有大中型企业、大专院校等，个人会员多在各自领域担任重要职务。

1. 中国会计学会的业务范围。

（1）组织协调全国会计科研力量，开展会计理论研究和学术交流，促进科研成果的推广和运用。

（2）总结我国会计工作和会计教育经验，研究和推动会计专业的教育改革。

（3）编辑出版会计刊物、专著、资料。

（4）发挥学会的智力优势，开展多层次、多形式的智力服务工作，包括组织开展中高级会计人员培养、会计培训和会计咨询与服务等。

（5）开展会计领域国际学术交流与合作。

（6）发挥学会联系政府与会员的桥梁和纽带作用，接受政府和其他单位委托，组织开展有关工作。

（7）其他符合学会宗旨的业务活动。

2. 会员包括单位会员和个人会员。

（1）下列各类组织可申请成为中国会计学会单位会员：

①各省、自治区、直辖市和计划单列市会计学会和全国性专业会计学会。

②高等院校设立的会计系（或学院）。

③科研单位设立的会计研究机构。

④大型企业的财务会计机构。

⑤其他机构。

（2）下列个人可申请成为中国会计学会个人会员：

①具有高级职称、从事会计教学或科研的人员和会计专业博士。

②具有高级职称的大中型企业总会计师或财务负责人。

③政府部门、中介机构等从事会计及会计管理工作且具有一定学术水平和研究能力的人员。

三、单位会计工作管理

（一）单位负责人要组织、管理好本单位的会计工作

单位负责人负责单位内部的会计工作管理，应当保证会计机构、会计人员依法履行职责，不得授意、指使、强令会计机构和会计人员违法办理会计事项，对本单位的会计工作和会计资料的真实性、完整性负责。单位负责人是指单位法定代表人或者法律、行政法规规定代表单位行使职权的主要负责人。

（二）会计人员的选拔任用由所在单位具体负责

第三节　会计核算

我国会计法律制度对会计核算的原则、会计资料基本要求以及会计年度、记账本位币、填制会计凭证、登记会计账簿、编制财务会计报告、财产清查、会计档案管理等作出了统一规定。

一、会计核算概念

会计核算是以货币为计量单位，运用专门的会计方法，对生产经营活动或者预算执行过程及其结果进行连续、系统、全面地记录、计算和分析，定期编制并提供财务会计报告和其他一系列内部管理所需的会计资料，为作出经营决策和宏观经济管理提供依据的一项会计活动。会计核算往往渗透到生产经营和业务活动的全过程，包括对经济业务事项的事前预测、事中控制和事后核算。《会计法》所规范的会计核算，主要限于事后核算方面的内容，即对基本的会计核算方法和程序作出规定，而没有过多涉及事前预测、事中控制等管理会计的内容，目的是增强法律规定的适应性。

二、会计核算内容

根据会计法的规定，会计核算的内容主要有七项。

（一）款项和有价证券的收付

款项包括现金、银行存款及其他视同现金、银行存款使用的外埠存款、银行汇票存款、银行本票存款、在途货币资金、信用证存款、保函押金和各种备用金。有价证券包括国库券、股票、企业债券和其他债券等。款项和有价证券的收付直接影响单位资金的变化，因此，必须及时办理会计手续，进行会计核算。

（二）财物的收发、增减和使用

财物是指单位的财产物资，一般包括原材料、燃料、包装物、低值易耗品、在产品、商品等流动资产和房屋、建筑物、机器、设施、运输工具等固定资产。财物的收发、增减和使用是单位资金运动的重要形态，因而是会计核算的经常性业务。加强对财物的管理，有利于控制和降低成本，保证财物的安全、完整，防止资产流失。

（三）债权债务的发生和结算

债权债务是指由于过去的交易或事项所引起的单位的现有权利或义务，其中，债权主要包括应收账款、应收票据、其他应收款、短期投资、长期投资等；债务主要包括短期借款、应付票据、应付账款、预收账款、应付工资、应交税金、应付利润、其他应付款、长期借款、应付债券、长期应付款等。债权债务的发生和结算，反映了单位的资金周转情况，必须进行会计核算。

（四）资本、基金的增减

会计上的资本又称为所有者权益，是指投资人对企业的净资产的所有权，是企业全部资产减去全部负债后的余额，包括实收资本、资本公积、盈余公积和未分配利润。

基金主要是指机关、事业单位某些特定用途的资金，如事业发展基金，集体福利基金、后备基金等。资本、基金的增减都会引起单位资金的变化，会计机构、会计人员必须及时办理会计手续，进行核算。

（五）收入、支出、费用、成本的计算

收入，对企业及其他营利性组织来讲，是指它们在销售商品、提供劳务及他人使用本单位资产等日常经济活动中所形成的经济利益的总流入；对机关、事业单位来讲，指经费的拨入。费用，对企业及营利性组织而言，是它们在生产和销售商品、提供劳务等日常经济活动中所产生的各种耗费，对机关事业单位来讲，是经费的支出。成本，是指企业及其他营利性组织的对象化了的费用，即以产品为对象计算分配的费用。收入、费用、成本是单位资金运动的直接表现，必须进行会计核算。

（六）财务成果的计算和处理

财务成果是单位在一定期间内经济活动的最终成果，也就是单位所得与所耗费或支出的配比，二者相抵后的差额，有的表现为盈余，有的则表现为亏损。财务成果是反映经营成果的最终要素，对它的计算和处理涉及到有关方面的经济利益，因此，必须及时进行会计核算。

（七）其他事项

其他需要办理会计手续，进行会计核算的事项。这是指除了前面六项内容以外需要进行会计核算的内容。如企业的终止清算，破产清算等这些业务的核算，也是会计核算不可缺少的内容。为了适应经济发展对会计核算工作的要求，会计法将可能产生的新的会计业务事项以“其他事项”来概括，以保证各种复杂的经济活动都能够得到及时的核算和反映。

三、会计核算原则

会计核算原则是会计核算的基本规律，它体现着社会化大生产对会计核 算的基本要求，反映着商品经济条件下会计核算的基本规律，是会计核算基本规律的高度概括和总结。

根据《企业会计准则》，我国会计核算的一般原则包括 12 项，它是我国会计核算工作应遵循的最基本的原则性规范，是对我国会计核算工作的基本要求。它在我国会计准则体系中居于指导性地位，它为整个会计准则提供指导思想和理论基础，对具体会计核算行为具有指导作用。我国 12 项会计核算的原则，根据其在会计核算中的作用，大体上可以划分为下面四类：一是总体性要求；二是会计信息质量要求；三是会计要素确定、计量方面的要求；四是会计修订性惯例的要求。

（一）总体性要求

1. 客观性原则。客观性原则是指会计核算必须以实际发生的经济业务及证明经济业务发生的合法凭证为依据，如实反映财务状况和经营成果，做到内容真实，数据准确，资料可靠。客观性要求是对会计核算工作的基本要求。它包括下面三层含义：

（1）会计核算应当真实反映企业的财务状况和经营成果，保证会计信息的真实性。

（2）会计核算应当准确反映企业的财务情况，保证会计信息的准确性。

（3）会计核算应当具有可检验性，使会计信息具有可验证性的特征。

2. 可比性原则。可比性原则是指会计核算必须符合国家的统一规定，提供相互可比的会计核算资料。可比性原则是以客观性原则为基础的。

3. 一贯性原则。一贯性原则是指企业采用的会计程序和会计处理方法前后各期必须一致，要求企业在一般情况下不得随意变更会计程序和会计处理方法。

(1) 一贯性原则要求同一会计主体在不同时期尽可能采用相同的会计程序和会计处理方法，便于不同会计期间会计信息的纵向比较。

(2) 可比性原则强调的是横向比较，一贯性原则强调的是纵向比较。从总的方面来说，两者都属于可比性的要求。

(3) 一贯性原则并不否认企业在必要时，对所采用的会计程序和会计处理方法作适当的变更。

(二) 会计信息质量要求

1. 相关性原则。相关性原则是指会计核算信息必须符合宏观经济管理的需要，满足各有关方面了解企业财务状况和经营成果的需要，满足企业加强内部经营管理的需要。

2. 及时性原则。及时性原则是指会计核算工作要讲求时效，要求会计处理及时进行，以便会计信息及时利用。

3. 明晰性原则。明晰性原则是指会计记录和会计信息必须清晰、简明，便于理解和使用。

(三) 会计要素确定、计量方面的要求

1. 权责发生制原则。权责发生制原则是指收入费用的确认应当以收入和费用的实际发生作为确认计量的标准，凡是当期已经实现的收入和已经发生或应当负担的费用，不论款项是否收付，都应作为当期的收入和费用处理；凡是不属于当期的收入和费用，即使款项已经在当期收付，都不应作为当期的收入和费用。

2. 配比原则。配比原则是指营业收入和与其相对应的成本、费用应当相互配合。

配比原则包括收入和费用在因果联系上的配比，也包含收入和费用在时间意义上的配比，即一定会计期间内的收入和费用的配比问题。

3. 历史成本原则。历史成本原则是指企业的各种资产应当按其取得或购置时发生的实际成本进行核算。

历史成本是指取得或制造某项财产物资时所实际支付的现金及其他等价物。

4. 划分收益性支出和资本性支出的原则。划分收益性支出和资本性支出的原则是指会计核算应当严格区分收益性支出和资本性支出的界限，以正确的计算企业当期损益。

(1) 收益性支出是指该项支出的发生是为了取得本期收益，即仅仅与本期收入有关。

(2) 资本性支出是指该支出的发生不仅与本期收入的取得有关，而且与其他会计期的收入有关，或者主要是为以后各会计期间的收入取得所发生的支出。

(四) 会计修订性惯例的要求

1. 谨慎性原则。谨慎性原则又称稳健性原则，要求会计人员对某些经济业务或会计事项存在不同会计处理方法和程序可供选择时，在不影响合理选择的前提下，以尽可能选用一种不虚增利润和夸大所有者权益的会计处理方法和程序进行会计处理，要求合理核算可能发生的损失和费用。

2. 重要性原则。重要性原则是指在会计核算过程中对经济业务或会计事项应区别其重要程度。采用不同的会计处理方法和程序。

四、会计核算基本要求

《会计法》对会计核算的基本要求主要体现在以下三个方面：

（一）会计核算依据的基本要求

《会计法》第九条规定："各单位必须根据实际发生的经济业务事项进行会计核算，填制会计凭证，登记会计账簿，编制财务会计报告。任何单位不得以虚假的经济业务事项或者资料进行会计核算。"以实际发生的经济业务事项为依据进行会计核算，是会计核算的重要前提，是填制会计凭证，登记会计账簿，编制财务会计报告的基础，是保证会计资料质量的关键。没有经济业务事项，会计核算也失去了对象；以不实甚至虚拟的经济业务事项为核算对象，会计核算就成了没有规范，没有约束，没有科学可言的。据此提供的会计资料不仅没有可信度，相反会误导使用者，侵害利益相关者的利益，扰乱社会经济秩序。

（二）会计资料的基本要求

《会计法》第十三条规定："会计凭证、会计账簿、财务会计报告和其他会计资料，必须符合根据统一的会计制度的规定。任何单位和个人不得伪造、变造会计凭证、会计账簿及其他会计资料，不得提供虚假的财务会计报告。"会计资料是记录会计核算过程和结果的重要载体，是反映单位财务状况和经营成果、评价经营业绩、选择合作对象、进行投资决策的重要依据。规范会计资料的国家统一的会计制度比较多，主要有《会计基础工作规范》、《会计档案管理办法》以及财政部发布的一系列会计准则、会计核算制度等。针对实际工作中存在的伪造、变造会计资料和提供虚假会计资料的情况，《会计法》从法律的角度，对此作出了限制性、禁止性规定。

（三）会计电算化的基本要求

《会计法》第十三条规定："使用电子计算机进行会计核算的，其软件及其生成的会计凭证、会计账簿、财务会计报告和其他会计资料，也必须符合国家统一的会计制度的规定。"这是为保证计算机生成的会计资料真实、完整和安全，以加强对会计电算化工作的规范。

1. 使用电子计算机进行会计核算的单位，使用的会计软件必须符合国家统一的会计制度的规定。

2. 用电子计算机生成的会计资料必须符合国家统一的会计制度的要求。即用电子计算机生成的会计凭证、会计账簿、财务会计报告在格式、内容以及会计资料的真实性、完整性等方面，都必须符合国家统一的会计制度的规定。

五、会计年度和记账本位币

（一）会计年度

我国是以"公历年度"为会计年度，即以每年公历的1月1日起至12月31日止。

（二）记账本位币

1. 会计核算以人民币为记账本位币。

2. 业务收支以人民币以外的货币为主的单位，可以选定其中一种货币作为记账本位币；应注意不是任何单位都可以随意选择记账本位币，只有遵守"业务收支以人民币以外的货币为主”的原则下才可以选择人民币以外的货币作为记账本位币。

3. 记账本位币一经确定，不得随意变动。

4. 编制财务会计报告只能为人民币，即采用非人民币作为记账本位币的也必须折算为人民币。

六、会计凭证

会计凭证的种类：分为原始凭证和记账凭证两种。

(一) 原始凭证

原始凭证的基本要求：

1. 原始凭证的内容必须具备：凭证的名称；填制凭证的日期；填制凭证单位名称或者填制人姓名；经办人员的签名或者盖章；接受凭证单位名称；经济业务内容；数量、单价和金额。

2. 从外单位取得的原始凭证，必须盖有填制单位的公章；从个人取得的原始凭证，必须有填制人员的签名或者盖章。自制原始凭证必须有经办单位领导人或者其指定的人员签名或者盖章。对外开出的原始凭证，必须加盖本单位公章。

3. 凡填有大写和小写金额的原始凭证，大写与小写金额必须相符。购买实物的原始凭证，必须有验收证明。支付款项的原始凭证。必须有收款单位和收款人的收款证明。

4. 一式几联的原始凭证，应当注明各联的用途，只能以一联作为报销凭证。一式几联的发票和收据，必须用双面复写纸（发票和收据本身具备复写纸功能的除外）套写，并连续编号。作废时应当加盖“作废”戳记，连同存根一起保存，不得撕毁。

5. 发生销货退回的，除填制退货发票外，还必须有退货验收证明；退款时，必须取得对方的收款收据或者汇款银行的凭证，不得以退货发票代替收据。

6. 职工公出借款凭据，必须附在记账凭证之后。收回借款时，应当另开收据或者退还借据副本，不得退还原借款收据。

7. 经上级有关部门批准的经济业务，应当将批准文件作为原始凭证附件：如果批准文件需要单独归档的，应当在凭证上注明批准机关名称、日期和文件字号。

8. 原始凭证不得涂改、挖补。发现原始凭证有错误的，应当由开出单位重开或者更正，更正处应当加盖开出单位的公章。

9. 会计机构、会计人员要根据审核无误的原始凭证填制记账凭证。

(二) 记账凭证

记账凭证的基本要求：

1. 记账凭证的内容必须具备：填制凭证的日期；凭证编号；经济业务摘要；会计科目；金额；所附原始凭证张数；填制凭证人员、稽核人员、记账人员、会计机构负责人、会计主管人员签名或者盖章。收款和付款记账凭证还应当由出纳人员签名或者盖章。

以自制的原始凭证或者原始凭证汇总表代替记账凭证的，也必须具备记账凭证应有的项目。

2. 填制记账凭证时，应当对记账凭证进行连续编号。一笔经济业务需要填制两张以上记账凭证的，可以采用分数编号法编号。

3. 记账凭证可以根据每一张原始凭证填制，或者根据若干张同类原始凭证汇总填制，也可以根据原始凭证汇总表填制。但不得将不同内容和类别的原始凭证汇总填制在一张记账凭证上。

4. 除结账和更正错误的记账凭证可以不附原始凭证外，其他记账凭证必须附有原始凭证。如果一张原始凭证涉及几张记账凭证，可以把原始凭证附在一张主要的记账凭证后面，并在其他记账凭证上注明附有该原始凭证的记账凭证的编号或者附原始凭证复印机。一张原始凭证所列支出需要几个单位共同负担的，应当将其他单位负担的部分，开给对方原始凭证分割单，进行结算。原始凭证分割单必须具备原始凭证的基本内容：凭证名称、填制凭证日期、填制凭证单位名称或者填制人姓名、经办人的签名或者盖章、接受凭证单位名称、经济业务内容、数量、单价、金额和费用分摊情况等。

5. 如果在填制记账凭证时发生错误，应当重新填制。已经登记入账的记账凭证，在当年内发现填写错误时，可以用红字填写一张与原内容相同的记账凭证，在摘要栏注明“注销某月某日某号凭证”字样，同时再用蓝字重新填制一张正确的记账凭证，注明“订正某月某日某号凭证”字样。如果会计科目没有错误，只是金额错误，也可以将正确数字与错误数字之间的差额，另编一张调整的记账凭证，调增金额用蓝字，调减金额用红字。发现以前年度记账凭证有错误的，应当用蓝字填制一张更正的记账凭证。

6. 记账凭证填制完经济业务事项后，如有空行，应当自金额栏最后一笔金额数字下的空行处至合计数上的空行处划线注销。

七、会计账簿

《会计法》第十六条规定：“各单位发生的各项经济业务事项应当在依法设置的会计账簿上统一登记、核算，不得违反《会计法》和国家统一的会计制度的规定私设会计账簿登记、核算。”会计账簿是由一定格式、相互联系的账页所组成，用来序时、分类地全面记录和反映一个单位经济业务事项的会计簿籍，是会计资料的主要载体之一，也是会计资料的重要组成部分。依法设置会计账簿，是单位进行会计核算的最基本的要求。按照《中华人民共和国税收征收管理办法实施细则》第十七条规定：“从事生产经营的纳税人应当依照税收征管法第十二条规定，自领取营业执照之日起十五日内设置账簿。”《会计法》不仅规定各单位必须依法设账，还对设置会计账簿的种类作出规定：“会计账簿包括总账、明细账、日记账和其他辅助性账簿。”其中，其他辅助账簿，也称备查簿，是为备忘备查而设置的。在会计实务中主要包括各种租借设备、物资的辅助登记或有关应收、应付款项的备查簿，担保、抵押备查簿等。各单位可根据自身管理的需要，设置其他辅助账。

（一）账簿设置

1. 单位应当按照国家统一会计制度的规定和会计业务的需要设置会计账簿。会计账簿包括总账、明细账、日记账和其他辅助性账簿。

2. 现金日记账和银行存款日记账必须采用订本式账簿。不得用银行对账单或者其他方法代替日记账。

3. 实行会计电算化的单位，用计算机打印的会计账簿必须连续编号，经审核无误后装订成册，并由记账人员和会计机构负责人、会计主管人员签字或者盖章。

（二）账簿启用

1. 启用会计账簿时，应当在账簿封面上写明单位名称和账簿名称。在账簿扉页上应当附启用表，内容包括：启用日期、账簿页数、记账人员和会计机构负责人、会计主管人员姓名，并加盖名章和单位公章。记账人员或者会计机构负责人、会计主管人员调动工作时，应当注明交接日期、接办人员或者监交人员姓名，并由交接双方人员签名或者盖章。

2. 启用订本式账簿，应当从第一页到最后一页顺序编定页数，不得跳页、缺号。使用活页式账页，应当按账户顺序编号，并须定期装订成册。装订后再按实际使用的账页顺序编定页码。另加目录，记明每个账户的名称和页次。

（三）登记账簿的基本要求

对于会计账簿的登记，一是必须依据经过审核的会计凭证登记会计账簿；二是登记会计账簿必须按照记账规则进行；三是实行会计电算化的单位，其会计账簿的登记、更正，也应当符合国家统一的会计制度的规定。登记账簿的基本要求：

1. 登记会计账簿时，应当将会计凭证日期、编号、业务内容摘要、金额和其他有关资料逐项记入账内；做到数字准确、摘要清楚、登记及时、字迹工整。

2. 登记完毕后，要在记账凭证上签名或者盖章，并注明已经登账的符号，表示已经记账。

3. 账簿中书写的文字和数字上面要留有适当空格，不要写满格；一般应占格距的1/2。

4. 登记账簿要用蓝黑墨水或者碳素墨水书写，不得使用圆珠笔（银行的复写账簿除外）或者铅笔书写。

5. 下列情况，可以用红色墨水记账：

（1）按照红字冲账的记账凭证，冲销错误记录。

（2）在不设借贷等栏的多栏式账页中，登记减少数。

（3）在三栏式账户的余额栏前，如未印明余额方面的，在余额栏内登记负数余额。

（4）根据国家统一会计制度的规定可以用红字登记的其他会计记录。

（四）账页要求

1. 各种账簿按页次顺序连续登记，不得跳行、隔页。如果发生跳行、隔页，应当将空行、空页划线注销，或者注明“此行空白”、“此页空白”字样，并由记账人员签名或者盖章。

2. 凡需要结出余额的账户，结出余额后。应当在“借或贷”等栏内写明“借”或者“贷”等字样。没有余额的账户，应当在“借或贷”等栏内写“平”字，并在余额栏内用“Q”表示。

3. 现金日记账和银行存款日记账必须逐日结出余额。

4. 每一账页登记完毕结转下页时，应当结出本页合计数及余额，写在本页最后一行和下页第一行有关栏内，并在摘要栏内注明“过次页”和“承前页”字样；也可以将本页合计数及金额只写在下页第一行有关栏内，并在摘要栏内注明“承前页”字样。

5. 对需要结计本月发生额的账户，结计“过次页”的本页合计数应当为自本月初起至本页末止的发生额合计数；对需要结计本年累计发生额的账户，结计“过次页”的本页合计数应当为自年初起至本页末止的累计数；对既不需要结计本月发生额也不需要结计本年累计发生额的账户，可以只将每页末的余额结转次页。

（五）账簿打印

实行会计电算化的单位，总账和明细账应当定期打印。发生收款和付款业务的，在输入收款凭证和付款凭证的当天必须打印出现金日记账和银行存款日记账，并与库存现金核对无误。

（六）错误更正

账簿记录发生错误，不准涂改、挖补、刮擦或者用药水消除字迹，不准重新抄写，必须按照下列方法进行更正：

1. 登记账簿时发生错误，应当将错误的文字或者数字划红线注销，但必须使原有字迹仍可辨认；然后在划线上方填写正确的文字或者数字，并由记账人员在更正处盖章。对于错误的数字，应当全部划红线更正，不得只更正其中的错误数字。对于文字错误，可只划去错误的部分。

2. 由于记账凭证错误而使账簿记录发生错误，应当按更正的记账凭证登记账簿。

（七）账务核对

单位应当定期对会计账簿记录的有关数字与库存实物、货币资金、有价证券、往来单位或者个人等进行相互核对，保证账证相符、账账相符、账实相符。对账工作每年至少进行一次。

1. 账证核对。核对会计账簿记录与原始凭证、记账凭证的时间、凭证字号、内容、金额是否一致，记账方向是否相符。

2. 账账核对。核对不同会计账簿之间的账簿记录是否相符，包括：总账有关账户的余额核对，总账与明细账核对，总账与日记账核对，会计部门的财产物资明细账与财产物资保管和使用部门的有关明细账核对等。

3. 账实核对。核对会计账簿记录与财产等实有数额是否相符。包括：现金日记账账面余额与现金实际库存数相核对；银行存款日记账账面余额定期与银行对账单相核对；各种财物明细账账面余额与财物实存数额相核对；各种应收、应付款明细账账面余额与有关债务、债权单位或者个人核对等。

（八）结账

单位应当按照规定定期结账。主要从以下几方面做好结账工作：

1. 结账前，必须将本期内所发生的各项经济业务全部登记入账。

2. 结账时，应当结出每个账户的期末余额。需要结出当月发生额的，应当在摘要栏内注明“本月合计”字样，并在下面通栏划单红线。需要结出本年累计发生额的，应当在摘要栏内注明“本年累计”字样，并在下面通栏划单红线；12 月末的“本年累计”就是全年累计发生额。全年累计发生额下面应当通栏划双红线。年度终了结账时，所有总账账户都应当结出全年发生额和年末余额。

3. 年度终了，要把各账户的余额结转到下一会计年度，并在摘要栏注明“结转下年”字样；在下一会计年度新建有关会计账簿的第一行余额栏内填写上年结转的余额，并在摘要栏注明“上年结转”字样。

八、编制财务会计报告要求

（一）财务会计报告的构成

财务会计报告由会计报表、会计报表附注和财务情况说明书组成。会计报表是财务会计报告的主体部分，是会计核算工作的总结和成果。它主要有资产负债表、损益表和现金流量表以及其他附表组成。

1. 资产负债表主要反映企业所拥有的资源、偿还债务的能力、所负担的债务、股东所持有权益以及企业将来的财务趋向等。

2. 损益表主要反映一定期间的经营成果。

3. 现金流量表是以现金的流入与流出及其净流量等情况，反映企业一定时期的经营活动、投资活动及筹资活动等产生的现金流量的报表。通过此表可以了解企业某一特定会计期间内有关现金流动的信息以及这些现金来源于何处，又用于何处。并通过将权责发生制基础下的净利润转换为收付实现制基础下的现金收入，反映现金的增减变动及流动情况，并以此说明企业资产、负债和所有者权益变动对现金的影响，从现金的角度来说明企业的财务状况，反映企业一定期间内的偿债能力、获利能力。

4. 会计报表附注主要是对会计报表中有关项目进一步说明的资料。有一些报表附注，会计制度或会计准则中有相应的要求。报表附注的内容除会计准则和制度有规定的应按规定披露外，有些内容对阅读会计报表有重要的辅助作用，也应当进行披露。如对或有事项的处理及会计政策的变更，将在以下详论。

5. 财务情况说明书是财务会计报告不可缺少的内容，它是对财务成果的文字说明和总结，并对此进行财务分析，是了解企业的一个重要资料。

（二）编制财务会计报告基本要求

1. 单位必须按照国家统一的会计制度规定编制月份、季度、年度财务会计报告，对外报送的财务会计报告的格式、编制要求、报送期限应当符合国家有关规定。

2. 对会计报表中各项会计要素进行合理的确认和计量，不得随意改变会计要素的确认和计量标准。

3. 应当依照有关法律、行政法规和《企业财务会计报告条例》规定的结账日进行结账，不得提前或者延迟；年度结账为公历年度的 12 月 31 日，其他为半年、季度、月份的最后一天。

4. 企业在编制年度财务会计报告前，应当按规定进行全面清查资产、核实债务。

5. 不得随意改变财务会计报告的编制基础、编制依据、编制原则和方法。

6. 单位负责人对报送的财务会计报告的真实性、完整性负法律责任。

7. 国有大型企业，国有重点金融机构及其他国家有委派监事会的国有企业，应当定期向监事会提供财务报告（注意只局限在“国有”，有“委派”监事会的）。国有的和国有资产占控股地位或者占主导地位的大、中型企业，应当“至少每年一次”向本企业的“职工代表大会”公布财务会计报告。

8. 企业财务会计报告按编制时间分为年度、半年度、季度和月度财务会计报告。季度和月度财务会计报告至少应当包括资产负债表和利润表。

（三）会计法对财务会计报告编制要求

《会计法》第二十条规定：“财务会计报告应当根据经过审核的会计账簿记录和有关资料编制，并符合《会计法》和国家统一的会计制度关于财务会计报告的编制要求、提供对象和提供期限的规定；其他法律、行政法规另有规定的，从其规定。财务会计报告由会计报表、会计报表附注和财务情况说明书组成。向不同的会计资料使用者提供的财务会计报告，其编制依据应当一致。有关法律、行政法规规定会计报表、会计报表附注和财务情况说明书须经注册会计师审计的，注册会计师及其所在的会计师事务所出具的审计报告应当随同财务会计报告一并提供。”这是对会计报表编制、报送、审计以及签章程序的规定。

1. 财务会计报告应当根据经过审核的会计账簿记录和有关资料编制。单位通过日常的记账、算账工作，把各项经济业务分类地登记在会计账簿中，会计报表是根据会计账簿的日常核算资料，按照规定的报表格式，总括反映一定期间的经济活动和财务收支情况及其结果的一种报告文件。因此，财务报告应根据经过审核后的会计账簿和相关资料进行编制。

2. 向不同机关、单位提供的同一会计期间的财务会计报告、其编制依据应当一致。会计报表是一个单位经营和业务活动情况的综合反映，是政府宏观经济管理的重要依据。单位编制会计报表除了向本单位、本单位的有关财务提供外，还必须及时向政府有关管理部门如财政部门、税务部门等报送，以便政府有关管理部门通过层层汇总，从总体上掌握各单位的经营和业务活动情况，并据此制定宏观经济政策，指导国民经济持续、快速、健康发展。因此，向不同的报表使用者提供财务报告编制依据编制基础应当一致。

3. 会计报表必须由有关负责人签章，以明确责任。《会计法》第二十一条规定："财务会计报告应当由单位负责人和主管会计工作的负责人、会计机构负责人（会计主管人员）签名并盖章；设置总会计师的单位，还必须由总会计师签名并盖章。单位负责人应当保证财务会计报告真实、完整。"

会计报表数据的合法、真实、准确、完整与否，对各单位和其他会计报表使用者，尤其是对投资人、政府部门正确评价微观或宏观经济活动情况，据此进行经济决策有直接影响。因此，会计报表数据必须做到合法、真实、准确、完整。要做到这一点，除会计机构、会计人员要严格按照规定的方法、程序和要求编制外，会计机构负责人、会计主管人员、总会计师、单位领导人也起很重要的作用。因为会计机构负责人、会计主管人员总会计师直接主管会计工作，对会计报表数据的合法、真实、准确、完整必须负有直接责任。如企业对外提供财务报告应当由企业负责人和主管会计工作的负责人、会计机构负责人（会计主管人员）签名并盖章，应当与经注册会计师及其事务所出具的审计报告一并提供。

因为，单位领导人是一个单位的最高管理者，必须对本单位的一切经济活动和管理工作全面负责，对会计报表数据的合法、真实、准确、完整负有直接责任。这就要求，单位领导人一方面要支持会计人员的工作，督促会计人员搞好正常的会计核算，按规定编制会计报表；另一方面，要对会计人员编制的会计报表进行认真审核，确保会计报表数据的合法、真实、准确、完整。

九、财产清查

财产清查，是通过实地盘点、核对、查询，确定各项财产物资、货币资金、往来款项的实际结存数，并与账存数核对，以保证账实相符的一种会计核算的专门方法。

财产清查是会计核算工作的一项重要程序，特别是在编制年度会计报表之前，必须进行财产清查，并对账实不符的问题根据有关规定正确地进行会计处理，以保证会计报表的数据真实、准确。财产清查制度是通过定期或不定期、全面或部分地对各项财产物资进行实地盘点和对库存现金、银行存款、债权债务进行清查核对的一种制度。通过建立财产清查，可以发现财产管理工作存在的问题，以便查清原因，改善经营管理，保护财产的完整与安全；通过清查，可以确定各项财产的实存数，以便查明实存数与账面数是否相符，并查明不符的原因和责任，制定措施，做到账实相符，保证会计资料的真实性。

十、会计档案管理

会计档案是指记录和反映经济业务事项的重要历史资料和证据，一般包括会计凭证、会计账簿、财务会计报告以及其他会计资料。会计档案对于总结经济工作，指导生产经营管理和事业管理，查验经济问题，防止贪污舞弊，研究经济发展的方针和战略都具有重要作用。为加强我国会计档案的科学管理，《会计法》原则规定了会计档案的范围、保管、销毁等问题，从而将会计档案管理纳入法制化轨道。会计档案管理是一项技术性、政策性都很强的工作，为此，《会计法》授权国务院财政部门会同有关部门制定《会计档案管理办法》，对会计档案的立卷、归档、保管、调阅和销毁，以及单位变更后的会计档案管理等问题作出了更加明确的规定。

十一、公司、企业会计核算的特别规定

（一）特别规定内容及原因

《会计法》对公司、企业会计核算的特别规定，其主要内容有两方面：一是经济业务的确认、计量和记录；二是明确了哪些是违反会计法规的行为。主要是加大对公司、企业会计行为执法的力度。使其会计人员有法可依，依法行事，明确责任。

单独对公司、企业会计核算的特别规定，是因为公司、企业与其他单位有较大的区别：

1. 公司、企业是盈利性的经济组织，为了追求经济利益，进行虚假会计核算的动机比其他单位强。

2. 公司、企业的会计核算比其他组织的会计核算复杂，因而需要更多和更明确的规定。

3. 公司、企业会计的法律要求不同于其他单位，我国的公司法、证券法对公司、企业的会计行为有更多的特别规定。

4. 对公司、企业会计核算的监管是我国会计工作管理的重点，公司、企业的会计行为影响到国家、投资者和潜在投资者、债权人、社会公众的利益，影响资金市场乃至整个社会经济秩序的稳定，从目前的情况看，会计秩序混乱的问题在公司、企业更为突出。

（二）经济业务的确认、计量和记录

《会计法》第二十五条规定："公司、企业必须根据实际发生的经济业务事项，按照国家统一的会计制度的规定确认、计量和记录资产、负债、所有者权益、收入、费用、成本和利润。"

1. 经济业务事项的确认。经济业务事项的确认，是会计核算的前提，一项经济业务一经确认，就应纳入会计核算的内容中。而按规定未经确认的经济事项，则不应进行会计核算。这里就有一个确认标准的问题，这一确认标准与经济业务事项的发生有关系，但与税务、合同法等法规的确认标准有着很大的差别。经济合同法承认协议、合同的法律效力，但会计核算不一定进行反映，如企业签订的销售合同，这一经济事项已经发生，但会计核算不要求立即反映，必须按照会计上收入的确认标准来认定，而这一认定标准，从理论上讲有两种，一是收付实现制。即当销售货物或提供劳务的现金收到时，确认收入；二是权责发生制。即收入必须符合的两个条件：第一，商品或劳务已经提供给顾客；第二，现金或者可以保证转换成现金的资产已经收到。再比如，存货、短期投资、长期投资、固定资产、无形资产、应付工资、应付税金、应付债券、产品成本、费用、利润等的确认标准。会计制度和会

计准则中都有明确规定。

2. 经济业务事项的计量。经济业务事项的计量是会计核算的依据，是会计凭证、会计账簿记录的基础，没有准确的计量，就没有会计记录的准确、真实、完整。不同企业之间或同一企业不同时期会计核算的结果也就缺乏可比性。

收入的计量，通常情况下收入的计量是预测从客户那里收到的资产的“可变现净值”来计量收入，也就是说，收入等于所收到的资产价值的现金是多少。但是由于收入的情况较为复杂，所以计量收入，就要考虑各种情况。如是现销，还是赊销？是否给予客户商品折让或折扣？商品发生退货如何处理？不同的情况采用不同的计量方法和标准。

3. 经济业务的记录。企业必须根据实际发生的经济业务事项，全面、完整、真实、客观地记录企业资产、负债、所有者权益、收入、费用和利润。

（1）应从原始凭证做起。原始凭证是会计核算工作的第一步，没有原始凭证，就无从谈起会计记录。不能客观地记录原始凭证，就可能造成后续会计工作“假账真算”和“真账假算”，少记、漏记经济业务，给违法乱纪造成可乘之机。

（2）应做好记账凭证的记录工作。记账凭证是登记会计账簿的重要一步，也是审计部门查账的重要会计资料。

（3）做好账簿登记工作是会计记录的最终一环。登记会计账簿，应当按照《会计工作规范》的要求，认真登记，应当按照连续编号的页次顺序登记，不得隔页、缺号、跳行。会计账簿记录发生错误的，应当按照国家统一会计制度规定的方法更正。

（三）违反国家统一会计制度的行为的界定

《会计法》作为我国会计工作的根本大法，是指导会计工作顺利进行，维护会计工作的正常秩序，保护会计人员依法记录、反映经济业务，最终使经济活动健康发展的法律保障，是打击不法行为的有利武器。但是，从 1980 年发布《会计法》以来，至今尚无一人因违反《会计法》而受到制裁。无人违法当然是值得高兴的事，但另一方面，违反财务会计制度的单位和人却不在少数。这是因为《会计法》的条文中对什么是违反会计法的行为不明确，如何制裁没有界定，这也是以往《会计法》的不足之处。

在实际工作中，不遵照国家统一的会计制度和会计准则执行的企业和个人不在少数，在审计的过程中，审计人员经常与企业会计人员的意见不一致，分歧很大。这其中有很多分歧是对会计制度的运用有关。如哪些是违反了国家统一会计制度的规定？哪些不构成违反国家统一的会计制度？以往的法规中没有一个明确的界定，这次修改的《会计法》明确了哪些行为是违反了国家统一的会计制度。《会计法》第二十六条规定，公司、企业会计核算的下列行为属于违反国家统一的会计制度：

1. 随意改变资产、负债、所有者权益的确认标准和计量方法，虚列、多列、不列或者少列资产、负债、所有者权益。国家统一的会计制度对资产、负债、所有者权益的确认和计量方法都有明确规定，如折旧的计提标准和方法；无形资产的摊销年限和方法；应付债券的折价和溢价的摊销和方法等。

2. 虚列隐瞒收入，推迟或者提前确认收入。以收入调节企业的经营成果，是一些企业最经常采用的违反会计核算制度的手法。个别企业领导为了粉饰经营成果，提高收入，不是积极开拓市场，扩大产品的销售，而是在账本上做文章，将一些尚未实现的合同收入，甚至协议收入，都做为当期的收入纳入账内核算。有的企业利用关联方交易，虚列收入。还有一些企业领导，为了小集团或者个人私利，隐瞒收入，将已实现的收入，不纳入账内反映，逃避税收，甚至转移收入，私设“小金库”。还有一些企业，推迟或者提前确认收入，调节不同会计期间的利润。这些做法，都是违反国家统一会计制度的行为。

3. 随意改变费用、成本的确认标准或者计量方法，虚列、多列、不列或者少列费用、成本。一些企业在会计核算中，不严格按照会计制度的规定进行核算，随意性很大。如由于国家政策发生变化，或者市场因素发生改变，出于不同的目的和个人的利益等原因，利用不同的会计核算方法，改变企业的财务成果。对待摊费用的摊销和方法、利息费用的计提与摊销等进行调节，当期多摊待摊费用，少计利息等方法，少列成本。随意改变成本费用的确认标准和计量方法，达到调节经营成果的目的。

4. 随意调整利润的计算、分配方法，编造虚假利润或者隐瞒利润。有的企业领导为了个人荣辱，或为了逃避税收，采取调整利润的计算方法，如在计算利润时，将应计入利润的营业收入不包括在内，或将非独立核算单位的收入不计算在内，而将费用等计算在内，或对采用长期投资核算的权益法和成本法的范围随意改变，以此调节利润，甚至编造虚假的利润。

5. 违反国家统一的会计制度规定的其他行为。如在编制会计报表时，随意改变会计报表项目的内容，将一些应当分列项目反映的内容，合并成一个项目，使报表反映不清晰，或者改变其列示方法，把应作为资产备抵项目反映的内容，而在负债或权益项目反映等。这些也都是违反统一的会计制度的行为。

第四节　会计监督

在会计工作中，通过记录、计算、分析和检查，对企业、机关、事业单位和其他经济组织等生产经营活动或预算执行情况进行监察和督促的一项管理活动。会计是情况进行监察和督促的一项管理活动。会计监督是会计的基本职能之一，同时又是经济监督的重要组成部分。

一、单位内部会计监督

（一）单位内部会计监督的概念

单位内部会计监督是指为了保护单位资产的安全、完整，保证其经营活动符合国家法律、法规和内部有关管理制度，提高经营管理水平和效率，而在单位内部采取的一系列相互制约、相互监督的制度和方法。

（二）单位内部会计监督主体和对象

1. 内部会计监督的主体是各单位的会计机构和会计人员。

2. 内部会计监督的对象是单位的经济活动。

（三）单位内部会计监督制度的基本要求

单位应当建立、健全本单位内部会计监督制度和内部控制制度。单位内部会计监督制度应当符合以下要求：

1. 记账人员与经济业务事项或会计事项的审批人员、经办人员、财物保管人员的职责权限应当明确，并相互分离、相互制约。

2. 重大对外投资、资产处置、资金调度和其他重要经济业务事项的决策和执行的相互监督、相互制约的程序应当明确。

3. 财产清查的范围、期限和组织程序应当明确。

4. 对会计资料定期进行内部审计的办法和程序应当明确。

（四）会计机构和会计人员在单位内部会计监督中的职权

1. 对违反《会计法》和国家统一的会计制度规定的会计事项，有权拒绝办理或者按照职权予以纠正。

2. 发现会计账簿记录与实物、款项及有关资料不相符的，按照国家统一的会计制度的规定有权自行处理的，应当及时处理；无权处理的，应当立即向单位负责人报告，请求查明原因，作出处理。

二、会计工作的政府监督

（一）会计工作的政府监督的概念

会计工作的政府监督主要是指财政部门代表国家对单位和单位中相关人员的会计行为实施的监督检查，以及对发现的违法会计行为实施的行政处罚，是一种外部监督。

（二）会计工作的政府监督主体

县级以上人民政府财政部门为各单位会计工作的监督检查部门，对各单位会计工作行使监督权，对违法会计行为实施行政处罚。审计、税务、人民银行、证券监管、保险监管等部门依照有关法律、行政法规规定的职责和权限，可以对有关单位的会计资料实施监督检查。如《税收征收管理法》规定，税务机关有权检查纳税人的账簿、记账凭证、报表和有关资料。

（三）财政部门实施会计监督的对象和范围

1. 财政部门实施会计监督检查对象。会计监督检查对象是会计行为，并对发现的有违法会计行为的单位和个人实施行政处罚。违法会计行为是指公民、法人和其他组织违反《会计法》和其他有关法律、行政法规、国家统一的会计制度的行为。

2. 财政部门实施会计监督检查范围。财政部门对各单位下列事项实施监督：

（1）是否依法设置会计账簿。

（2）会计凭证、会计账簿、财务会计报告和其他会计资料是否真实、完整。

（3）会计核算是否符合《会计法》和国家统一的会计制度的规定。

（4）从事会计工作的人员是否具备会计从业资格。

此外，国务院财政部门和省、自治区、直辖市人民政府财政部门，依法对注册会计师、会计师事务所和注册会计师协会进行监督、指导。财政部门对会计师事务所出具审计报告的程序和内容进行监督。

三、会计工作的社会监督

（一）会计工作的社会监督的概念

会计工作的社会监督主要是指由注册会计师及其所在的会计师事务所依法对委托单位的经济活动进行的审计、鉴证的一种监督制度。

此外，单位和个人检举违反《会计法》和国家统一的会计制度规定的行为，也属于会计工作社会监督的范畴。

（二）注册会计师审计与内部审计的关系

1. 注册会计师审计概念。注册会计师审计是指由独立的专门机构或人员接受或根据授权对国家行政、事业单位和企业单位及其他经济组织的会计报表和其他资料及其他所反映的经济活动，进行合法性和公允性审计并发表意见。一是财务报表是否按照适用的会计准则和相关会计制度的规定编制；二是财务报表是否在所有重大方面公允反映被审计单位的财务状况、经营成果和现金流量。

注册会计师是依法取得注册会计师证书并接受委托从事审计和会计咨询、会计服务业务的执业人员。注册会计师还可根据委托人的委托，从事审阅、鉴证业务和相关服务。注册会计师需经过全国注册会计师统一考试合格，并在会计师事务所从事审计业务两年以上，在注册会计师协会申请批准方可获得注册会计师执业资格证书，即执业注册会计师（有些注册会计师未从事审计等相关业务的为非执业注册会计师）。

2. 内部审计概念。内部审计是指由各部门、各单位内部设置的相对独立的审计机构或审计人员对本部门、本单位所进行的审计。

3. 内部审计与注册会计师审计关系。内部审计与注册会计师审计都是现代审计体系的组成部分。注册会计师审计为了提高审计效率往往需要借助内部审计，而内部审计部门也经常要求注册会计师提供管理建议书。但注册会计师审计与内部审计有很大区别：

（1）审计目标不同。注册会计师审计是对被审计单位财务报表的合法性和公允性进行审计。而内部审计对内部控制的有效性、财务信息的真实性和完整性以及经营活动的效率和效果开展的评价活动。

（2）审计独立性不同。注册会计师审计为需要可靠信息的第三方提供服务，不受被审计单位管理层的领导和制约，独立性较强。而内部审计是为组织内部服务，接受总经理或董事会的领导，独立性较弱。

（3）审计方式不同。注册会计师审计以独立的第三方对被审计单位进行的审计，委托人可自由选择会计师事务所，注册会计师审计则是受托进行。内部审计是代表总经理或董事会实施的组织内部监督，是内部控制制度的重要组成部分，单位内部的组织必须接受内部审计人员的监督。

（4）审计内容和目的不同。注册会计师审计依据独立审计准则，主要围绕会计报表进行，是对审计后的会计报表发表审计意见。而内部审计的内容主要是审查各项内部控制制度的执行情况、提出各项改进措施。

（5）审计职责和作用不同。内部审计的结果只对本部门、本单位负责，对外不起鉴证作用。并向外界保密；而注册会计师审计需要对投资者、债权人以及社会公众负责，对外出具的审计报告具有鉴证作用。

（6）审计时间不同。注册会计师审计通常是定期审计，每年对被审计单位的财务报表审计一次。而内部审计通常对单位内部组织采用定期和不定期的审计，时间安排比较灵活。

（三）注册会计师及其所在的会计师事务所业务范围

会计师事务所是依法设立并承办注册会计师业务的机构。成立会计师事务所及其业务范围，需经国家财政部门，如省、自治区、直辖市政府财政部门批准。会计师事务所至少有五名注册会计师组成。

会计师事务所受理的审计验资等业务，不受行政区域、行业的限制；委托人委托会计师事务所办理审计验资等业务，任何单位和个人不得干预。也就是说会计师事务所承接审计验资等业务不受地域和行业限制，审计验资也具有相对独立性并承担相关责任。

会计师事务所的业务范围，也即是注册会计师的业务范围。根据《注册会计师法》第14条、第15条的规定及其他法律、行政法规的规定，我国注册会计师可以办理以下三方面的业务：

1. 审计业务。

（1）会计报表审计：审查企业会计报表，出具审计报告；

（2）验资：验证企业资本，出具验资报告；

（3）合并分立清算审计：办理企业合并、分立、清算事宜中的审计业务，出具有关报告；

（4）其他审计：办理法律、行政法规规定的其他审计业务。

2. 会计咨询、会计服务业务。

（1）设计财务会计制度；

（2）担任会计顾问，提供会计、财务、税务和其他经济管理咨询；

（3）代理记账；

（4）代理纳税申报；

（5）代办申请注册登记，协助拟定合同、协议、章程及其他经济文件；

（6）培训会计人员；

（7）审核企业前景财务资料；

（8）资产评估；

（9）参与进行可行性研究；

（10）其他会计咨询和会计服务业务。

3. 会计师事务所（注册会计师）具体业务。

（1）上市审计：企业发行股票及上市审计服务；

（2）法定审计：年度财务报表审计；公司上市审计；公司收购审计；公司清算审计；公司转让审计；经理责任审计等。

（3）专项审计：资本验证－验资；净资产审计；公司内部审计；特定项目审计；司法会计鉴定；采购审计；工程造价审计；税务审计；外汇收支专项审计等。

（4）资产评估：企业投资评估；企业改组评估；资产交易租赁评估；产权抵押评估；其他资产评估。

（5）其他服务：审阅服务、鉴证服务、会计服务、代理记账、管理咨询、会计培训等。

第五节　会计机构和会计人员

一、会计机构的设置

（一）单位会计机构的设置

各单位应当根据会计业务的需要设置会计机构，或者在有关机构中设置会计人员并指定会计主管人员。对于不具备设置会计机构条件的单位，应当委托中介机构代理记账。

（二）会计机构负责人（会计主管人员）任职资格

1. 会计机构负责人（会计主管人员）的概念。会计机构负责人（会计主管人员）是指在一个单位内具体负责会计工作的中层领导人员。

2. 会计机构负责人（会计主管人员）的任职资格。担任单位会计机构负责人（会计主管人员）的，除取得会计从业资格证书外，还应当具备会计师以上专业技术职务资格或者从事会计工作3年以上经历。

（三）会计人员回避制度

国家机关、国有企业、事业单位任用会计人员应当实行回避制度。单位负责人的直系亲属不得担任本单位的会计机构负责人、会计主管人员、会计机构负责人、会计主管人员的直系亲属不得在本单位会计机构中担任出纳工作。直系亲属包括夫妻关系、直系血亲关系、三代以内旁系血亲以及近姻亲关系。

二、代理记账

（一）代理记账的概念

代理记账是指从事代理记账业务的中介机构接受委托人的委托办理会计业务。委托人是指委托代理记账机构办理会计业务的单位。代理记账机构是指从事代理记账业务的中介机构。

（二）代理记账的业务范围

代理记账机构可以接受委托，受托办理委托人的以下业务：

1. 根据委托人提供的原始凭证和其他资料，按照国家统一的会计制度的规定进行会计核算，包括审核原始凭证、填制记账凭证、登记会计账簿、编制财务会计报告等。

2. 对外提供财务会计报告。代理记账机构为委托人编制的财务会计报告，经代理记账机构负责人和委托人签名并盖章后，按照有关法律、行政法规和国家统一的会计制度的规定对外提供。

3. 向税务机关提供税务资料。

4. 委托人委托的其他会计业务。

（三）委托代理记账的委托人的义务

1. 对本单位发生的经济业务事项，应当填制或者取得符合国家统一的会计制度规定的原始凭证。

2. 应当配备专人负责日常货币收支和保管。

3. 及时向代理记账机构提供真实，完整的原始凭证和其他相关资料。

4. 对于代理记账机构退回的要求按照国家统一的会计制度规定进行更正、补充的原始凭证，应当及时予以更正、补充。

（四）代理记账机构及其从业人员的义务

1. 按照委托合同办理代理记账业务，遵守有关法律、行政法规和国家统一的会计制度的规定。

2. 对在执行业务中知悉的商业秘密应当保密。

3. 对委托人示意其作出不当的会计处理，提供不实的会计资料，以及其他不符合法律、行政法规的国家统一的会计制度规定的要求，应当拒绝。

4. 对委托人提出的有关会计处理原则问题应当予以解释。

三、会计从业资格

（一）会计从业资格的概念

会计从业资格是指进入会计职业、从事会计工作的一种法定资质，是进入会计职业的“门槛’。

（二）会计从业资格证书的适用范围

在国家机关、社会团体、公司、企业、事业单位和其他组织从事下列会计工作的人员（包括中国香港特别行政区、澳门特别行政区、台湾地区人员以及外籍人员在中国大陆境内从事会计工作的人员），必须取得会计从业资格，持有会计从业资格证书。

1. 会计机构负责人（会计主管人员）。
2. 出纳。
3. 稽核。
4. 资本、基金核算。
5. 收入、支出、债权债务核算。
6. 工资、成本费用、财务成果核算。
7. 财产物资的收发、增减核算。
8. 总账。
9. 财务会计报告编制。
10. 会计机构内会计档案管理。

（三）会计从业资格的取得

1. 会计从业资格的取得实行考试制度。考试科目为：财经法规与会计职业道德、会计基础、初级会计电算化（或者珠算五级）。会计从业资格考试大纲由财政部统一制定并公布。省、自治区、直辖市、计划单列市财政厅（局），新疆生产建设兵团财务局，中共中央直属机关事务管理局、国务院机关事务管理局、铁道部、中国人民武装警察部队后勤部和中国人民解放军总后勤部负责组织实施会计从业资格考试有关工作。

2. 会计从业资格报名条件。申请参加会计从业资格考试的人员，应当符合下列基本条件：遵守会计和其他财经法律，法规；具备良好的道德品质；具备会计专业基础知识和技能。

3. 会计从业资格部分考试科目免试条件。申请人符合基本报名条件且具备国家教育行政主管部门认可的中专以上（含中专）会计类专业学历（或学位）的，自毕业之日起2年内（含2年），免试会计基础、初级会计电算化（或者珠算五级）。会计类专业包括：会计学、会计电算化、注册会计师专业化、审计学、财务管理、理财学。

（四）会计从业资格证书管理

1. 上岗注册登记。持证人员从事会计工作，应当自从事会计工作之日起90日内，填写注册登记表，并持会计从业资格证书和所在单位出具的从事会计工作的证明，向单位所在地或所属部门、系统的会计从业资格管理机构办理注册登记。

2. 离岗备案。持证人员离开会计工作岗位超过6个月的，应当填写注册登记表，并持会计从业资格证书，向原注册登记的会计从业资格管理机构备案。

3. 调转登记。持证人员调转工作单位，且继续从事会计工作的，应当按规定要求办理调转登记。

4. 变更登记。持证人员的学历或学位、会计专业技术职务资格等发生变更的，应向所属会计从业资格管理机构办理从业档案信息变更登记。

四、会计专业职务与会计专业技术资格

（一）会计专业职务

会计专业职务是区分会计人员从事业务工作的技术等级，目前分为高级会计师、会计师、助理会计师和会计员4种。其中，高级会计师为高级职务，会计师为中级职务，助理会计师和会计员为初级职务。各单位对会计专业职务一般实行聘任制。

会计专业职务是取得了会计从业资格证书的会计人员上岗后，继续提升个人在单位中技术地位的标志。

（二）会计专业技术资格

取得会计专业技术资格是被单位聘任会计专业职务的基本条件，通过了高级会计专业技术考试并取得高级会计专业技术资格证书，才有资格参加高级会计师评审；通过了中级会计专业技术考试并取得中级会计专业技术资格证书，才有资格被单位聘任为会计师；通过了初级会计专业技术考试并取得初级会计专业技术资格证书，才有资格被单位聘任为助理会计师或会计员。会计专业技术资格分为初级资格、中级资格和高级资格三个级别。初级，中级会计资格的取得实行全国统一考试制度；高级会计师资格实行考试与评审相结合制度。高级会计师资格考试报考条件各地区略有差别。

1. 北京地区报名条件。申请参加《高级会计实务》考试的人员，须持有会计从业资格证书，并符合下列条件之一：

（1）获得博士学位，取得会计师、审计师、经济师、统计师或会计专业讲师资格后，从事会计工作满2年。

（2）获得硕士学位或本科毕业后，取得会计师、审计师、经济师、统计师或会计专业讲师资格满5年，从事会计工作满3年。

（3）获得本科毕业学历或硕士学位后，取得会计师资格满3年，从事会计工作满5年；

或获得专科毕业学历后，取得会计师资格并从事会计工作均满 5 年，且具备下列条件之一：

①公开出版会计专业著作，且独立撰写 5 万字以上；

②参加编写省（部）级及以上会计行业法规的主要起草人。

（4）长期在专业技术岗位上工作，并符合下列条件之一：

①具有本科毕业及以上学历，取得非会计师中级资格满 10 年，并从事会计工作满 5 年；

②具有大学普通班学历或取得专科毕业学历满 10 年，从事专业技术工作满 20 年，取得会计师资格满 8 年或取得其它中级资格满 10 年，并从事会计工作满 5 年。

以上考试报名条件中所规定的专业工作年限截止日期计算到考试报名当年年底。

2. 山东地区报名条件。

（1）基本条件：

①拥护中国共产党领导，热爱祖国，坚持四项基本原则，努力学习邓小平理论和“三个代表”重要思想，认真贯彻执行党和国家的方针政策，模范遵守《中华人民共和国会计法》及有关法律法规，恪守职业道德，廉洁勤政，爱岗敬业，有效履行岗位职责；

②持有有效会计从业资格证书；

⑧参加省人事厅统一组织的职称外语考试，并取得有效成绩；

④参加省人事厅统一组织的专业技术人员计算机应用能力考试，并取得相应合格证书。

（2）学历及资历条件：

①具备会计师或经济、统计、审计等相关系列（专业）中级专业技术资格，并符合下列条件之一者，可申报考评高级会计师资格：获得博士学位，取得会计师或相关专业中级专业技术资格后，从事会计工作 2 年以上；获得硕士学位，取得会计师或相关专业中级专业技术资格后，从事会计工作 4 年以上；大学本科毕业，取得会计师或相关专业中级专业技术资格后，从事会计工作 5 年以上；取得会计师或相关中级专业技术资格以后又获得大学本科学历或硕士学位的，所学专业应是财务会计或相近专业，在取得学历后要继续从事财务会计工作 3 年以上，并同时符合上述第 2、第 3 项中规定的相应资历要求。

②不具备上述学历要求的财务会计人员，取得会计师等资格后，从事会计工作 5 年以上，且各年度考核均为合格（称职）以上等次，其中有 2 年年度考核为优秀等次（获得先进工作者、嘉奖、记功等能证明其财会专业工作业绩突出的奖项，可视同为其年度考核优秀。下同），并具备下列条件之一者，可破格报名参加高级会计师资格考试：

第一，在正式公开出版过的财会专业书籍中，本人独立撰写或为主撰写累计达 10 万字以上；

第二，在省部级报刊上发表过 2 至 3 篇由本人独立撰写或为主撰写的有较高学术水平的财会专业论文；

第三，荣获全省先进会计工作者称号。

③取得会计师等相关资格，并在从事会计工作期间成绩显著，贡献突出，各年度考核均为合格（称职）以上等次，其中有 2 年年度考核为优秀，且具备下列条件之一者，可不受规定学历和资历限制，破格报名参加高级会计师资格考试；

第一，在财务会计专业研究方面取得显著成果，获国家级三等（含三等）以上或省部级二等（含二等）以上优秀成果奖的主要研究人员；

第二，在正式公开出版的财会专业书籍中，本人独立撰写累计达 30 万字以上，并被大中专院校采用作为教材；

第三，荣获全国先进会计工作者称号。

(4) 因考试替考和评审材料弄虚作假，在2002年度考评中被处取消3年内申报评审高级会计师资格、2003年度考评中被处取消3年内和5年内申报评审高级会计师资格的人员不能报考。

五、会计工作岗位设置

会计工作岗位，是对一个单位的会计工作进行具体分工而设置的各个职能岗位，在会计机构内部设置会计工作岗位，有利于明确分工和各个岗位的职责：建立岗位责任制有利于会计人员钻研业务，提高工作效率和质量；有利于会计工作的程序化和规范化，加强会计基础工作；还有利于强化会计管理职能。提高会计工作的作用；同时，也是配备数量适当的会计人员的客观依据之一。

(一) 设置会计工作岗位的原则

1. 根据本单位会计业务实际需要原则。各单位应当根据会计业务需要设置会计工作岗位。由于各单位所属行业的性质，自身的规模、业务内容和数量以及会计核算与管理的要求等不同，会计工作岗位的设置条件和要求也不相同。在设置会计工作岗位时，必须结合单位的实际情况，有的分设、有的合并、有的不设，以满足会计业务需要为原则。

2. 符合内部牵制制度要求原则。会计工作岗位，可以一人一岗、一人多岗或者一岗多人但出纳人员不得兼管稽核、会计档案保管和收入、费用、债权债务账目的登记工作。从多年来税收检查、审计和会计工作秩序整顿中暴露出来的问题看，不少单位在会计工作岗位设置上存在岗位职责不清、人浮于事、手续混乱等问题；在一些小型经济组织中，会计、出纳一人兼任，或者出纳与财物保管一人兼任，为徇私舞弊或贪污挪用等违法乱纪行为留下了可乘之机，隐患甚大，造成损失的也已不在少数，这是很值得各单位重视和引以为戒的。

3. 实行岗位轮换和责任制原则。

(1) 会计人员的工作岗位应当有计划地进行轮换，这样做不仅可以激励会计人员不断进取，改进工作，有利于会计人员全面熟悉业务，不断提高业务素质，而且也在一定程度上有助于防止违法乱纪，保护会计人员。

(2) 会计工作岗位的设置包括：会计机构负责人或者会计主管人员、出纳、财产物资核算、工资核算、成本费用核算、财务成果核算、资金核算，往来结算、总账报表、稽核、档案管理等。这种设置方法，基本上包括了会计业务的主要内容和主要方面，为建立岗位责任制提供了比较完整的基础，是单位在具体制订会计工作岗位设置方案时比较理想的参考方案。

(二) 主要会计工作岗位

企业应根据自身规模大小、业务量多少等具体情况设置会计岗位，一般大中型企业应设置会计主管、出纳、固定资产核算、材料物资核算、工资核算、成本核算、收入，利润核算、资金核算、总账报表和稽核等会计岗位。

小型企业因业务量较少，应适当合并减少岗位设置，例如，可设置出纳、总账报表和明细分类核算等会计岗位.

六、会计人员的工作交接

1. 交接的范围会计人员调动工作、离职或者因病暂时不能工作，应与接管人员办理工作交接手续。

2. 交接的程序一般会计人员办理交接手续，由单位的会计机构负责人、会计主管人员负责监交。会计机构负责人、会计主管人员办理交接手续时，由单位领导人负责监交，必要时，主管单位可以派人会同监交。

3. 交接人员的责任移交人员对移交的会计凭证、会计账簿、会计报表和其他会计资料的合法性、真实性承担法律责任。会计资料移交后，如发现是在其经办会计工作期间内所发生的问题，由原移交人员负责。

第六节 法律责任

一、法律责任概述

（一）法律责任概念

法律责任是指违反法律规定而应当承担的法律后果。法律责任从大的类别上可以分为行政责任、民事责任和刑事责任。根据我国社会主义法制的基本要求，任何公民、法人和其他组织都应当遵守法律的规定，任何违法行为都应当依法追究其法律责任。法律责任是《会计法》的重要内容，主要是为了保证《会计法》的贯彻执行，打击违反《会计法》的行为，《会计法》对违法行为规定了较为明确的法律责任。对一些严重的违法行为加重处罚，尤其是加重了对违法行为人的刑事处罚措施。根据《会计法》的规定，违反《会计法》的法律责任，主要是行政责任和刑事责任。

（二）法律责任种类

违反《会计法》关于会计核算、会计监督、会计机构、会计人员有关规定的，应当承担法律责任。法律责任的种类包括：责令限期改正；罚款；行政处分；吊销会计从业资格证书；追究刑事责任。

1. 责令限期改正。责令限期改正，是指要求违法行为人在一定的期限内停止违法行为并将其违法行为恢复到合法状态。县级以上人民政府财政部门有权责令违法行为人限期改正，停止违法行为。

2. 罚款。县级以上人民政府财政部门根据违法行为人的违法性质，情节及危害程度，在责令限期改正的同时，有权对单位并处3000元以上5万元以下的罚款，对其直接负责的主管人员和其他直接责任人员，处2000元以上2万元以下的罚款。

3. 给予行政处分。对上述违法行为直接负责的主管人员和其他直接责任人员中的国家工作人员，视情节轻重，由其所在单位或者其上级单位或者行政监察部门给予警告、记过、记大过、降级、降职、撤职、留用察看和开除等行政处分。

4. 吊销会计从业资格证书。会计工作人员有上述所列行为之一，情节严重的，由县级以上人民政府财政部门吊销会计从业资格证书。

5. 依法追究刑事责任。

（三）行政责任

行政责任是指违法行为人违反法律规定，尚未构成犯罪的，依照法律、法规的规定而应当承担的行政法律责任。在《会计法》“法律责任”当中，规定的行政责任有两种形式，即行政处罚和行政处分。

1. 行政处分。行政处分是指国家机关、企业、事业单位等对所属的工作人员和职工的违法行为追究的行政责任。在我国行政处分主要有两类：

（1）国家行政机关工作人员的行政处分。对国家行政机关工作人员的行政处分的主要依据是1957年国务院发布的《国务院关于行政机关工作人员的奖惩暂行规定》和1993年8月14日国务院发布的《国家公务员暂行条例》。根据《国家公务员暂行条例》等有关规定，国家行政机关工作人员的违法、违纪行为主要表现为：组织或者参加非法组织、非法活动；玩忽职守，贻误工作；压制批评，打击报复；弄虚作假，欺骗领导和群众；以权谋私，浪费国家资财；滥用职权，侵犯群众利益；泄露国家秘密和工作秘密；违反社会公德，造成不良影响；经商、办企业以及参与其他营利性的经营活动；其他违反纪律的行为。

国家行政机关工作人员有上述所列违纪行为，尚未构成犯罪的，或者虽然构成犯罪但是依法不追究刑事责任的，应当给予行政处分；违纪行为情节轻微，经过批评教育后改正的，也可以免于行政处分。行政处分分为：警告、记过、记大过、降级、撤职、开除。受撤职处分的，同时降低级别和职务工资。受行政处分期间，不得晋升职务和级别。其中除受警告以外的行政处分的，均不得晋升工资档次。

（2）对企业职工的行政处分。对企业职工的行政处分主要依据的是1982年3月12日国务院发布的《企业职工奖惩条例》的规定，对职工的行政处分分为：警告、记过、记大过、降级、撤职、留用察看、开除。在给予上述行政处分的同时，可以给予一次性罚款。

对职工给予开除处分的，须经厂长（经理）提出，由职工代表大会或职工大会讨论通过，并报告企业主管部门和企业所在地的劳动或者人事部门备案。对职工给予留用察看处分，察看期限为1—2年。留用察看期间停发工资，发给生活费。留用察看期满后，表现好的，恢复为正式职工；表现不好的，予以开除。对于受到撤职处分的职工，必要时，可以同时降低其工资级别。给予职工降级的处分，降级的幅度一般为一级，最多不要超过两级。对职工罚款的金额由企业决定，一般不要超过本人月标准工资的20%。给予职工行政处分和经济处罚，必须弄清事实，取得证据，允许受处分者本人进行申辩。审批职工处分的时间，从证实职工犯错误之日起，开除处分不得超过5个月，其他处分不得超过3个月。职工受到行政处分、经济处罚或者被除名，企业应当书面通知本人，并且记入本人档案。

2. 行政处罚。行政处罚是行政机关根据法律、法规、规章的规定，依照法定程序，对公民、法人或者其他组织违反行政管理秩序的行为，应当给予的行政处罚。根据《会计法》的规定，国务院财政部门主管全国会计工作，县级以上地方人民政府财政部门管理本行政区域内的会计工作。因此，对于违反《会计法》的有关规定的行为，一般由财政部门进行处罚。对于违反《会计法》的规定，同时违反其他法律规定的，由审计、税务等有关部门在各自的职权范围内依法进行行政处罚。

行政处罚按其性质可分为四类，即申诫罚、财产罚、行为罚、人身自由罚。我国行政处罚法规定了六种行政处罚种类：警告；罚款；责令停产停业；暂扣或者吊销营业执照；没收违法所得、没收非法财物；行政拘留。这些行政处罚的性质不同，对当事人权利的影响程度是不同的。在一些法律、法规中，对某些违法行为，往往规定有“责令改正”的内容，有关注册会计师法律、法规中也有类似的规定。“责令改正”、“责令限期改正”，是对违法行为的一种纠正要求，即要求当事人的行为立即或者在一定期限内符合法律、法规的规定。从理论上讲，一切违法行为均应改正，责令改正从性质上讲不是一种处罚措施，而是一种补救措施。行政处罚法中所规定的行政处罚种类，并不都适合对违反《会计法》行为的行政处罚。根据《会计法》及其他有关规定，对违反《会计法》的行政处罚种类主要有以下几种：

(1) 警告。是对情节比较轻微，后果不太严重的违法行为采取的处罚措施。警告作为一种处罚形式，必须是要式行为，要由处罚机关作出书面裁决。需要说明的是，我国现行的法律、法规中，在行政处罚手段上都有这样的规定，责令改正违法行为，或者规定责令限期消除违法行为后果等。因此，根据有关行政处罚法律的解释，警告包括责令改正。对于违反《会计法》的行为，如不依法设置会计账簿的、随意变更会计处理方法的、未按照规定使用会计记录文字或者记账本位币的等违法行为，首先责令限期改正。

(2) 罚款。罚款是行政主体对违反法律、法规，不履行法定义务的相对人所作的一种经济上的处罚，要使相对人承担金钱给付义务。罚款是一种经常使用的行政处罚措施。罚款是要式法律行为，必须由处罚主体作出书面决定，依法明确规定罚款的数额和交纳期限，并按规定给予罚款人以申诉和诉讼的权利。罚款与罚金是不同的：罚款是行政处罚手段；罚金是刑罚中附加刑的一种，只能由人民法院来判处。根据《会计法》的有关规定，违反《会计法》，依据不同情况，予以不同金额的罚款。

(3) 吊销会计从业资格证书。一般情况下，吊销会计从业资格证书的处罚适用于故意违法行为，个别情况下才适用于非故意违法行为。不论是故意还是非故意，违法情节及后果都是比较严重的。从法律条款来看，在规定给予这一处罚决定前一般都规定有其他处罚措施，而实施其他处罚措施后仍达不到法定效果的，才给予这一严厉处罚。如会计人员违反会计核算规定，情节不严重的，由财政部门责令限期改正；情节严重的，则由财政部门吊销会计从业资格证书。

(四) 刑事责任

刑事责任是指犯罪行为人依法应当承担的刑事法律责任。刑事责任是最为严厉的法律责任。犯罪分子实施了犯罪行为，依照刑事法律的规定应当追究刑事法律责任的，则应根据刑法的规定，由人民法院予以刑事制裁。犯罪和刑罚是刑事责任的两个基本内容。

1. 犯罪。我国刑法对犯罪的定义是：一切危害国家主权、领土完整和安全，分裂国家、颠覆人民民主专政的政权和推翻社会主义制度，破坏社会秩序和经济秩序，侵犯国有财产或者劳动群众集体所有的财产，侵犯公民私人所有的财产，侵犯公民的人身权利、民主权利和其他权利以及其他危害社会的行为，依照法律应当受刑罚处罚的都是犯罪。但是，情节显著轻微危害不大的，不认为是犯罪。

(1) 从以上的定义中可以看出，犯罪具有以下三个特征：

①犯罪是危害社会的行为，即具有社会危害性。犯罪行为对社会的危害性是犯罪的最本

质特征，不具有社会危害性的行为就不是犯罪行为。但是，具有社会危害性的行为不一定都构成犯罪。如违反社会治安行为，违反党纪政纪行为等，虽然也有社会危害性，但其危害性没有达到像犯罪这样严重的程度。

②犯罪是触犯刑律的行为，即具有刑事违法性。行为的违法性表现在法律上就是违法性。刑法根据各种行为的社会危害性程度，有选择地规定某些行为是犯罪行为，这就使犯罪不仅具有社会危害性的特征，而且还具有刑事违法性的特征。

③犯罪是应当受到刑罚处罚的行为，即具有应受惩罚性。应受惩罚性是行为的社会危害性和刑事违法性的法律后果。某种危害社会的行为，应当受到刑罚的处罚了，才会在刑事法律上作出禁止性的规定。如果该行为不应当采用刑罚处罚的办法，只要给以行政处罚、纪律处分就可以了，那就不会规定为犯罪，从而也就不存在触犯刑律的问题。

（2）某一行为为犯罪行为，必须符合构成犯罪所需要的一切客观和主观要件。任何犯罪，都必须具备以下四个构成要件：

①犯罪客体。犯罪客体是指刑法所保护而为犯罪行为所侵害的社会关系。任何犯罪都必然要侵犯某一客体，没有侵犯任何客体的行为就不是犯罪行为。犯罪所侵犯的社会关系，是为我国刑法所保护的社会关系。不是侵犯刑法所保护的社会关系也不构成犯罪。如侵犯了合同关系，则由民事法律予以调整。我国刑法所保护的社会关系是：国家主权和领土完整；人民民主专政的政权和社会主义制度；社会秩序和经济秩序；国有财产、集体财产和私人财产；公民的人身权利、民主权利和其他权利等。

②犯罪的客观方面。客观方面是指危害社会的行为及其危害后果。故意或者过失地实施了刑法所规定的危害社会的行为，才能负刑事责任。犯罪行为可分为作为和不作为两种。作为是指犯罪人用积极的行动去实施为我国刑法所禁止的危害社会的行为。不作为是指犯罪人消极地不去实施自己所应当实施的行为。不作为的犯罪行为，是不履行法定义务的消极行为。危害后果是指危害社会的行为在客观上已经造成或可能造成的危害后果。行为人的行为如果没有造成危害后果或者不可能造成危害后果，就不能构成犯罪。危害后果包括物质上的损害结果和人身损害或其他非物质的损害结果。危害后果的大小或者有无，对于区别罪与非罪、轻罪与重罪等具有重要意义。

③犯罪主体。犯罪主体是指实施违法行为依法应当承担刑事责任的人。达到法定年龄并且精神正常的人，才能成为犯罪主体。根据刑法的规定，已满 16 周岁的人犯罪，应当负刑事责任。已满 14 周岁不满 16 周岁的人犯故意杀人等重大罪行的，应当负刑事责任。精神正常的人是指具有辩认和控制自己行为能力的人。精神病人在不能辩认或者不能控制自己行为的时候造成危害后果，经法定程序鉴定确认的，不负刑事责任。

犯罪主要根据犯罪者的身份不同，可分为一般主体和特殊主体。特殊主体是规定必须具备特定身份才构成犯罪的主体。如国家机关工作人员、单位负责人等都属于特殊的犯罪主体。没有特殊身份规定的犯罪主体，是一般的犯罪主体。

犯罪主体，可以是自然人，也可以是法人。我国刑法规定，公司、企业、事业单位、机关、团体实施的危害社会的行为，法律规定为单位犯罪的，应当负刑事责任。对单位犯罪处罚的基本原则是：单位犯罪的，对单位判处罚金，并对其直接主管人员和其他直接责任人员判处徒刑。刑法分则和其他法律另有规定的，依照规定。

④犯罪的主观方面。犯罪的主观方面是指犯罪主体对自己行为的危害后果的心理状态，

即故意和过失。根据刑法规定，明知自己的行为会发生危害社会的结果，并且希望或者放任这种结果发生，因而构成犯罪的，是故意犯罪。故意犯罪应当负刑事责任。应当预见自己的行为可以发生危害社会的结果，因为疏忽大意而没有预见，或者已经预见而轻信能够避免，以致发生这种结果的，是过失犯罪。过失犯罪，法律有规定的才负刑事责任。行为人在客观上虽然造成了损害结果，但不是出于故意或者过失，而是由于不能抗拒或者不能预见的原因所引起的，不是犯罪。

需要说明的是，上述四个构成要件是缺一不可的。每一行为要构成犯罪行为，必须同时具备上述四个要件。

2. 刑罚。刑罚是惩罚犯罪的一种强制方法。刑罚的目的是通过惩罚犯罪分子，预防犯罪，改造罪犯，从而达到消灭犯罪、保护国家、社会和公民利益的目的。刑罚是各种强制方法中最为严厉的强制方法，只能对犯罪分子适用，并只能由人民法院判决。刑罚可以分为主刑和附加刑。主刑是对犯罪分子适用的主要刑罚方法，只能单独适用，不能附加适用。对一个犯罪分子只能判处一种主刑。附加刑是补充主刑的刑罚方法，可随主刑附加适用，也可以单独适用。

（1）根据我国刑法的规定，主刑有 5 种：

①管制。指对犯罪分子不予关押，但限制其一定自由，交由公安机关管束和群众监督改造的方法。管制的期限为 3 个月以上 2 年以下。数罪并罚时最高不超过 3 年。

②拘役。短期剥夺犯罪分子的人身自由，并就近强制劳动改造。拘役的期限为一个月以上 6 个月以下。数罪并罚时最高不超过 1 年。

③有期徒刑。剥夺犯罪分子一定期限的人身自由，并强制其劳动改造。有期徒刑的期限为 6 个月以上 15 年以下。数罪并罚时最高不超过 20 年。

④无期徒刑。剥夺犯罪分子终身自由，并强制劳动改造。

⑤死刑。剥夺犯罪分子的生命。死缓也属于死刑，被判死缓的犯罪分子，在 2 年死缓期内，确有改过表现的，死缓期满可改判无期徒刑。

（2）附加刑有 4 种：

①罚金。由人民法院判处犯罪分子向国家缴纳一定数量的金钱的刑罚方法。根据犯罪情节决定罚金的数额。罚金在判决指定的期限内一次或者分期缴纳。期满不缴纳的，强制缴纳。

②剥夺政治权利。剥夺犯罪分子参加国家管理和社会政治活动的权利。这些权利包括：选举权和被选举权；言论、出版、集会、结社、游行、示威自由的权利；担任国家机关职务的权利；担任国有公司、企业、事业单位和人民团体领导职务的权利。

③没收财产。没收犯罪分子个人所有财产的一部分或者全部。

④驱逐出境。责令在我国犯罪的外国人离开中国国境，驱逐出境可以独立适用，也可以附加适用。

二、违反会计法规的法律责任

（一）违反会计核算规定的行为

根据《会计法》第四十二条规定，违反会计核算等行为主要有以下几项：

1. 违反第三条规定，不依法设置会计账簿的。指依法应当设置会计账簿的单位和个人，违反法律、行政法规的规定，不设置会计账簿、设置虚假会计账簿或者设置多个会计账簿的行为。

2. 违反第十六条规定，私设会计账簿的。指依法应当建账的单位和个人，违反法律、行政法规的规定，在法定的会计账簿之外私自设置会计账簿的行为。

3. 未按照规定填制、取得原始凭证或者填制、取得的原始凭证不符合规定的。指出具原始凭证的单位和个人违反法律、行政法规的规定，出具的原始凭证不合法，或者取得原始凭证的单位、个人违反法律、行政法规的规定，取得的原始凭证不合法。

4. 违反第十五条第一款的规定，以未经审核的会计凭证为依据登记会计账簿或者登记会计账簿不符合规定的。违反法律、行政法规的规定，在登记会计账簿时以未经审核的会计凭证为依据进行登记或者登记会计账簿不符合规定。

5. 违反第十八条规定，随意变更会计处理方法的。指违反会计法的规定，在会计核算中擅自变更会计处理方法的行为。各单位采用的会计处理方法一经确定，不得随意变更。如果确有必要变更，应当按照国家统一的规定进行。

6. 违反第二十条第二款规定，向不同的会计资料使用者提供的财务会计报告编制依据不一致的。指违反会计法的规定，向不同的会计资料使用者提供了编制依据不一致的财务会计报告的行为。

7. 违反第十二条、第二十二条的规定，未按照规定使用会计记录文字或者记账本位币的。指违反会计法的规定，擅自使用法定文字以外的文字进行会计记录或者擅自使用法定本位币以外的货币进行记账的行为。

8. 违反第二十三条规定，未按照规定保管会计资料，致使会计资料毁损、灭失的。指违反会计法的规定，没有保管好会计资料，造成会计资料毁损、灭失的行为。

9. 违反第二十七条规定，未按照规定建立并实施单位内部会计监督制度或者拒绝依法实施的监督或者不如实提供有关会计资料及有关情况的。指违反会计法的规定，不依法建立和实施单位内部的会计监督制度，或者拒绝有关部门依法实施监督检查或者在有关部门实施监督检查时，不如实提供会计资料及有关情况，不接受监督检查的行为。

10. 任用会计人员不符合本法规定的。指违反会计法的规定，任用不合格的会计人员的行为。

（二）违反会计核算规定的法律责任

《会计法》对违反会计核算等行为，规定了较严厉的处罚措施。主要内容是：

1. 有违反上述行为之一的，县级以上人民政府财政部门责令限期改正，可以对单位并处3000元以上的5万元以下的罚款；对其直接负责的主管人员和其他直接责任人处2000元以上2万元以下的罚款；属于国家工作人员的，还应当由其所在单位或者有关单位依法给予行政处分。

2. 会计人员有上述所列行为之一的，情节严重的，由县级以上人民政府财政部门吊销会计从业资格证书。这是对会计人员的特别规定。会计人员违反会计核算的规定，不仅要与直接负责的主管人员一样予以罚款或者予以其他行政处分，情节严重的，还要加处吊销会计从业资格证书的处罚。

3. 有关法律对上述所列行为的处罚另有规定的，依照有关法律的规定办理。这是因为，上述所列行为，不仅是侵犯《会计法》的行为，而且可能侵犯了其他有关法律规定，如

《公司法》、《证券法》等。有关法律有专门规定的，依其规定。

4. 有上述所列行为之一，构成犯罪的，依法追究刑事责任。违反会计核算的行为，一般不会单独构成刑事责任。个别违反会计核算的行为，有可能构成刑事责任，多数情况下是利用虚假的会计核算进行偷税等违法经济活动。

三、违反规定伪造、变造会计凭证、会计账簿等的法律责任

《会计法》第四十三条规定：伪造、变造会计凭证、会计账簿，编制虚假财务会计报告的，构成犯罪的，依法追究刑事责任。

有前款行为，尚不构成犯罪的，由县级以上人民政府财政部门予以通报，可以对单位并处5000元以上10万元以下的罚款；对其直接负责的主管人员和其他直接责任人员，可以处3000元以上5万元以下的罚款；属于国家工作人员的，还应当由其所在单位或者有关单位依法给予撤职直至开除的行政处分；对其中的会计人员，并由县级以上人民政府财政部门吊销会计从业资格证书。

四、隐匿或者故意销毁依法应当保存的会计凭证、会计账簿、财务会计报告的法律责任

《会计法》第四十四条规定：隐匿或者故意销毁依法应当保存的会计凭证、会计账簿、财务会计报告，构成犯罪的，依法追究刑事责任。

有前款行为，尚不构成犯罪的，由县级以上人民政府财政部门予以通报；可以对单位并处5000元以上10万元以下的罚款；对其直接负责的主管人员和其他直接责任人员，可以处3000元以上5万元以下的罚款；属于国家工作人员的，还应当由其所在单位或者有关单位依法给予撤职直至开除的行政处分；对其中的会计人员，并由县级以上人民政府财政部门吊销会计从业资格证书。

隐匿或者故意销毁依法应当保存的会计凭证、会计账簿、财务会计报告，构成犯罪的，依法追究刑事责任。我国刑法中目前还没有相应的规定。隐匿或者故意销毁依法应当保存的会计凭证、会计账簿、财务会计报告罪，应当符合犯罪构成的基本要件。刑事责任的承担主体应是单位、个人及直接负责的主管人员和其他直接责任人员。客观方面应是隐匿、故意销毁依法应当保存的会计资料。本罪的主观方面应是故意。行为人主观上明知隐匿或者故意销毁会计资料的后果并希望或者放任这种后果的发生。本罪的客体既可能侵犯社会管理秩序，也可能侵害他人的人身权利。

五、授意、指使、强令会计机构、会计人员及其他人员伪造、变造会计凭证、会计、账簿，编制虚假财务会计报告等的法律责任

《会计法》第四十五条规定：授意、指使、强令会计机构、会计人员及其他人员伪造、变造会计凭证、会计账簿，编制虚假财务会计报告或者隐匿、故意销毁依法应当保存的会计凭证、会计账簿、财务会计报告，构成犯罪的，依法追究刑事责任；尚不构成犯罪的，可以处5000元以上5万元以下的罚款；属于国家工作人员的，还应当由其所在单位或者有关单位依法给予降级、撤职、开除的行政处分。

六、单位负责人对依法履行职责、抵制违反《会计法》规定行为的会计人员以降级、撤职、调离工作岗位、解聘或者开除等方式实行打击报复的法律责任

《会计法》第四十六条规定：单位负责人对依法履行职责、抵制违反《会计法》规定行为的会计人员以降级、撤职、调离工作岗位、解聘或者开除等方式实行打击报复，构成犯罪的，依法追究刑事责任；尚不构成犯罪的，由其所在单位或者有关单位依法给予行政处分。对受打击报复的会计人员，应当恢复其名誉和原有职务、级别。

七、财政部门及有关行政部门的工作人员在实施监督管理中滥用职权、玩忽职守、徇私舞弊或者泄露国家秘密、商业秘密的法律责任

《会计法》第四十七条规定：财政部门及有关行政部门的工作人员在实施监督管理中滥用职权、玩忽职守、徇私舞弊或者泄露国家秘密、商业秘密，构成犯罪的，依法追究刑事责任；尚不构成犯罪的，依法给予行政处分。

八、将检举人姓名和检举材料转给被检举单位和被检举人个人的法律责任

违反《会计法》第三十条规定：将检举人姓名和检举材料转给被检举单位和被检举人个人的，由所在单位或者有关单位依法给予行政处分。

九、违反《会计法》规定，同时违反其他法律规定的法律责任

违反《会计法》规定，同时违反其他法律规定的，由有关部门在各自职权范围内依法进行处罚。

第二章

支付结算法律制度

【本章内容简介】 本章主要讲述以下几方面内容：(1) 支付结算的概念和特征、支付结算的主要法律依据和办理支付结算的具体要求；(2) 开户单位使用现金的范围、现金使用的限额、现金收支的基本要求、建立健全现金核算与内部控制；(3) 银行结算账户的概念、银行结算账户的分类、银行结算账户管理应当遵守的基本原则、银行结算账户的开立及管理；(4) 票据的概念和种类、支票、商业汇票、商业汇票的概念和种类、信用卡和汇兑。

【主要题型及分值】 本章按照历年考试要求及考试大纲的安排，本章预计分值为15分左右。

第一节　支付结算概述

一、支付结算的概念

支付结算是指单位、个人在社会经济活动中使用现金、票据、信用卡和结算凭证进行货币给付及其资金清算的行为，其主要功能是完成资金从一方当事人向另一方当事人的转移。银行、城市信用合作社、农村信用合作社（以下简称银行）以及单位（含个体工商户）和个人是办理支付结算的主体。其中，银行是支付结算和资金清算的中介机构。

二、支付结算的法律特征

支付结算作为一种法律行为，具有以下法律特征：

1. 支付结算必须通过中国人民银行批准的金融机构进行，未经中国人民银行批准的非银行金融机构和其他单位不得作为中介机构经营支付结算业务。

2. 支付结算是一种要式行为。票据中结算凭证上的签章，为签名、盖章或签名加盖章；单位、银行在票据上的签章和单位在结算凭证上的签章，为该单位、银行的盖章加其法定代表人或其授权的代理人的签名或盖章；个人在票据和结算凭证上的签章，应为该个人本名的签名或盖章。

3. 支付结算的发生取决于委托人的意志。

4. 支付结算实行统一和分级管理相结合的管理体制。

5. 支付结算必须依照相关法律进行。

三、支付结算的基本原则

支付结算的基本原则是单位、个人和银行在进行支付结算活动时所必须遵循的行为准则。基本原则如下：

1. 恪守信用，履约付款原则。

2. 谁的钱进谁的账，由谁支配原则。

3. 银行不垫款的原则。

四、支付结算的主要支付工具

（一）汇票

汇票是由一人向另一人签发的书面无条件支付命令，要求对方（接受命令的人）即期、定期或在可以确定的将来时间，向某人或指定人或持票来人支付一定金额。根据《票据法》的规定，汇票的概念一般包括五个方面的内容：

1. 汇票是由出票人签发的。

2. 委托他人进行的一定金额支付的。

3. 票面金额的支付应当是无条件的。

4. 金额的支付应有确定的日期。

5. 票面金额是向收款人或持票人的支付。

（二）本票

1. 银行本票的概念及适用范围。银行本票是银行机构签发的，承诺自己在见票时无条件支付确定的金额给收款人或者持票人的票据。银行本票分为不定额本票和定额本票两种。不包括商业本票，更不包括个人本票。

单位和个人在同一票据交换区域需要支付各种款项时，均可使用银行本票。银行本票可以用于转账，注明“现金”字样的银行本票可以用于支取现金。

2. 办理银行本票的程序。

（1）申请签发本票。申请人使用银行本票，应向银行填写银行本票申请书。

（2）出票。出票银行受理银行本票申请书，收妥款项签发银行本票。签发银行本票必须记载下列事项：表明“银行本票”的字样；无条件支付的承诺；确定的金额；收款人名称；出票日期；出票人签章。

出票银行必须具有支付本票金额的可靠资金来源，并保证支付。出票银行在银行本票上签章后交给申请人。

（3）交付收款人或背书转让。申请人应将银行本票交付给本票上记明的收款人。收款人可以将银行本票背书转让给被背书人。

（4）提示付款。银行本票的提示付款期限自出票之日起最长不得超过 2 个月。持票人超过提示付款期限不获付款的，在票据权利时效内向出票银行作出说明，并提供本人身份证件或单位证明，可持银行本票向出票银行请求付款。

（三）支票

1. 支票的概念及适用范围。支票是出票人签发的，委托办理支票存款业务的银行在见票时无条件支付确定的金额给收款人或者持票人的票据。支票分为现金支票、转账支票和普通支票。

单位和个人在同一票据交换区域的各种款项结算，均可以使用支票。

2. 办理支票的程序。

（1）出票。签发支票必须记载下列事项：表明“支票”的字样；无条件支付的委托；确定的金额；付款人名称；出票日期；出票人签章。支票的金额、收款人名称可由出票人授权补记，未补记前不得背书转让和提示付款。

（2）提示付款。支票的提示付款期限自出票之日起 10 日。

（3）出票人开户银行（付款人）与持票人开户银行之间清算资金。

（4）持票人收妥票款。持票人开户银行将票款收入到持票人存款账户。

（四）信用卡

随着信用卡业务的发展，信用卡的种类不断增多，概括起来一般有广义信用卡和狭义信用卡之分。

从广义上说，凡是能够为持卡人提供信用证明，持卡人可凭卡购物、消费或享受特定服务的特制卡片均可称为信用卡。广义上的信用卡包括贷记卡、准贷记卡、借记卡、储蓄卡、提款卡（ATM 卡）、支票卡及赊账卡等。

从狭义上说，国外的信用卡主要是指由银行或其他财务机构发行的贷记卡，即无需预先存款就可贷款消费的信用卡，是先消费后还款的信用卡。国内的信用卡主要是指贷记卡即准贷记卡（先存款后消费，允许小额、善意透支的信用卡）。

（五）汇兑

汇兑是汇款单位委托银行将款项汇往异地收款单位的一种结算方式。

汇兑根据划转款项的不同方法以及传递方式的不同可以分为信汇和电汇两种，由汇款人自行选择。信汇是汇款人向银行提出申请，同时交存一定金额及手续费，汇出行将信汇委托书以邮寄方式寄给汇入行，授权汇入行向收款人解付一定金额的一种汇兑结算方式。电汇是汇款入将一定款项交存汇款银行，汇款银行通过电报或电传给目的地的分行或代理行（汇入行），指示汇入行向收款人支付一定金额的一种汇款方式。

（六）托收承付

托收承付是指收款人根据购销合同发货后委托银行向异地的付款人收取款项，由付款人向银行承认付款的结算方式。托收承付只有异地托收承付方式。单位客户在境内异地根据收付款人双方合同约定办理款项结算时，可使用托收承付。

1. 收付款人双方应在购销合同中约定使用托收承付。

2. 付款人开户行在付款人拒付时，承担对收、付款人约定事项的审查责任。

（七）委托收款

委托收款是指收款人委托银行向付款人收取款项的结算方式。单位和个人凭承兑商业汇票、债券、存单等付款人债务证明办理款项的结算。均可以使用委托收款结算方式，委托收款在同城、异地均可以使用，其结算款项的划回方式分为邮寄和电报两种，由收款人选用。

五、支付结算的主要法律依据

各种与支付结算的各种结算方式有关的法律、法规、规章、规定以及中国人民银行的有关政策性文件都是支付结算必须遵循的规定。迄今为止主要有《中华人民共和国票据法》、《中华人民共和国票据管理实施办法》、《支付结算办法》、《中国人民信用卡业务管理暂行办法》、《银行账户管理办法》、《异地托收承付结算办法》等。

六、办理支付结算的具体要求

1. 单位、个人和银行应当按照《人民币银行结算账户管理办法》的规定开立、使用账户。

2. 单位、个人和银行办理支付结算，必须使用按中国人民银行统一规定印制的票据和结算凭证。

3. 填写票据和结算凭证的基本要求。

（1）中文大写金额数字应用正楷或行书填写，不得自造简化字。如果金额数字书写中使用繁体字，也应受理。

（2）中文大写金额数字到“元”为止的，在“元”之后应写“整”或“正”字；到“角”为止的，在“角”之后可以不写“整”或“正”字。大写金额数字有“分”的，“分”后面不写“整”或“正”字。

（3）中文大写金额数字前应标明“人民币”字样，大写金额数字应紧接“人民币”字样填写，不得留有空白。大写金额数字前未印“人民币”字样的，应加填“人民币”三字。

（4）阿拉伯小写金额数字中有“0”时，中文大写应按照汉语语言规律、金额数字构成和防止涂改的要求进行书写。

（5）票据的出票日期必须使用中文大写。在填写月、日时，月为壹、贰和壹拾的，日为壹至玖和壹拾、贰拾和叁拾的，应在其前加“零”；日为拾壹至拾玖的，应在其前面加“壹”。如9月11日应写成零玖月壹拾壹日；10月20日应写成零壹拾月零贰拾日。票据出票日期使用小写填写的，银行不予受理。

4. 填写票据和结算凭证应当规范，做到要素齐全，数字正确，字迹清晰，不错不漏，不潦草，防止涂改；大写日期未按要求规范填写的，银行可予受理，但由此造成损失的，由出票人自行承担。

5. 票据和结算凭证上的签章和其他记载事项应当真实，不得伪造、变造。

第二节 现金管理

一、开户单位使用现金的范围

现金是企业中流动性最强的一种货币性资产，是立即可以投入流通的交换媒介，可以随时用其购买所需的物资，支付有关费用，偿还债券，也可以随时存入银行。企业为保证生产经营活动的正常进行，必须拥有一定数额的现金，用以购买零星材料，发放工资，缴纳税金，支付手续费或进行对外投资活动。企业现金拥有量的多少，是企业的偿债支付能力的标志，是投资者分析判断企业财务状况好坏的重要指标。

根据国家现金结算制度的规定，企业收支的各种款项，必须按照国务院颁布的《现金管理暂行条例》的规定办理，在规定的范围内使用现金。

（一）职工工资、津贴

职工工资、津贴是指企业，事业单位和机关，团体，部队支付给职工的工资和工资性津贴。

（二）个人劳务报酬

个人劳务报酬是指由于个人向企业，事业单位和机关，团体，部队等提供劳务而由企业，事业单位和机关，团体，部队等向个人支付的劳务报酬，包括新闻出版单位支付给作者的稿费，各种学校，培训机构支付给外聘教师的讲课费以及设计费，装潢费，安装费，制图费，化验费，测试费，咨询费，医疗费，技术服务费，介绍服务理由，经纪服务费，代办服务费，各种演出与表演费以及其他劳务费用。

（三）奖金

根据国家制度条例的规定，颁发给个人的科学技术、文化艺术、体育等方面的各种奖金。

（四）劳保，福利费用

各种劳保，福利费用以及国家规定的对个人的其他支出，如退休金、抚恤金、学生助学金、职工困难生活补助等。

（五）收购农副产品和其他物资的价款

收购单位向个人收购农副产品和其他物资的价款，如金银、工艺品、废旧物资的价款等。

（六）差旅费

出差人员必须随身携带的现金等。

（七）结算起点

结算起点（1000 元）以下的零星支出。超过结算起点的应实行银行转账结算，结算起点的调整由中国人民银行确定报国务院备案。

（八）其他支出

中国人民银行确定需要现金支付的其他支出。如采购地点不确定，交换不便，抢险救灾以及其他特殊情况，办理转账结算不方便，必须使用现金的支出。对于这类支出，现金支取单位应向开户银行提出书面申请，由本单位财会部门负责人签字盖章，开户银行审查批准后予以支付现金。

除上述（五）、（六）两项外，其他各项在支付给个人的款项中，支付现金每人不得超过 1000 元，超过限额的部分根据提款人的要求，在指定的银行转存为储蓄存款或以支票、银行本票予以支付。企业与其他单位的经济往来除规定的范围可以使用现金外，应通过开户银行进行转账结算。

二、现金使用的限额

规定企、事业单位的库存现金限额，各开户单位的库存现金都要核定限额。

（一）库存现金限额概念

库存现金是指国家规定由开户银行给各单位核定一个保留现金的最高额度。核定单位库存限额的原则是，既要保证日常零星现金支付的合理需要，又要尽量减少现金的使用。开户单位由于经济业务发展需要增加或减少库存现金限额，应按必要手续向开户银行提出申请。

（二）库存现金限额的核定管理

为了保证现金的安全，规范现金管理，同时又能保证开户单位的现金正常使用，按照《现金管理暂行条例》及实施细则规定，库存现金限额由开户银行和开户单位根据具体情况商定，凡在银行开户的单位，银行根据实际需要核定 3—5 天的日常零星开支数额作为该单位的库存现金限额。边远地区和交通不便地区的开户单位，其库存现金限额的核定天数可以适当放宽在 5 天以上，但最多不得超过 15 天的日常零星开支的需要量。

1. 库存现金限额每年核定一次，经核定的库存现金限额，开户单位必须严格遵守。其核定具体程序为：

（1）开户单位与开户银行协商核定库存现金限额。

库存现金限额 = 每日零星支出额 × 核定天数

每日零星支出额 = 月（或季）平均现金支出额（不包括定期性的大额现金支出和不定期的大额现金支出）/月（或季）平均天数

（2）出开户单位填制“库存现金限额申请批准书”。

（3）开户单位将申请批准书报送单位主管部门，经主管部门签署意见，再报开户银行审查批准，开户单位凭开户银行批准的限额数作为库存现金限额。

2. 各单位实行“收支两条线”，不准“坐支”现金。“坐支”现金是指企业、事业单位和机关，团体，部队从本单位的现金收入中直接用于现金支出。各单位现金收入应于当日送存银行，如当日确有困难，由开户单位确定送存时间，如遇特殊情况需要坐支现金，应该在现金日记账上如实反映坐支情况，并同时报告开户银行，便于银行对坐支金额进行监督和管理。

3. 企业送存现金和提取现金，必须注明送存现金的来源和支取的用途，且不得私设“小金库”。

4. 现金管理“八不准”。按照《现金管理暂行条例》及其实施细则规定，企业、事业单位和机关团体，部队现金管理应遵循“八不准”。即：

（1）不准用不符合财务制度的凭证顶替库存现金。

（2）不准单位之间互相借用现金。

（3）不准谎报用途套取现金。

（4）不准利用银行账户代其他单位和个人存入或支取现金。

（5）不准将单位收入的现金以个人名义存入储蓄。

（6）不准保留账外公款。

（7）不准发生变相货币。

（8）不准以任何票券代替人民币在市场上流通。

三、现金收支的基本要求

1. 开户单位现金收入应当于当日送存开户银行。当日送存确有困难的，由开户银行确定送存时间。

2. 开户单位支付现金，可以从本单位库存现金限额中支付或者从开户银行提取，不得从本单位的现金收入中直接支付（即坐支）。因特殊情况需要坐支现金的，应当事先报经开户银行审查批准，由开户银行核定坐支范围和限额。坐支单位应当定期向开户银行报送坐支金额和使用情况。

3. 开户单位根据规定，从开户银行提取现金，应当写明用途，由本单位财会部门负责人签字盖章，经开户银行审核后，予以支付现金。

4. 因采购地点不固定，交通不便，生产或者市场急需，抢险救灾以及其他特殊情况必须使用现金的，开户单位应当向开户银行提出申请，由本单位财会部门负责人签字盖章，经开户银行审核后，予以支付现金。

四、建立健全现金核算与内部控制

（一）建立健全现金核算

现金的核算主要包括现金的总分类核算、现金的明细分类核算和现金的清查及其核算。

1. 现金的总分类核算。为了总分类核算和监督现金的收入、支出和结余情况，企业应设置“现金”科目，由负责总分类账的财会人员进行总分类核算，并且由出纳人员负责进行序时的明细分类核算。科目借方登记现金的增加数额，贷方登记现金的减少数额，月末科目余额在借方，表示月末结存的库存现金数额。

（1）现金收入的核算。从银行提取现金，根据支票存根记载的提取金额，借记本科目，贷记“银行存款”科目；收到出差人员交回的差旅费剩余款并结算时，按实际收到的现金借记本科目，按应报销的金额借记“管理费用”等科目，按实际借出的现金，贷记“其他应收款”科目；因其他原因收到现金时，借记“现金”科目，贷记有关科目。

【例 1】 企业开出现金支票一张，从开户银行提取现金 30000 元备用。应编制如下会计分录：

借：现金　　30000

　　贷：银行存款　　30000

【例 2】 企业销售零星材料收到现金 585 元。应编制如下会计分录：

借：现金　　585

　　贷：其他业务收入　　500

应交税金——应交增值税（销项税额） 85

【例 3】企业销售产品货款 2000 元，增值税 340 元，合计收入现金 2340 元。应编制如下会计分录：

借：现金 2340

贷：主营业务收入 2000

应交税金——应交增值税（销项税额） 340

【例 4】企业办公室职员赵书童出差时借款 1000 元，回归后报销差旅费 700 元，剩余现金 300 元交回。应编制如下会计分录：

借：现金 300

管理费用 700

贷：其他应收款——赵书童 1000

（2）现金支出的核算。将现金存入银行，根据银行退回给收款单位的收款凭证联，借记“银行存款”科目，贷记本科目；因支付职工出差费用等原因所需的现金，按支出所记载的金额，借记“其他应收款”，贷记本科目；因其他原因支出现金时，借记有关科目，贷记“现金”科目。

【例 5】企业办公室职员赵书童出差借款 1000 元，以现金支付。应编制如下会计分录：

借：其他应收款——赵书童 1000

贷：现金 1000

【例 6】企业以现金支付车间办公品费用 200 元，职工培训讲课费 550 元，合计支付现金 750 元。应编制如下会计分录：

借：制造费用 200

管理费用 550

贷：现金 750

2. 现金的明细分类核算。为了全面、连续、系统、详细地反映和监督库存现金的收支和结存情况，小企业需要设置“现金日记账”，由出纳人员根据审核无误的收付款凭证，按照业务发生的先后顺序逐日逐笔登记，每日终了时应计算现金收入合计、现金支出合计和结余数额，并同库存现金数核对，保证账实相符。

现金日记账必须是订本账，一般采用三栏式账页，借方栏根据现金收款凭证登记，贷方栏根据现金付款凭证登记，但对于从银行提取现金的业务，因为只编制银行存款付款凭证，所以，也应根据银行存款付款凭证登记现金日记账的借方栏。每次办理完收付款业务应及时结出账面余额，每日终了，应将账面余额与库存现金数核对，月末与现金总账核对，做到账款相符、账账相符。

有外币现金的小企业，应当分别用人民币和各种外币设置“现金日记账”，进行明细核算。

3. 现金的清查及其核算。现金清查是指对库存现金的盘点与核对，包括出纳人员每日终了前进行的现金账款核对和清查小组进行的定期与不定期的现金盘点、核对。现金清查一般采用实地盘点的方法，即将库存现金实有数额与现金日记账余额进行核对。清查小组清查时，出纳人员必须在场。清查的主要内容是检查是否有挪用现金、白条顶库、超限额留存现金以及账款是否相符等情况。对于现金清查的结果，应编制现金盘点报告单，注明现金溢缺的金额，并由出纳人员和盘点人员签字盖章。如果有挪用现金、白条顶库的情况，应该及时予以纠正；对于超限额留存的现金要及时送存开户银行；如果账款不符，应该及时查明原因，分别不同情况加以处理。属于记账差错的应该及时予以更正，如是现金短缺，属于应该由责任人赔偿的部分，借记“其他应收款”或“现金”等科目，按实际短缺的金额扣除应该由责任人赔偿的部分后的金额，借记“管理费用”科目，贷记本科目；如是现金溢余，应该按实际溢余的金额，借记本科目，属于应该支付给有关人员或单位的，贷记“其他应付款”科目，现金溢余金额超过应该支付给有关人员或单位的部分，贷记“营业外收入”科目。

【例 7】企业在现金清查时，发现现金短缺 300 元，其中 180 元属于出纳员责任，应该由该出纳员赔偿，120 元未查明原因。应编制如下会计分录：

借：其他应收款——××出纳员　180

管理费用　120

贷：现金　300

【例 8】企业在现金清查时，发现现金溢余 280 元，其中 200 元是应支付给 N 单位的废料款，80 元未查出原因。应编制如下会计分录：

借：现金　280

贷：其他应付款——N 单位　200

营业外收入　80

（二）备用金的核算

因工作需要，企业内部非独立核算的单位经常需要支付现金的，为了简化现金领用手续，可以采用“备用金”制度。对于设置“备用金”科目的企业，财务部门在单独拨发给内部有关单位周转使用备用金时，借记“备用金”科目，贷记本科目或“银行存款”科目。自备用金中支付零星支出，应根据有关的支出凭单，定期编制备用金报销清单，财务部门根据内部各单位提供的备用金报销清单，定期补足备用金，借记“管理费用”等科目，贷记“现金”或“银行存款”科目。除了增加或减少拨入的备用金以外，使用或报销有关备用金支出时不再通过“备用金”科目核算。对于不单独设置“备用金”科目的企业，亦可在“其他应收款”科目下设“备用金”明细科目核算该项业务。

【例 9】企业财务部门以现金拨给内部业务部周转使用的备用金 500 元。应编制如下会计分录：

借：备用金——业务部　500

贷：现金　500

【例 10】企业财务部门根据业务部提供的备用金报销清数额 230 元，及时补足备用金。应编制如下会计分录：

借：管理费用　230

贷：现金　230

五、建立健全货币资金内部控制

货币资金是指资金循环周转中停留在货币形态的资金，是资产的重要组成部分，是流动性较强的一种资产，按货币资金的用途和存放地点的不同，分为现金、银行存款和其他货币资金。由于货币资金具有高度的流动性和较高的控制风险，单位在组织会计核算的过程中，加强货币资金的控制与核算，对于保障单位资产安全完整、提高资金周转速度和使用效益都具有重要意义。

（一）内部控制目标

内部控制目标是单位建立健全内部控制制度的根本出发点。货币资金内部控制目标：

1. 货币资金的安全性。通过良好的内部控制，确保单位库存现金安全，预防被盗窃、诈骗和挪用。

2. 货币资金的完整性。检查单位收到的货币资金是否已全部入账，预防私设“小金库”等侵占单位收入的违法行为。

3. 货币资金的合法性。检查货币资金的取得、使用是否符合国家法规，手续是否齐备。

4. 货币资金的效益性。合理调度货币资金，使其发挥最大的经济效益。

（二）建立货币资金内部控制制度

1. 实行岗位分工制度。单位应当配备合格的会计人员办理货币资金业务，办理货币资金业务的人员应当具备良好的职业品质，忠于职守、廉洁奉公、遵纪守法，客观公正。单位应当建立货币资金业务的岗位责任制，明确相关部门和岗位的职责权限，确保办理货币资金业务的不相容岗位分离、相互制约和监督。出纳人员不得兼任稽核、会计档案保管和收入、支出、费用、债权、债务账目的登记工作。严禁由一人（包括出纳及其他会计人员）办理货币资金业务的全过程。出纳人员对不符合规定和手续的收支业务有权拒绝办理。对涉及货币资金管理和控制业务的业务人员实行定期轮换岗位，以相互牵制、相互监督。

2. 坚持预算控制制度。编制资金预算控制旨在对企业一定时期货币资金的流入和流出进行统筹安排。资金预算编制是否准确直接影响到企业货币资金流转是否畅通，影响到货币资金的利用效益，乃至企业的生产经营。因此，要加强货币资金预算的可靠性控制，避免或减少预算编制的主观性和随意性。

货币资金预算编制和货币资金业务核算应分离开，以便更有力地控制货币资金业务。货币资金预算编制后，财务总监应认真监督预算的执行，对经营过程中实际现金收支的结果应定期同预算进行比较分析。如果出现重大差异，可采取必要的措施来调查实际的收支结果。如某单位每月初编制资金预算，通过每周做资金周报来分析差异原因，又通过每日做资金日报来监督资金状况。

3. 坚持授权批准制度。单位应当对货币资金业务建立严格的授权批准制度，明确审批人对货币资金业务的授权批准方式、权限、程序、责任和相关控制措施，规定经办人员办理货币资金业务的职责范围和工作要求。货币资金的收入实行科目负责制，由会计人员（非出纳人员）逐笔审核、签收、登记、制单，无误后交出纳人员办理现金、银行收款手续，退票时出纳人员应及时通知有关会计人员冲账，将票证退还缴款单位。月末会计人员应与有关收款部门核对收款情况，发现问题及时处理。货币资金支出实行授权批准制度，由业务部门经办人员办理付款凭证，业务部门主管审批，本单位主管财务的副总经理或总会计师审批，财务部部长审批，科目负责人审核，出纳人员从本单位的开户外部银行账户中办理银行付款业务。审核人、经办人应在授权范围内进行审批经办，对于超越审批权限的，有权拒绝办理。

4. 内部银行控制制度。内部银行是将社会银行的基本职能与管理方式引入企业内部管理机制而建立起来的一种内部资金管理机构，主要是进行企业内部日常往来结算和资金调拨、运筹，已被证明是实现货币资金内部控制目标的有效手段。但是这种制度在企业的实践发展还不平衡，一些企业只是停留于内部资金调度的功能，对控制企业内部资金流量、流向、流程的功能并没有应有的重视。如果内部银行对集中起来的资金使用缺少有效的控制，就可能导致重大投资的失误。

5. 票据及有关印章的管理。单位应当加强与货币资金相关的票据保管，由银行出纳人员负责各种票据的购买、保管、领用、背书转让、注销等环节的工作，并专设登记簿进行记录，防止空白票据遗失被盗用。同时，单位也要加强预留印鉴的管理，财务专用章应由会计人员（非出纳人员）专人保管，个人名章必须由本人或其授权人员保管。严禁一人保管支付款项所需的全部印章。按规定需要有关负责人签字或盖章的经济业务，必须严格履行签字或盖章手续。

6. 实行内部稽核制度。各单位应建立内部稽核制度，对监督检查过程中发现的问题应积极采取有效措施，纠正和完善货币资金业务的内部稽核制度，明确相关机构或人员的工作职责，定期或不定期地进行检查。监督检查相关岗位和人员的设置情况，看是否存在不相容职务混岗的现象；监督检查授权批准制度的执行情况，看是否存在越权审批行为；监督检查印章的保管情况，看是否存在全部印章由一人保管现象；监督检查票据的保管情况，看是否存在票据管理漏洞。

7. 加强货币资金的安全保卫工作。出纳地点要严格按照保卫部门的要求配备必要的保安监控系统，门窗加固，作为单位保卫部门的重点监控部位。出纳地点与外部办事人员间要设置安全护栏。出纳人员不得擅自离岗，出纳人员离开时必须将现金、有关票据存入保险柜。保险柜的密码、网上银行操作所需网卡及密码要由使用人保管，不得任意移交他人，如需移交他人要有书面记录，并及时更改密码。

第三节 银行结算账户

一、银行结算账户的概念

银行结算账户是指存款人在经办银行开立的办理资金收付结算的人民币活期存款账户。

二、银行结算账户的分类

1. 银行结算账户按用途不同，分为基本存款账户、一般存款账户、专用存款账户和临时存款账户。

2. 银行结算账户按存款人不同，分为单位银行结算账户和个人银行结算账户。

三、银行结算账户管理应当遵守的基本原则

根据《账户管理办法》和《账户管理办法实施细则》的有关规定，银行结算账户管理应当遵守以下基本原则：

（一）一个基本账户原则

一个基本账户原则是指单位银行结算账户的存款人只能在银行开立一个基本存款账户，不能多头开立基本银行账户。

（二）自主选择银行开立银行结算账户原则

自主选择银行开立银行结算账户原则是指存款人可以自主选择银行开立账户，除国家法律、行政法规和国务院规定外，任何单位和个人不得强令存款人到指定银行开立银行结算账户。

（三）守法合规原则

守法合规原则是指银行结算账户的开立和使用应当遵守法律、行政法规，不得利用银行结算账户进行偷逃税款、逃废债务、套取现金及其他违法犯罪活动。

（四）存款信息保密原则

银行结算账户信息保密原则是指银行必须依法为存款人的银行结算账户信息保密。根据《账户管理办法》的规定，对单位银行结算账户的存款和有关资料，除国家法律、行政法规另有规定外，银行有权拒绝任何单位或个人查询。对个人银行结算账户的存款和有关资料，除国家法律另有规定外，银行有权拒绝任何单位或个人查询。

四、银行结算账户的开立、变更和撤销

（一）银行结算账户的开立

存款人开立银行结算账户时，应填制开户申请书。银行与存款人须签订银行结算账户管理协议，明确双方的权利与义务。银行审查后符合开立账户条件的，应办理开户手续，并履行向人民银行当地分支行备案的义务；需要核准的，应及时报送人民银行核准。银行应建立存款人预留签章卡片，并将签章式样和有关证明文件的原件或复印件留存归档。

（二）银行结算账户的变更

存款人银行结算账户有法定变更事项的，应于 5 日内书面通知开户银行并提供有关证明，开户银行办理变更手续并于 2 日内向人民银行报告。

（三）银行结算账户的撤销

存款人有以下情形之一的，应向开户银行提出撤销银行结算账户的申请：

1. 被撤并、解散、宣告破产或关闭的。

2. 注销、被吊销营业执照的。

3. 因迁址需要变更开户银行的。

4. 其他原因需要撤销银行结算账户的。

存款人尚未清偿其开户银行债务的，不得申请撤销银行结算账户。

五、基本存款账户

基本存款账户是指存款人办理日常转账结算和现金收付而开立的银行结算账户，是存款人的主要存款账户。

（一）基本存款账户使用范围

基本存款账户的使用范围包括：存款人日常经营活动的资金收付以及存款人的工资、奖金和现金的支取。

（二）基本存款账户开户要求

基本存款账户是存款人因办理日常转账结算和现金收付需要开立的银行结算账户。下列存款人，可以申请开立基本存款账户：企业法人、非法人企业、机关、事业单位、团级（含）以上军队、武警部队及分散执勤的支（分）队、社会团体、民办非企业组织、异地常设机构、外国驻华机构、个体工商户、居民委员会、村民委员会、社区委员会、单位设立的独立核算的附属机构、其他组织。

开立基本存款账户应按照规定的程序办理并提交有关证明文件。单位银行结算账户的存款人只能在银行开立一个基本存款账户。存款人申请开立基本存款账户，应向银行出具下列证明文件：

1. 企业法人应出具企业法人营业执照正本。

2. 非法人企业应出具企业营业执照正本。

3. 机关和实行预算管理的事业单位，应出具政府人事部门或编制委员会的批文或登记证书和财政部门同意其开户的证明；非预算管理的事业单位，应出具政府人事部门或编制委员会的批文或登记证书。

4. 军队、武警团级（含）以上单位以及分散执勤的支（分）队，应出具军队军级以上单位财务部门、武警总队财务部门的开户证明。

5. 社会团体应出具社会团体登记证书，宗教组织还应出具宗教事务管理部门的批文或证明。

6. 民办非企业组织应出具民办非企业登记证书。

7. 外地常设机构应出具其驻在地政府主管部门的批文。

8. 外国驻华机构应出具国家有关主管部门的批文或证明；外资企业驻华代表处、办事处应出具国家登记机关颁发的登记证。

9. 个体工商户应出具个体工商户营业执照正本。

10. 居民委员会、村民委员会、社区委员会应出具其主管部门的批文或证明。

11. 独立核算的附属机构应出具其主管部门的基本存款账户开户登记证和批文。

12. 其他组织应出具政府主管部门的批文或证明。

存款人如为从事生产、经营活动纳税人的，还应出具税务部门颁发的税务登记证。

（三）开立基本存款账户的程序

存款人申请开立基本存款账户程序：应填制开户申请书，向开户银行出具下列证明文件之一：

1. 当地工商行政管理机关核发的《企业法人营业执照》或《营业执照》。

2. 中央或地方编制委员会、人事、民政等部门的批文。

3. 军队军以上、武警总队财务部门的开户证明。

4. 单位对附设机构同意开户的证明。

5. 驻地有权部门对外地常设机构的批文。

6. 承包双方签订的承包协议。

7. 个人居民身份证和户口簿。

（四）基本存款账户应注意的问题

1. 企业必须按规定使用银行结算账户，负责银行结算账户的安全。不得以出租、出借银行结算账户，不得利用银行结算账户套取银行信用，更不得利用银行结算账户谋取利益。

2. 企业重大事项变更应及时报请其开户银行。主要包括：

（1）企业名称更改，但开户银行及账号不改变的，应及时向开户银行提出银行结算账户的变更申请，并出具有关部门的证明文件。

（2）企业法定代表人或主要负责人、住址以及其他开户资料发生变更时，及时通知开户银行。

（3）撤销银行结算账户的应申请开户银行。一般包括下列情况：一是企业被撤并、解散、宣告破产或关闭的；二是企业注销、被吊销营业执照的；三是企业因迁址需要变更开户银行的；四是其他原因需要撤销银行结算账户的。

3. 企业撤销银行结算账户，必须与开户银行核对银行结算账户存款余额，交回各种重要空白票据及结算凭证和开户登记证，银行核对无误后方可办理销户手续。存款人未按规定交回各种重要空白票据及结算凭证的，应出具有关证明，造成损失的，由其自行承担。

4. 企业应加强对预留银行签章的管理。单位遗失预留公章或财务专用章时，应向开户银行出具书面申请、开户登记证、营业执照等相关证明文件；更换预留公章或财务专用章时，应向开户银行出具书面申请、原预留签章的式样等相关证明文件。

5. 明确违反银行账户管理规定应承担的责任。下列行为违反银行账户管理办法：

（1）违规开立银行结算账户。

（2）伪造、变造证明文件欺骗银行开立银行结算账户。

（3）违反本办法规定不及时撤销银行结算账户。

（4）违反规定将单位款项转入个人银行结算账户。

（5）违反本办法规定支取现金。

（6）利用开立银行结算账户逃废银行债务。

（7）出租、出借银行结算账户。

（8）从基本存款账户之外的银行结算账户转账存入、将销货收入存入或现金存入单位信用卡账户。

（9）法定代表人或主要负责人、存款人地址以及其他开户资料的变更事项未在规定期限内通知银行。

具有上述情形，有关企业及其经办人都将受到相应的经济处罚，情节严重，构成犯罪的，还要依法追究其刑事责任。

六、一般存款账户

一般存款账户是指存款人因借款或其他结算需要，在基本存款账户开户银行以外的银行营业机构开立的银行结算账户。

（一）一般存款账户的使用范围

一般存款账户主要用于办理存款人借款转存、借款归还和其他结算的资金收付。一般存款账户可以办理现金缴存，但不得办理现金支取。

（二）一般存款账户的开户要求

一般存款账户是存款人因借款或其他结算需要，在基本存款账户开户银行以外的银行营业机构开立的银行结算账户。

1. 开立一般存款账户的存款人资格。开立基本存款账户的存款人都可以开立一般存款账户。修订后的《账户管理办法》取消了开立一般存款账户的限制条件，只要存款人具有借款或其他结算需要，都可以申请开立一般存款账户，且没有数量限制。

2. 开立一般存款账户所需的证明文件。根据《账户管理办法》第十八条的规定，存款人申请开立一般存款账户，应向银行出具下列证明文件：

（1）开立基本存款账户规定的证明文件。

（2）基本存款账户开户许可证。

（3）存款人因向银行借款需要，应出具借款合同。

（4）存款人因其他结算需要，应出具有关证明。

（三）开立一般存款账户的程序

根据《账户管理办法》的有关规定，存款人申请开立一般存款账户时，应填制开户申请书，提供规定的证明文件；银行应对存款人的开户申请书填写的事项和证明文件的真实性、完整性、合规性进行认真审查；符合开立一般存款账户条件的，银行应办理开户手续，同时应在其基本存款账户开户登记证上登记账户名称、账号、账户性质、开户银行、开户日期并签章，于开户之日起5个工作日内向中国人民银行当地分支行备案；自开立一般存款账户之日起3个工作日内书面通知基本存款账户开户银行。

七、专用存款账户

专用存款账户是存款人按照法律、行政法规和规章，对其特定用途资金进行专项管理和使用而开立的银行结算账户。

（一）专用存款账户的使用范围

专用存款账户适用于基本建设资金，更新改造资金，财政预算外资金，粮、棉、油收购资金，证券交易结算资金，期货交易保证金，信托基金，住房基金，社会保障基金，收入汇缴资金，业务支出资金等专项管理和使用的资金。

（二）专用存款账户开户要求

1. 开立专用存款账户的条件。专用存款账户是针对特定事项开立的存款账户。根据《账户管理办法》第十三条的规定，对下列资金的管理与使用，存款人可以申请开立专用存款账户：

（1）基本建设资金。

（2）更新改造资金。

（3）财政预算外资金。

（4）粮、棉、油收购资金。

（5）证券交易结算资金。

（6）期货交易保证金。

（7）信托基金。

（8）金融机构存放同业资金。

（9）政策性房地产开发资金。

（10）单位银行卡备用金。

（11）住房基金。

（12）社会保障基金。

（13）收入汇缴资金和业务支出资金。

（14）党、团、工会设在单位的组织机构经费。

（15）其他需要专项管理和使用的资金。

上述收入汇缴资金和业务支出资金，是指基本存款账户存款人附属的非独立核算单位或派出机构发生的收入和支出的资金。因收入汇缴资金和业务支出资金开立的专用存款账户，应使用隶属单位的名称。

开立专用存款账户的目的是保证特定用途的资金专款专用，并有利于监督管理。修订后的《账户管理办法》强调，只有法律、行政法规和规章规定要专户存储和使用的资金，才纳入专用存款账户管理。从此而言，该办法缩小了纳入专用存款账户管理的资金范围。

根据境外机构投资者可以在境内从事证券投资的新情况，《账户管理办法》第二十条规定，合格境外机构投资者在境内从事证券投资开立的 QFII 专用存款账户纳入专用存款账户管理。

2. 开立专用存款账户所需的证明文件。根据《账户管理办法》第十九条的规定，存款人申请开立专用存款账户，应向银行出具其开立基本存款账户规定的证明文件、基本存款账户开户登记证和下列证明文件：

（1）基本建设资金、更新改造资金、政策性房地产开发资金、住房基金、社会保障基金，应出具主管部门批文。

（2）财政预算外资金，应出具财政部门的证明。

（3）粮、棉、油收购资金，应出具主管部门批文。

（4）单位银行卡备用金，应按照中国人民银行批准的银行卡章程的规定出具有关证明和资料。

（5）证券交易结算资金，应出具证券公司或证券管理部门的证明。

（6）期货交易保证金，应出具期货公司或期货管理部门的证明。

（7）金融机构存放同业资金，应出具其证明。

（8）收入汇缴资金和业务支出资金，应出具基本存款账户存款人有关的证明。

（9）党、团、工会设在单位的组织机构经费，应出具该单位或有关部门的批文或证明。

（10）其他按规定需要专项管理和使用的资金，应出具有关法规、规章或政府部门的有关文件。

根据《账户管理办法实施细则》第十四条的规定，同一个证明文件，只能开立一个专用存款账户。

根据《账户管理办法》第二十条和《账户管理办法实施细则》第十四条的规定，合格境外机构投资者在境内从事证券投资开立 QFII 专用存款账户时，应出具国家外汇管理部门的批复文件和证券管理部门的证券投资业务许可证，但无须出具基本存款账户开户许可证。

（三）开立专用存款账户的程序

根据《账户管理办法》的有关规定，存款人申请开立专用存款账户时，应填制开户申请书，提供规定的证明文件；银行应对存款人的开户申请书填写的事项和证明文件的真实性、完整性、合规性进行认真审查；如果专用存款账户属于预算单位专用存款账户的，银行应将存款人的开户申请书、相关的证明文件和银行审核意见等开户资料报送中国人民银行当地分支行，经其对申报资料进行合规性审查，并核准后办理开户手续，该核准程序与基本存款账户的核准程序相同；如果属于预算单位专用存款账户之外的其他专用存款账户的，银行应办理开户手续，并于开户之日起5个工作日内向中国人民银行当地分支行备案。银行在办理专用存款账户开户手续时，同时应在其基本存款账户开户登记证上登记账户名称、账号、账户性质、开户银行、开户日期，并签章，自开立专用存款账户之日起3个工作日内书面通知基本存款账户开户银行。

八、临时存款账户

临时存款账户是指存款人因临时需要并在规定期限内使用而开立的银行结算账户。

（一）临时存款账户的使用范围

临时存款账户支取现金，应按照国家现金管理的规定办理。注册验资的临时存款账户在验资期间只收不付。临时存款账户有效期最长不得超过2年。

（二）临时存款账户开户要求

1. 临时存款账户开立的条件。根据《账户管理办法》第十四条和《账户管理办法实施细则》第十条的规定，存款人有下列情况的，可以申请开立临时存款账户：

（1）设立临时机构。

（2）异地临时经营活动。

（3）注册验资。

（4）境外（含中国香港、澳门、台湾地区）机构在境内从事经营活动等。

临时存款账户主要是针对不同社会主体的不同经营活动的临时结算需要而开立的账户。《账户管理办法》以及实施细则的上述规定实际是扩大了临时存款账户的使用对象，如工程指挥部、筹备领导小组、摄制组等临时机构，建筑施工以及安装单位等在异地的临时经营活动，公司的注册验资，境外（含中国香港、澳门、台湾地区）机构在境内从事经营活动等，都可以开立临时存款账户。

根据《账户管理办法实施细则》的有关规定，存款人为临时机构的，只能在其驻地开立一个临时存款账户，不得开立其他银行结算账户；存款人在异地从事临时活动的，只能在其临时活动地开立一个临时存款账户；建筑施工及安装单位在异地同时承建多个项目的，可以根据建筑施工及安装合同开立不超过项目合同个数的临时存款账户。

2. 开立临时存款账户所需的证明文件。根据《账户管理办法》第二十一条和《账户管理办法实施细则》的有关规定，存款人申请开立临时存款账户，应向银行出具下列证明文件：

（1）临时机构，应出具其驻在地主管部门同意设立临时机构的批文。

（2）异地建筑施工及安装单位，应出具其营业执照正本或其隶属单位的营业执照正本，以及施工及安装地建设主管部门核发的许可证或建筑施工及安装合同。

（3）异地从事临时经营活动的单位，应出具其营业执照正本以及临时经营地工商行政管理部门的批文。

（4）境外（含中国香港、澳门、台湾地区）机构在境内从事经营活动的，应当出具政府有关部门批准其从事活动的证明文件。

（5）注册验资资金，应出具工商行政管理部门核发的企业名称预先核准通知书或有关部门的批文。

(6) 增资验资资金，应当出具股东会或董事会决议等证明文件。

上述第（2）、(3)（6）种情形，存款人还应出具其基本存款账户开户登记证。

（三）开立临时存款账户的程序

根据《账户管理办法》的有关规定，存款人申请开立临时存款账户时，应填制开户申请书，提供规定的证明文件；银行应对存款人的开户申请书填写的事项和证明文件的真实性、完整性、合规性进行认真审查；银行应将存款人的开户申请书、相关的证明文件和银行审核意见等开户资料报送中国人民银行当地分支行，经对申报资料进行合规性审查，并核准后办理开户手续。该核准程序与基本存款账户的核准程序相同。

银行在办理临时存款账户开户手续时，同时应在其基本存款账户开户许可证上登记账户名称、账号、账户性质、开户银行、开户日期并签章。但临时机构和注册验资需要开立的临时存款账户除外。银行自开立临时存款账户之日起3个工作日内应书面通知基本存款账户开户银行。

（四）临时存款账户使用中应注意的问题

1. 临时存款账户应根据有关开户证明文件确定的期限或存款人的需要确定其有效期限。存款人在账户的使用中需要延长期限的，应在有效期限内向开户银行提出申请，并由开户银行报中国人民银行当地分支行核准后办理展期，并由该分支行收回原临时存款账户开户许可证，颁发新的临时存款账户开户许可证。中国人民银行当地分支行不核准展期申请的，存款人应当及时办理该临时存款账户的撤销手续。临时存款账户的有效期最长不得超过2年。

2. 临时存款账户支取现金，应按照国家现金管理的规定办理。

3. 注册验资的临时存款账户在验资期间只收不付，注册验资资金的汇缴人应与出资人的名称一致。增资验资临时存款账户的使用和撤销比照注册验资开立的临时存款账户管理。

九、个人银行结算账户

个人银行结算账户是指存款人有投资、消费、结算等需要而凭个人身份证件以自然人名称开立的银行结算账户。邮政储蓄机构办理银行卡业务开立的账户纳入个人银行结算账户管理。自然人可根据需要申请开立个人银行结算账户，也可以在已开立的储蓄账户中选择并向开户银行申请确认为个人银行结算账户。

（一）个人银行结算账户使用范围

个人银行结算账户用于办理个人转账收付和现金支取，储蓄账户仅限于办理现金存取业务，不得办理转账结算。

（二）个人银行结算账户开户要求

1. 个人存款账户开立的条件。根据《账户管理办法》第十五条和《账户管理办法实施细则》的有关规定以及其他规范性文件，存款人有下列情况的，可以申请开立个人银行结算账户：

（1）使用支票、信用卡、电子支付等信用支付工具的。

（2）办理汇兑、定期借记（如代付水、电、话费）、定期贷记（代发工资）、借记卡等结算业务的。

自然人可根据需要申请开立个人银行结算账户，也可以在已开立的储蓄账户中选择并向开户银行申请确认为个人银行结算账户。

2. 开立个人存款账户所需的证明文件。根据《账户管理办法》以及实施细则的有关规定，存款人申请开立个人银行结算账户，应向银行出具下列证明文件：

（1）中国内地居民应出具居民身份证（或临时身份证）或户口簿或护照；居住在境内或境外的中国籍的华侨，可出具中国护照。

（2）中国人民解放军军人应出具军人身份证件；军队离退休干部以及在解放军军事院校学习的现役军人，可出具离休干部荣誉证、军官退休证、文职干部退休证或军事院校学员证。

（3）中国人民武装警察应出具武警身份证件；武装警察离退休干部以及在解放军军事院校学习的现役军人，可出具离休干部荣誉证、军官退休证、文职干部退休证或军事院校学员证。

（4）中国香港地区、澳门地区居民应出具港、澳居民往来内地通行证；中国台湾地区居民应出具台湾地区居民来往内地通行证或者其他有效旅行证件；

（5）外国公民应出具护照；外国边民在我国边境地区和银行开立个人银行账户，可出具所在国制发的《边民出入境通行证》；获得在中国永久居留资格的外国人，可出具外国人永久居留证。

（6）法律、法规和国家有关文件规定的其他有效证件。

（三）开立个人银行结算账户的程序

根据《账户管理办法》的有关规定，存款人申请开立个人存款账户时，应填制开户申请书，提供规定的证明文件；银行应对存款人的开户申请书填写的事项和证明文件的真实性、完整性、合规性进行认真审查；符合开立条件的银行应办理开户手续，并于开户之日起5个工作日内向中国人民银行当地分支行备案。

（四）个人银行结算账户使用中应注意的问题

1. 单位从其银行结算账户支付给个人银行结算账户的款项，且每笔超过5万元的，应向其开户银行提供下列付款依据：

（1）代发工资协议和收款人清单。

（2）奖励证明。

（3）新闻出版、演出主办等单位与收款人签订的劳务合同或支付给个人款项的证明。

（4）证券公司、期货公司、信托投资公司、奖券发行或承销部门支付或退还给自然人款项的证明。

（5）债权或产权转让协议。

（6）借款合同。

（7）保险公司的证明。

（8）税收征管部门的证明。

（9）农、副、矿产品购销合同；其他合法款项的证明。如果该款项金额未达5万元的，则无须提供该类付款依据。

2. 从单位银行结算账户支付给个人银行结算账户的款项应纳税的，税收代扣单位付款时应向其开户银行提供完税证明。

3. 个人持出票人为单位的支票向开户银行委托收款，将款项转入其个人银行结算账户的或者个人持申请人为单位的银行汇票和银行本票向开户银行提示付款，将款项转入其个人银行结算账户的，个人应当提供前述的有关收款依据。

4. 个人持出票人（或申请人）为单位，且一手或多手背书人为单位的支票、银行汇票或银行本票，向开户银行提示付款并将款项转入其个人银行结算账户的，应当提供前述的有关最后一手背书人为单位且被背书人为个人的收款依据。

5. 单位银行结算账户支付给个人银行结算账户款项的，银行应按有关规定，认真审查付款依据或收款依据的原件，并留存复印件，按会计档案保管。未提供相关依据或相关依据不符合规定的，银行应拒绝办理。

6. 储蓄账户仅限于办理现金存取业务，不得办理转账结算。

十、异地银行结算账户

异地银行结算账户是指存款人符合法定条件，根据需要在异地开立相应的银行结算账户。

（一）异地银行结算账户使用范围

异地存款人有下列情形之一的，可以在异地开立有关银行结算账户：

1. 营业执照注册地与经营地不在同一行政区域（跨省、市、县，需要开立基本存款账户的。

2. 办理异地借款和其他结算需要开立一般存款账户的。

3. 存款人因附属的非独立核算单位或派出机构发生的收入汇缴或业务支出需要开立专用存款账户的。

4. 异地临时经营活动需要开立临时存款账户的。

5. 自然人根据需要在异地开立个人银行结算账户的。

（二）异地银行结算账户开户要求

1. 异地存款账户的开立条件。根据《账户管理办法》第十六条的规定，存款人有下列情形之一的，可以在异地开立有关银行结算账户：

（1）营业执照注册地与经营地不在同一行政区域（跨省、市、县）需要开立基本存款账户的。

（2）办理异地借款和其他结算需要开立一般存款账户的。

（3）存款人因附属的非独立核算单位或派出机构发生的收入汇缴或业务支出需要开立专用存款账户的。

（4）异地临时经营活动需要开立临时存款账户的。

（5）自然人根据需要在异地开立个人银行结算账户的。

2. 开立异地存款账户所需的证明文件。存款人需要在异地开立单位银行结算账户，根据开立存款账户的种类不同，除按照前述基本存款账户、一般存款账户、专用存款账户和临时存款账户的有关要求提供有关证明文件外，还应出具下列相应的证明文件：

（1）经营地与注册地不在同一行政区域的存款人，在异地开立基本存款账户的，应出具注册地中国人民银行分支行的未开立基本存款账户的证明，但是，中国人民银行分支行开具该证明时，只适用下述三种情形：第一，注册地已运行账户管理系统，但经营地尚未运行账户管理系统；第二，经营地已运行账户管理系统，但注册地尚未运行账户管理系统；第三，注册地和经营地均未运行账户管理系统。

（2）异地借款的存款人，在异地开立一般存款账户的，应出具在异地取得贷款的借款合同。

（3）因经营需要在异地办理收入汇缴和业务支出的存款人，在异地开立专用存款账户的，应出具隶属单位的证明。

属前述第（2）、（3）项情况的，还应出具其基本存款账户开户登记证。

存款人需要在异地开立个人银行结算账户，应出具的证明文件与前述开立个人存款账户要求的证明文件相同。

（三）开立异地银行结算账户的程序

开立异地存款账户的，根据其账户的种类不同，开立程序与前述相关账户开立的程序相同。

十一、银行结算账户的管理

（一）中国人民银行的管理

1. 中国人民银行负责监督、检查银行结算账户的开立和使用，查处存款人、银行违反银行结算账户管理规定的行为。

2. 中国人民银行应建立全国统一的银行结算账户管理系统，对银行结算账户的开立和使用实施监控和管理。

3. 中国人民银行负责基本存款账户、临时存款账户和预算单位专用存款账户开户登记证的管理。

4. 任何单位及个人不得伪造、变造及私自印制开户登记证。

（二）银行的管理

1. 银行负责所属营业机构银行结算账户开立和使用的管理，监督和检查其执行本办法的情况，纠正违规开立和使用银行结算账户的行为。

2. 银行应建立岗位责任制，明确专人负责银行结算账户的开立、使用和撤销的审查和管理，负责对存款人开户申请资料的审查，并按照办法的规定及时报送存款人开销户信息资料，建立健全开销户登记制度，建立银行结算账户管理档案，按会计档案进行管理。

3. 银行结算账户管理档案的保管期限为银行结算账户撤销后10年。

4. 银行应对已开立的单位银行结算账户实行年检制度，检查开立的银行结算账户的合规性，核实开户资料的真实性；对不符合规定开立的单位银行结算账户，应予以撤销。对经核实的各类银行结算账户的资料变动情况，应及时报告中国人民银行当地分支行。

5. 银行应对存款人使用银行结算账户的情况进行监督，对存款人的异常支付应按照规定及时报告中国人民银行当地分支行和其上级管理行。

（三）存款人的管理

存款人应加强对预留银行签章的管理。单位遗失预留公章或财务专用章时，应向开户银行出具书面申请、开户登记证、营业执照等相关证明文件；更换预留公章或财务专用章时，应向开户银行出具书面申请、原预留签章的式样等相关证明文件。个人遗失或更换预留个人印章或更换签字人时，应向开户银行出具经签名确认的书面申请，以及原预留印章或签字人的个人身份证件。银行应留存相应的复印件，并凭以办理预留银行签章的变更。

十二、违反银行账户结算管理制度的罚则

（一）存款人违反账户管理制度的处罚

1. 存款人开立、撤销银行结算账户，不得有下列行为：

（1）违反规定开立银行结算账户。

（2）伪造、变造证明文件欺骗银行开立银行结算账户。

（3）违反规定不及时撤销银行结算账户。

非经营性的存款人，有上述所列行为之一的，给予警告并处以 1000 元的罚款；经营性的存款人有上述所列行为之一的，给予警告并处以 1 万元以上 3 万元以下的罚款，有违法所得的没收违法所得；构成犯罪的，移交司法机关依法追究刑事责任。

2. 存款人使用银行结算账户，不得有下列行为：

（1）违反规定将单位款项转入个人银行结算账户。

（2）违反规定支取现金。

（3）利用开立银行结算账户逃废银行债务。

（4）出租、出借银行结算账户。

（5）从基本存款账户之外的银行结算账户转账存入、将销货收入存入或现金存入单位信用卡账户。

（6）法定代表人或主要负责人、存款人地址以及其他开户资料的变更事项未在规定期限内通知银行。

非经营性的存款人有上述所列（1）—（5）项行为的，给予警告并处以 1000 元罚款；经营性的存款人有上述所列（1）—（5）项行为的，给予警告并处以 5000 元以上 3 万元以下的罚款，有违法所得的没收非法所得；存款人有上述所列第（6）项行为的，给予警告并处以 1000 元的罚款。

（二）银行及其有关人员违反账户管理制度的处罚

1. 银行在银行结算账户的开立中，不得有下列行为：

（1）违反《账户管理办法》规定为存款人多头开立银行结算账户。

（2）明知或应知是单位资金，而允许以自然人名称开立账户存储。

银行有上述所列行为之一的，给予警告并处以 5 万元以上 30 万元以下的罚款。

2. 银行在银行结算账户的使用中，有下列行为的，给予警告，并处以 5000 元以上 3 万元以下的罚款。

（1）提供虚假开户申请资料欺骗中国人民银行许可开立基本存款账户、临时存款账户、预算单位专用存款账户的。

（2）开立或撤销单位银行结算账户，未按《账户管理办法》规定在其基本存款账户开户登记证上予以登记、签章或通知相关开户银行的。

（3）违反《账户管理办法》第四十一条规定办理个人银行结算账户转账结算的。

（4）为储蓄账户办理转账结算的。

（5）违反规定为存款人支付现金或办理现金存入。

（6）超过期限或未向中国人民银行报送账户开立、变更、撤销等资料的。

3. 银行在银行结算账户的开立和使用中，有《账户管理办法》第六十五条、第六十六

条所列行为且情节特别严重的，中国人民银行有权停止对其开立基本存款账户的核准、责令该银行停业整顿或者吊销经营金融业务许可证，并对该银行直接负责的高级管理人员、其他直接负责的主管人员、直接责任人员按规定予以处理，构成犯罪的应依法追究刑事责任。

4. 违反规定，伪造、变造、私自印制开户登记证的存款人，属非经营性的处以1000元罚款；属经营性的处以1万元以上3万元以下的罚款，有违法所得的没收违法所得，构成犯罪的移交司法机关依法追究刑事责任。

第四节　票据结算方式

一、票据的概念和种类

（一）票据的概念

票据是由出票人签发的、约定自己或者委托付款人在见票时或指定的日期向收款人或持票人无条件支付一定金额的有价证券。

（二）票据的种类

票据包括银行汇票、商业汇票、银行本票和支票。

二、支票

（一）支票的概念

支票是出票人签发的、委托办理支票存款业务的银行在见票时无条件支付确定的金额给收款人或者持票人的票据。

（二）支票的种类

支票分为现金支票、转账支票和普通支票。

1. 现金支票。只能用于支取现金，它可以由存款人签发用于到银行为本单位提取现金，也可以签发给其他单位和个人用来办理结算或者委托银行代为支付现金给收款人。

2. 转账支票。只能用于转账，它适用于存款人给同一城市范围内的收款单位划转款项，以办理商品交易、劳务供应、清偿债务和其他往来款项结算。

3. 普通支票。可以用于支取现金，也可以用于转账。但在普通支票左上角划两条平行线的，为划线支票，只能用于转账，不能支取现金。

（三）支票的使用范围

凡是在银行开立账户的企业、事业单位和机关、团体、部队、学校、个体经济户以及单位所附属食堂、幼儿园等，其在同一城市或票据交换地区的商品交易、劳务供应、债务清偿和其他款项结算等均可使用支票。

（四）支票记载事项

签发支票必须记载下列事项：表明“支票”的字样；无条件支付的委托；确定的金额；

付款人名称；出票日期；出票人签章。支票的金额、收款人名称，可由出票人授权补记，未补记前不得背书转让和提示付款。

（五）支票的出票

出票人签发支票并交付的行为即为出票。但是，出票人签发支票必须具备一定的条件，即为在经中国人民银行当地分支行批准办理支票业务的银行机构开立可以使用支票的存款账户的单位和个人。根据《中华人民共和国票据法》第八十二条之规定，“开立支票存款账户，申请人必须使用其本名，并提交证明其身份的合法证件。”“开立支票存款账户和领用支票，应当有可靠的资金，并存入一定的资金。”“开立支票存款账户。申请人应当预留其本名的签名式样和印鉴。”这些规定主要在于保证支付支票票款的安全，保护支票权利义务各方当事人的合法权益。

（六）支票提示付款期限

支票的提示付款期限自出票之日起 10 日。支票的付款有效期为 5 天（背书转让地区的转账支票有效期为 10 天），从签发的次日算起，遇例行假日顺延。过期支票作废，银行不予受理。

（七）支票的办理要求

1. 除定额支票外，支票一律记名。经中国人民银行总行批准的地区的转账支票还允许背书转让，背书转让必须连续。

2. 支票金额起点为 100 元。

3. 签发支票要用墨汁或炭素墨水（或使用支票打印机）认真填写；支票大小写金额和收款人 3 处不得涂改，其他内容如有改动须由签发人加盖预留银行印签之一证明。

签发缺印鉴或错账号的支票及签发的支票印鉴不符、账号户名不符、密码号不符的，银行处 5% 但不低于 1000 元的罚款。

4. 签发现金支票须符合现金管理规定。收款单位凭现金支票收取现金，须在支票背面加盖单位公章即背书，同时，收款单位到签发单位开户银行支取现金，应按银行规定交验有关证件。

5. 付款单位必须在其银行存款余额内签发支票，不得签发空头支票。空头支票是指签发的支票金额超过银行存款余额。签发空头支票要受到银行的处罚。对于签发空头支票，银行要处支票金额 5% 但不低于 1000 元的罚金。如果屡次发生，银行根据情节给予警告或通报批评，直至停止签发支票。

6. 不准签发远期支票。远期支票是指签发当日以后日期的支票。因为签发远期支票容易造成空头支票，所以银行禁止签发远期支票。

7. 不准出租、出借支票。

8. 已签发的现金支票遗失，可以向银行申请挂失；挂失前已经支付的，银行不予受理。已签发的转账支票遗失，银行不受理挂失，但可以请收款单位协助防范。

三、商业汇票

（一）商业汇票的概念和种类

商业汇票是出票人签发的，委托付款人在指定日期无条件支付确定的金额给收款人或者持票人的票据。商业汇票分为商业承兑汇票和银行承兑汇票。

1. 商业承兑汇票是指由收款人签发，经付款人承兑，或者由付款人签发并承兑的汇票。

2. 银行承兑汇票是指由收款人或承兑申请人签发，并由承兑申请人向开户银行申请，经银行审查同意承兑的汇票。

3. 商业汇票的使用范围。在银行开立存款账户的法人以及其他组织之间，必须具有真实的交易关系或债权债务关系，才能使用商业汇票。

4. 商业汇票的记载事项。签发商业汇票必须记载入下列事项：表明“商业承兑汇票”或“银行承兑汇票”的字样；无条件支付的委托；确定的金额；付款人名称；收款人名称；出票日期；出票人签章。

（二）商业汇票的出票

出票是指出票人签发票据并将其交付给收款人的票据行为。

（三）商业汇票的承兑

承兑是指汇票付款人承诺在汇票到期日支付汇票金额并签章的行为。

（四）商业汇票的付款

定日付款或者出票后定期付款的商业汇票，持票人应当在汇票到期日前向付款人提示承兑。见票后定期付款的汇票，持票人应当自出票之日起1个月内向付款人提示承兑。

商业汇票的提示付款期限为自汇票到期日起10日。

（五）商业汇票的背书

背书是指收款人或持票人为将票据权利转让给他人或者将一定的票据权利授予他人行使而在票据背面或者粘单上记载有关事项并签章的行为。

（六）商业汇票的保证

保证是指票据债务人以外的人，为担保特定债务人履行票据债务而在票据上记载有关事项并签章的行为。

四、信用卡

（一）信用卡的概念和种类

1. 信用卡的概念。信用卡是指商业银行项个人和单位发行的，凭其向特约单位购物、消费和向银行存取现金，且具有消费信用的特制载体卡片。信用卡产生的结算关系一般涉及三方当事人，即银行、持卡人和商户。

2. 信用卡的种类。

（1）按发行信用卡的机构不同可分为：商业机构发行的零售信用卡、服务业发行的旅游娱乐卡和银行发行的信用卡。

（2）按银行发行的信用卡的用途可分为：赊销卡、记账卡、ATM卡和支票卡。

（3）按使用对象可分为：单位卡和个人卡。

（4）根据信用等级不同可分为：金卡和普通卡。

（二）信用卡的申领与销户

1. 信用卡申领与使用。

（1）单位卡的申领，必须在中国境内金融机构开立基本存款账户，并按规定填制申请表，该单位符合条件并按银行要求交付一定金额备用金后银行可为其开立信用卡账户，发给信用卡。在单位卡的使用过程中，其账户资金一律从其基本存款账户转账存入，不得交存现金。持卡人不得用于10万元以上的商品交易、劳务结算。并一律不得支取现金。

（2）个人卡的申领，具有完全民事行为能力的公民可申领个人卡。申领的附属卡最多不得超过2张。个人卡账户的资金以其持有的现金存入或以其工资性款项及属于个人的劳务报酬收入转账存入。严禁将单位的款项存入个人卡账户。

2. 信用卡的销户。办卡单位销户时，如果账户内还有余额应将该账户内的余额转入其基本存款账户，不得提取现金；个人卡账户可以转账结清，也可以提取现金。持卡人透支之后，在还清透支本息后，在下列情况下，可以办理销户：

（1）信用卡有效期满45天后，持卡人不更换新卡的。

（2）信用卡挂失满45天后，没有附属卡又不更换新卡的。

（3）信用卡被列入止付名单，发卡银行已收回其信用卡45天的。

（4）持卡人死亡，发卡银行已收回其信用卡45天的。

（5）持卡人要求销户或担保人撤销担保，并已交回全部信用卡45天的。

（6）信用卡账户两年（含）以上未发生交易的。

（7）持卡人违反其他规定，发卡银行认为应该取消资格的。

（8）信用卡的挂失。

信用卡丧失后，持卡人应立即持本人身份证件或其他有效证明，并按规定提供有关情况，向发卡银行或代办银行申请挂失。

（三）信用卡的资金来源

信用卡的资金来源来之信用卡的发行主体。发行信用卡的主体为银行和非银行金融机构，并须经过中国人民银行的批准。发卡机构必须具备以下条件：

1. 符合中国人民银行颁布的商业银行资产负债比例监控指标。

2. 具有相应的管理机构。

3. 合格的管理人员和技术人员。

4. 健全的管理制度和安全制度。

5. 必要的电信设备和营业场所。

6. 中国人民银行规定的其他条件。

（四）信用卡使用的主要规定

1. 按照中国人民银行1992年12月颁布的《信用卡业务管理办法》及各银行的具体规定，信用卡的使用具有以下基本规定：

（1）发卡银行对于约定商店拒绝接受信用卡不负责任。

（2）信用卡若丢失或被窃，应立即向发卡银行申请挂失，在挂失生效前被非法使用的款项仍由本人负责。

（3）信用卡只限于合法持卡人本人使用，不得转让或转借。持卡人对凭信用卡而发生的付款应负完全责任。

（4）信用卡使用有一定期限，有效期满如需继续使用应办理更换新卡手续。

（5）银行信用卡备用金按照中国人民银行制定的活期存款利率计付利息。

（6）信用卡允许小额善意透支，透支额度公司卡为5000元，个人普通卡为1000元。透支利息自银行记账日起15日内按日息万分之五计算，超过15日按日息万分之十计算，超过30日或透支超过规定限额的，按日息万分之二十计算。透支计息不分段，按最后期限或最高透支额的最高利率档次计息。

2. 各银行对于其发行的信用卡都有自己的规定。

（1）办理银行信用卡手续简便，只要提供身份证复印件和名片（如果没有名片也可提供工号牌复印件或者单位盖章的工作证明）即可办理。如能提供房产证、行驶证复印件或其他资产证明将有助于获得较高信用额度。

（2）办理和使用银行信用卡普卡和金卡在发卡后30天内，刷卡消费1次免第1年年费，第1年内刷卡消费满5次免第2年年费，第2年刷卡消费满5次免第3年年费，刷卡金额不限制。如果达不到相应的刷卡次数，可以打卡背面的800免费电话进行销卡，销卡不会产生任何费用。如果达不到相应的刷卡次数也不进行销卡，普卡收取100元/年的年费，金卡收取300元/年的年费。

（3）信用卡拿到手里后无需预先存款，有银联刷卡机的地方刷卡消费，消费额度普通卡3000—15000元，金卡10000—50000元，刷卡后在规定的还款期内，最短20天最长50天要进行还款（具体还款日期我们会在还款日之前发短信通知客户什么时间还款，还多少钱，也会以信件的形式邮寄一份对账单到客户指定地址告知客户的消费明细以及什么时间还款和还款金额）。持信用卡消费后，在银行规定的还款日全额还款是不收利息的。还款可以到银行网点将所消费的钱存到卡内，也可以通过ATM转账还款等等。另外，信用卡在不预先存款的前提下，也可以提取现金出来使用。信用卡主要是消费时方便、快捷、安全，可以避免现金风险，进行资金周转，同时积累个人信用度，方便今后个人向银行进行消费性的贷款如房贷、车贷等等。

（4）银行每月会准时邮寄一份对账单到您指定的地址，提供详细的消费信息，如消费时间、消费地点、消费金额、还款日期、消费积分等等。

（5）信用卡只要有银联刷卡机的地方都可以刷卡消费使用而且没有地域限制，出差在外地刷卡也没有异地手续费。

（6）用银行信用卡刷卡消费享受快捷的24小时实时交易短信提醒，提供可选择的凭“签名”或“签名+密码”交易方式。

（7）持信用卡透支取现，要收取1%—3%的手续费并收取日利率万分之五的利息。

消费或透支取现后，要在银行规定的还款日全额还款或以最低还款额还款最低还款额为当期全部应缴金额的10% 及上月结欠的未还款项，利息及费用。

（8）如果错过最后还款日还款，或未按最低还款额还款的要收取最低还款额未还部分5%的滞纳金并影响个人信用记录，一旦出现不良信用记录，在银行基本没有可能申请到信用卡或贷款。

（9）长期拖欠不还款者，银行将依法提起诉讼。

五、汇兑

（一）汇兑的概念和分类

1. 汇兑概念。汇兑是汇款人委托银行将其款项支付给收款人的结算方式。单位和个人的各种款项的结算，均可使用汇兑结算方式。

2. 汇兑分类。汇兑分为信汇、电汇两种，由汇款人选择使用。

（1）信汇。它是指债务人或称汇款人将汇款及手续费交付给汇款地的一家银行（汇出行)，委托该银行利用信件转托受款人所在地的银行（汇入行），将货款付给债权人或称受款人。这种汇付方法，需要一个地区间的邮程的时间，一般航邮约为7—15天，视地区远近而异。如用快递，以加速3—5天。

（2）电汇。它是汇款人将一定金额的汇款及汇付手续费付给当地一家银行（汇出行），要求该银行用电传或电报通知其国外受款人所在地的分支行或代理行（汇入行）将汇款付给受款人。这种汇款将时差计入，一般当天或隔天可到，最为快捷，但电讯费用比较高。

3. 汇兑特点。汇兑结算适用范围广，手续简便易行，灵活方便，因而是目前一种应用极为广泛的结算方式。

（1）汇兑结算，无论是信汇还是电汇，都没有金额起点的限制，不管款多款少都可使用。

（2）汇兑结算属于汇款人向异地主动付款的一种结算方式。它对于异地上下级单位之间的资金调剂、清理旧欠以及往来款项的结算等都十分方便。汇兑结算方式还广泛地用于先汇款后发货的交易结算方式。如果销货单位对购货单位的资信情况缺乏了解或者商品较为紧俏的情况下，可以让购货单位先汇款，等收到货款后再发货以免收不回货款。当然购货单位采用先汇款后发货的交易方式时，应详尽了解销货单位资信情况和供货能力，以免盲目地将款项汇出却收不到货物。如果对销货单位的资情情况和供货能力缺乏了解，可将款项汇到采购地，在采购地开立临时存款户，派人监督支付。

（3）汇兑结算方式除了适用于单位之间的款项划拨外，也可用于单位对异地的个人支付有关款项，如退休工资、医药费、各种劳务费、稿酬等，还可适用个人对异地单位所支付的有关款项，如邮购商品、书刊等。

（4）汇兑结算手续简便易行，单位或个人很容易办理。

（二）办理汇兑的程序

根据《支付结算办法》的规定，如果收款人需要委托他人向汇入银行支取款项的，应在取款通知上签章，注明本人身份证件名称、号码、发证机关和“代理”字样以及代理人姓名。

1. 代理人代理取款时，也应在取款通知上签章，注明其身份证件名称、号码及发证机关，并同时交验代理人和被代理人的身份证件。此规定是对原汇兑结算方式的进一步完善。

2. 如果收款人转账支付的，应由原收款人向银行填制支款凭证，并由本人交验其身份证件办理支付款项。但该账户的款项只能转入单位或个体工商户的存款账户，严禁转入储蓄和信用卡账户。

（三）汇兑的撤销和退汇

1. 汇兑的撤销是指汇款人对汇出银行尚未汇出的款项向汇出银行申请撤销汇款的行为。转汇银行不受理汇款人或汇出银行对汇款的撤销。

2. 汇兑的退汇是指汇款人对汇出银行已经汇出的款项申请退回汇款的行为。收款人与汇款人必须达成一致的退汇意见。转汇银行不得受理汇款人或汇款银行对汇款的退汇意见。对于收款人拒收的汇款，应即办理退汇。如汇入行向收款人发出取款通知而收款人2个月无法交付的应退汇。

第三章

税收法律制度

【本章内容简介】 本章主要讲述了以下三方面内容：(1) 税收的概念与分类、税法及构成要素；(2) 主要税种包括：增值税、消费税、营业税、企业所得税、个人所得税；(3) 税收征管：税务登记、发票开具与管理、纳税申报、税款征收、税务代理、税收检查及法律责任。主要税种的增值税、消费税、营业税、企业所得税、个人所得税是新增考试内容。

【主要题型及分值】 按照历年考试要求及考试大纲的安排，考题的题型全部为客观题，题目重点应为税收基础知识。预计本章分值会有一定变化，预计分值为10—15分左右。

第一节 税收概述

一、税收的概念与分类

(一) 税收概念与分类

1. 税收的概念。税收是国家为实现其职能按法律确定的标准，对社会剩余产品所进行的强制和无偿的分配。其主要内涵包括以下几个方面：税收是国家取得财政收入的主要形式；税收课征的权力依据是国家政治权力；税收的最终来源是社会剩余产品；税收体现以国家为主体的集中性分配关系；税收的最终用途是满足社会的共同需要。税收作为特定的财政收入形式和其他财政收入形式如利润等有明显的区别，这主要体现在税收的形式特征上。构成税收的形式特征，通常概括为强制性、无偿性和固定性。税收不仅是政府筹集资金的主要手段，也是政府干预调节经济的重要杠杆。税收对经济的影响主要表现在生产、消费和分配上以及对整个经济稳定运行的影响，因此，加强税收征收管理尤为重要。

2. 税收的作用。税收作用是指税收职能在一定社会经济条件下的发挥，对社会经济生活产生的各种影响或效果。预期的税收作用，是借助于正确的税收政策，优化的税收制度以及严格执行税法等具体措施得以实现的。税收的作用主要表现如下：

（1）税收是国家组织财政收入的主要形式。组织财政收入是税收的基本作用。税收是随着国家的产生而产生的，是为了满足国家实现其职能的物质需要而产生的。税收从它产生之日起，为国家行使职能而组织财政收入，就成了它的第一职能。国家通过税收，可以把分散在各部门的国民收入集中起来，以满足国家实现其职能的物质需要。所以，组织财政收入是税收的天职，是税收的基本作用。也正因为税收天生具有这种作用，所以它才随着国家的发展而存在，至今依然发挥着重要的作用，显示着旺盛的生命力。

税收可以使财政收入得到切实保证。由于税收具有强制性的特征，它是国家凭借政治权力，依靠法律而取得的收入，这样便可以减少避免拖欠和偷漏税行为的发生。另外，不论企业是盈利还是亏损都必须依法纳税，这样，税款有相当大的部分就可以不受企业经营成果好坏的影响。以国有企业为例，它既要向国家纳税，又要向国家上缴利润。国家要求国有企业纳税，是以国家政权机构的身份出现的，具有强制性，不容打折扣、讨价还价；而国家要求国有企业上缴利润，是以生产资料所有者的身份出现的。企业作为经营者，有义务将利润的一部分交给生产资料的所有者，但在所有者和经营者之间，利润以怎样的比例分配，情况会多种多样，双方的讨价还价是不可避免的。可见，为了保证财政收入，纳税比上缴利润要稳定可靠得多。因此，税收是国家组织财政收入的主要形式。

（2）税收是国家调控经济运行的重要手段。在社会主义市场经济条件下，国家对经济的宏观调控主要不是运用直接控制的手段，而是通过市场和对经济活动参加者经济利益的调节实现的。其中，税收就是重要的调节手段之一。因为，税收具有调节经济的职能。这种职能是指国家通过征税，改变不同纳税人、不同经济部门在国民收入中所占的比重以及不同产品的盈利水平，从而对经济的发展产生某种影响的功能。国家在利用税收发挥组织财政收入作用的同时，还通过税种、税率、减免、加征等办法，对不同的纳税人、不同的经济部门、不同的社会产品实行征与不征、多征与少征，来改变不同纳税人和经济部门对国民收入和占有数量和比重，影响它们的物质利益，从而鼓励或限制某些部门经济的发展，改变经济结构，国家的一些政策，一些政治、经济目的，就是通过这种调节职能的发挥来实现的。我们说税收是一种经济杠杆，一般就是指税收的这种调节经济的职能。如国家通过减征企业所得税（低税率）的税收政策，吸引了外商高新技术企业在我国的投资，促进了我国技术水平的提高；通过免征（免税）固定资产投资方面调节税，推动了煤炭、电力、核能、石油等国家基础产业的发展；通过免征和减征（减税）企业所得税两年，支持了边远和贫困地区新建企业的发展。总之，国家可以运用税收这一手段，通过税种、税率、减免税、税负等要素调节经济总量，促进经济发展、技术进步、社会稳定、促进国民经济持续、快速、健康发展的目的。同时也说明税收作为宏观经济调控的重要工具，具有内在稳定器的功能。税收作用于和谐社会，就是要采用科学的发展观指导和推进财税体制改革，以较低的税收负担、较高的办税效率、较好的财政效益激发广大劳动人民群众的创造力，同时通过财税体制改革为龙头的各项改革，清除生产关系中不适应生产力发展的部分、上层建设中不适应经济基础的部分，为构筑和谐社会创造出良好的体制环境，为经济的可持续发展增强动力，为实现共同富裕奠定坚实的物质基础。

（3）税收具有维护国家政权的作用。国家政权是税收产生和存在的必要条件，而国家政权的存在又有赖于税收的存在。没有税收，国家机器就不可能有效运转。税收是国家财政收入的主要支柱。目前，我国税收已占国家财政收入的85%以上。税收在保证国家重点经济建设、保证国家机器正常运转方面有着特别重要的意义。特别是我国目前正在进行经济体制的改革与转换，更需要大量的财力作为改革的后盾。否则，财力分散很可能导致改革半途而废，甚至影响国家政权的稳定。所以，税收分配不是按照等价原则和所有权原则分配的，而是凭借政治权力，对物质利益进行调节，体现国家支持什么，限制什么，从而达到巩固国家政权的政治目的。

（4）税收是国际经济交往中维护国家利益的可靠保证。在国际经济交往中，任何国家对在本国境内从事生产、经营的外国企业或个人都拥有税收管辖权，这是国家权益的具体体现。我国自1979年实行对外开放以来，在平等互利的基础上，不断扩大和发展同各国、各地区的经济交流与合作，利用外资、引进技术的规模、渠道和形式都有了很大发展。我国在建立和完善涉外税法的同时，还同70多个国家签订了避免双重征税的协定。这些税法规定既维护了国家的权益，又为鼓励外商投资，保护国外企业或个人在华合法经营，发展国家间平等互利的经济技术合作关系，提供了可靠的法律保障。

（二）税收的特征

税收作为政府筹集财政收入的一种规范形式，具有区别于其他财政收入形式的特点。税收特征可以概括为强制性、无偿性和固定性。

1. 税收的强制性。税收的强制性是指国家凭借其公共权力以法律、法令形式对税收征纳双方的权利（权力）与义务进行制约，既不是由纳税主体按照个人意志自愿缴纳，也不是按照征税主体随意征税，而是依据法律进行征税。我国宪法明确规定我国公民有依照法律纳税的义务，纳税人必须依法纳税，否则就要受到法律的制裁。税收的强制性主要体现在征税过程中。

2. 税收的无偿性。税收的无偿性是指国家征税后，税款一律纳入国家财政预算，由财政统一分配，而不直接向具体纳税人返还或支付报酬。税收的无偿性是对个体纳税人而言的，其享有的公共利益与其缴纳的税款并非一对一的对等，但就纳税人的整体而言则是对等的，政府使用税款目的是向社会全体成员包括具体纳税人提供社会需要的公共产品和公共服务。因此，税收的无偿性表现为个体的无偿性、整体的有偿性。

3. 税收的固定性。税收的固定性是指国家征税预先规定了统一的征税标准，包括纳税人、课税对象、税率、纳税期限、纳税地点等。这些标准一经确定，在一定时间内是相对稳定的。

（三）税收的分类

1. 按征税对象分类。可将全部税收划分为流转税类、所得税类、财产税类、资源税类和行为税类五种类型。

2. 按征收管理的分工体系分类。可分为工商税类、关税类。

3. 按照税收征收权限和收入支配权限分类。可分为中央税、地方税和中央地方共享税。

4. 按照计税标准不同进行的分类。可分为从价税、从量税和复合税。

二、税法及构成要素

（一）税收与税法的关系

1. 税法的概念。税法是国家权力机关和行政机关制定的，用以调整国家与纳税人之间在征纳税方面的权力与义务关系的法律规范的总称。

税法分为税收实体法和税收程序法。税收实体法具体规定了税种的征收对象、征收范围、税目、税率、纳税地点等内容，如《中华人民共和国个人所得税法》。税收程序法具体规定税务管理、税款征收、税务检查等内容，如《中华人民共和国税收征收管理法》。

税收作为一种经济活动，属于经济基础范畴，而税法则是一种法律制度，属于上层建筑范畴。税收活动必须严格依照税法的规定进行，税法是税收的法律依据和法律保障。税收以税法为其依据和保障，而税法又必须以保障税收活动的有序进行为其存在的理由和依据。

2. 税收与税法的关系。税收法律关系是指税收法律制度所确认和调整的国家与纳税人之间、国家与国家之间以及各级政府之间在税收分配过程中形成的权力和义务关系。税收法律关系体现为国家征税与纳税人纳税的利益分配关系。总体上，税收法律关系与其他法律关系一样，也是由主体、客体和内容三个要素构成。这三个要素之间互相联系，形成统一的整体。

（1）税收法律关系主体。税收法律关系主体是指税收法律关系中享有权利和承担义务的当事人，即税收法律关系的参加者。分为征税主体和纳税主体。

①征税主体。征税主体是指税收法律关系中享有征税权力的一方当事人，即税务行政执法机关。包括各级税务机关、海关等。

②纳税主体。纳税主体即税收法律关系中负有纳税义务的一方当事人。包括法人、自然人和其他组织。对这种权力主体的确定，我国采取属地兼属人原则，即在华的外国企业、组织、外籍人、无国籍人等，凡在中国境内有所得来源的，都是我国税收法律关系的纳税主体。

（2）税收法律关系客体。税收法律关系的客体是指税收法律关系主体双方的权力和义务所共同指向、影响和作用的客观对象。

（3）税收法律关系内容。税收法律关系的内容是指税收法律关系主体所享受的权利和应承担的义务，这是税收法律关系中最实质的内容，也是税法的灵魂。

（二）税法的分类

1. 按照税法的功能、作用的不同，将税法分为税收实体法和税收程序法。

2. 按照主权国家行使税收管辖权的不同，可分为国内税法、国际税法、外国税法。

3. 按照税法法律级次划分，分为税收法律、税收行政法规、税收规章和税收规范性文件。

（三）税法的构成要素

1. 征税人。征税人是指代表国家行使征税职权的各级税务机关和其他征收机关。

2. 纳税人。纳税人是指依法直接负有纳税义务的自然人、法人和其他组织。

3. 征税对象。征税对象是指税收法律关系中权力义务所指向的对象，即对什么征税。

4. 税目。税目是指税法中规定应当征税的具体项目，是征税对象的具体化。

5. 税率。税率是对征税对象的征收比例或征收额度。税率是计算税额的尺度，也是衡量税负轻重与否的重要标志。我国现行的税率主要有：

（1）比例税率。即对同一征税对象，不分数额大小，规定相同的征收比例。我国的增值税、营业税、城市维护建设税、企业所得税等采用的是比例税率。

（2）超额累进税率。即把征税对象按数额的大小分成若干等级，每一等级规定一个税率，税率依次提高，但每一纳税人的征税对象则依所属等级同时适用几个税率分别计算，将计算结果相加后得出应纳税款。目前采用这种税率的有个人所得税。

（3）定额税率。即按征税对象确定的计算单位，直接规定一个固定的税额。目前采用定额税率的有资源税、城镇土地使用税、车船使用税等。

（4）超率累进税率。即以征税对象数额的相对率划分若干级距，分别规定相应的差别税率，相对率每超过一个级距的，对超过的部分就按高一级的税率计算征税。目前，采用这种税率的是土地增值税。

6. 计税依据。计税依据亦称“课税依据”，是计算应纳税额的根据。即根据什么来计算纳税人应缴纳的税额。它是税制构成要素中的一项十分重要的内容。

（1）从价计征。是以计税金额为计税依据，计税金额是指课税对象的数量乘以计税价格的数额。如中国现行的增值税、营业税和各种所得税等。

（2）从量计征。是以课税对象的重量、体积、数量为计税依据。如消费税中的黄酒、啤酒以吨数为计税依据，汽油、柴油以升数为计税依据，资源税以吨或立方米为计税单位，车船使用税以辆或吨位为计税单位等。

（3）复合计征。现行消费税的征税范围中，只有卷烟、粮食白酒、薯类白酒采用复合计征方法。应纳税额等于应税销售数量乘以定额税率再加上应税销售额乘以比例税率。

生产销售卷烟、粮食白酒、薯类白酒从量定额计税依据为实际销售数量。进口、委托加工、自产自用卷烟、粮食白酒、薯类白酒从量定额计税依据分别为海关核定的进口征税数量、委托方收回数量、移送使用数量。

7. 纳税环节。纳税环节是指应缴纳税款的具体环节，主要指税法规定的征税对象在从生产到消费的流转过程中应当缴纳税款的环节。如流转税在生产和流通环节纳税；所得税在分配环节纳税等。

8. 纳税期限。纳税期限是指纳税人的纳税义务发生后应缴纳税款的期限。如企业所得税在月份或季度终了后15日内预缴，年度终了后4个月内汇算清缴，多退少补；营业税的纳税期限，分别为5日、10日、15日或者1个月，纳税人的具体纳税期限，由主管税务机关根据纳税人应纳税额的大小分别核定，不能按照固定期限纳税的，可以按次纳税。

9. 纳税地点。主要是指根据各个税种纳税对象的纳税环节和有利于对税款的源泉控制而规定的纳税人（包括代征、代扣、代缴义务人）的具体纳税地点。

10. 减免税。减免税是指税务机关依据税收法律、法规以及国家有关税收规定给予纳税人的减税、免税。

减税（又称税收减征）是按照税收法律、法规减除纳税义务人一部分应纳税款。它是对某些纳税人、征税对象进行扶持、鼓励或照顾，以减轻其税收负担的一种特殊规定。与免税一样，它也是税收的严肃性与灵活性结合制定的政策措施，是普遍采取的税收优惠方式。由于减税与免税在税法中经常结合使用，人们习惯上统称为减免税。减税一般分为法定减税、特定减税和临时减税。

减免税政策是国家财税政策的组成部分和税式支出的重要形式，是国家出于社会稳定和经济发展的需要，对一定时期特定行业或纳税人给予的一种税收优惠，是国家调控经济、调节分配的重要方式。我国现行减免税的类型，按照税收减免方式来分，可以分为税基式减免、税率式减免、税额式减免三种基本形式。

（1）税基式减免。它是指通过直接缩小计税依据的方式实现的减税、免税。包括起征点（指税法规定对征税对象开始征税的起点数额，征税对象的数额达到起征点的就全部数额征税，未达到起征点的不征税。）、免征额（是税法规定的课税对象全部数额中免予征税的数额）、项目扣除和跨期结转等。

（2）税率式减免。它是指通过直接降低税率的方式实现的减税、免税，包括低税率、零税率等。

（3）税额式减免。它是指通过直接减少应纳税额的方式实现的减税、免税，包括全部免征、减半征收、核定减免率等。

11. 法律责任。税收法律责任是指税收法律关系主体即征税主体和纳税主体，违犯税法行为所引起的不利法律后果。税收法律责任的确认必须依照税法规定，追究税收法律责任应以税收违法行为的存在为基本前提，必须按照法定的程序进行。

税收法律责任的形式主要是行政法律责任和刑事法律责任。

税法中的行政法律责任是行政违法引起的，用以调整和维护行政法律关系，具有一定的惩罚性。对于纳税主体而言，其行政法律责任形式主要是行政处罚。对于征税主体而言，税务机关承担的行政法律责任，主要有行政赔偿责任和撤销违法决定等，税务机关工作人员承担的行政法律责任主要是行政处分。

税法中的刑事法律责任是对违反法律情节严重，构成犯罪的责任人给予的刑事制裁。其形式从人身罚到财产罚，从拘役、有期徒刑到死刑。对于纳税主体而言，人身罚与财产罚是可以并处的；对于征税主体而言，原则上可以处以财产罚，如罚金；对于税务机关工作人员，则与其他税务犯罪一样承担刑事法律责任。

三、现行税种和税制体系

（一）现行税种

1. 目前实际征收的税种。1994 年税制改革之后，我国的税种由 37 个缩减到目前的 22 个，到目前为止，税务部门实际在征收的税种只有 17 个。具体是增值税、消费税、营业税、企业所得税、个人所得税、资源税、城镇土地使用税、房产税、城市房地产税、城市维护建设税、耕地占用税、土地增值税、车辆购置税、车船税、印花税、契税、烟叶税、固定资产投资方向调节税、筵席税、关税、船舶吨税。其中，固定资产投资方向调节税和筵席税已经停征，关税和船舶吨税由海关征收。

2. 税种分类

（1）流转税类（5 个税种）：即增值税、消费税、营业税、关税和资源税。这些税种是在生产、流通或服务领域，按纳税人取得的销售收入或营业收入征收的。

（2）所得税类（2 个税种）：即企业所得税和个人所得税。这些税种是按照纳税人取得的利润或纯收入征收的。

（3）财产税类（9 个税种）：即房产税、城市房地产税、城镇土地使用税、车船使用

税、车船使用牌照税、车辆购置税、契税、耕地占用税和船舶吨税。这些税种是对纳税人拥有或使用的财产征收的。

（4）行为税类（5个税种）：即城市维护建设税、印花税、固定资产投资方向调节税（暂停征收）、土地增值税和筵席税。这些税种是对特定行为或为达到特定目的而征收的。

（二）现行税制体系

我国现行税制体系——税收立法。在税收立法和税收政策制定方面，我国强调税权集中，税政统一。目前有权制定税法或者税收政策的国家机关主要有：全国人民代表大会及其常务委员会、国务院、财政部、国家税务总局、海关总署、国务院关税税则委员会等。

1. 税收的基本制度由法律规定。税收法律由全国人民代表大会制定，如《中华人民共和国个人所得税法》；或者由全国人民代表大会常务委员会制定，如《中华人民共和国税收征收管理法》。

2. 有关税收的行政法规。由国务院根据有关法律的规定制定，如《中华人民共和国税收征收管理法实施细则》；或者根据全国人民代表大会及其常务委员会的授权制定，如《中华人民共和国增值税暂行条例》。

3. 有关税收的部门规章。由财政部、国家税务总局、海关总署、国务院关税税则委员会等部门根据有关法律、行政法规制定，如《中华人民共和国增值税暂行条例实施细则》、《个人所得税自行申报纳税暂行办法》。其中，有些重要规章要经国务院批准以后发布，如《中华人民共和国发票管理办法》。

税收法律的制定要经过提出立法议案、审议、表决通过和公布4道程序，税收行政法规和规章的制定要经过规划、起草、审定和发布4道程序。上述程序都应当按照法律、法规和制度进行。

此外，根据我国法律的规定，省、自治区、直辖市和某些较大的市的人民代表大会及其常务委员会，可以根据本行政区域的具体情况和实际需要，在不与法律、行政法规相抵触的前提下，按照规定制定某些地方性的税收法规。省、自治区、直辖市和某些较大的市的人民政府，可以根据法律、行政法规和本省、自治区、直辖市的地方性法规制定税收规章。香港特别行政区和澳门特别行政区实行独立的税收制度，中央政府不在这两个特别行政区征税。

4. 附现行税收法规体系总览。

（1）《中华人民共和国增值税暂行条例》，是1993年12月13日国务院发布，自1994年1月1日起施行。1993年12月25日，财政部发布《中华人民共和国增值税暂行条例实施细则》。

（2）《中华人民共和国消费税暂行条例》，是1993年12月13日国务院发布，自1994年1月1日起施行。1993年12月25日，财政部发布《中华人民共和国消费税暂行条例实施细则》。

（3）《中华人民共和国营业税暂行条例》，是1993年12月13日国务院发布，自1994年1月1日起施行，1993年12月25日，财政部发布《中华人民共和国营业税暂行条例实施细则》。

（4）《中华人民共和国企业所得税法》，是2007年3月16日第十届全国人民代表大会第五次会议通过，2007年3月6日国务院发布，自2008年1月1日起施行。《中华人民共和国企业所得税法实施条例》经2007年11月28日国务院第197次常务会议通过，2007年12

月6日以国务院令第512号文公布，自2008年1月1日起施行。

(5)《中华人民共和国个人所得税法》，是1980年9月10日第五届全国人民代表大会第三次会议通过并公布，即日起施行。根据1993年10月31日第八届全国人民代表大会常务委员会第四次会议《关于修改〈中华人民共和国个人所得税法〉的决定》第一次修正。根据1999年8月30日第九届全国人民代表大会常务委员会第十一次会议《关于修改〈中华人民共和国个人所得税法〉的决定》第二次修正。根据2005年10月27日第十届全国人民代表大会常务委员会第十八次会议《关于修改〈中华人民共和国个人所得税法〉的决定》第三次修正根据2007年6月29日第十届全国人民代表大会常务委员会第二十八次会议《关于修改〈中华人民共和国个人所得税法〉的决定》第四次修正。根据2007年12月29日第十届全国人民代表大会常务委员会第三十一次会议《关于修改〈中华人民共和国个人所得税法〉的决定》第五次修正。

《中华人民共和国个人所得税法实施条例》是1994年1月28日，国务院以中华人民共和国国务院令第142号发布的。1999年9月30日，国务院发布《对储蓄存款利息征收个人所得税的实施办法》。2005年12月19日发布了《国务院关于修改〈中华人民共和国个人所得税法实施条例〉的决定》，是第一次修订。2008年2月18日对《中华人民共和国个人所得税法实施条例》进行了第二次修订。

(6)《中华人民共和国资源税暂行条例》，是1993年12月25日国务院发布，自1994年1月1日起施行1993年12月30日，财政部发布《中华人民共和国资源税暂行条例实施细则》。

(7)《中华人民共和国城镇土使用税暂行条例》，1988年9月27日国务院发布，自同年11月1日起施行实施细则由各省、自治区、直辖市人民政府自行制定。

(8)《中华人民共和国城市维护建设税暂行条例》，1985年2月8日国务院发布，自1985年度起施行实施细则由各省、自治区、直辖市人民政府自行制定。

(9)《中华人民共和国耕地占用税暂行条例》，1987年4月1日国务院发布，即日起施行。实施细则由各省、自治区、直辖市人民政府自行制定。

(10)《中华人民共和国固定资产投资方向调节税暂行条例》，1991年4月16日国务院发布，自1991年度起施行。1991年6月18日，国家税务局发布《中华人民共和国固定资产投资方向调节税暂行条例实施细则》。根据中共中央、国务院的决定，此税从2000年起暂停征收。

(11)《中华人民共和国土地增值税暂行条例》，是1993年12月13日国务院发布，自1994年1月1日起施行。1995年1月27日，财政部发布《中华人民共和国土地增值税暂行条例实施细则》。

(12)《中华人民共和国车辆购置税暂行条例》，2000年10月22日国务院发布，自2001年1月1日起施行。

(13)《中华人民共和国房产税暂行条例》，1986年9月15日国务院发布，自同年10月1日起施行。实施细则由各省、自治区、直辖市人民政府自行制定。

(14)《城市房地产税暂行条例》，1951年8月8日中央人民政府政务院发布即日起施行，实施细则由各省、自治区、直辖市人民政府自行制定。

(15)《中华人民共和国车船使用税暂行条例》，1986年9月15日国务院发布，自同年

10月1日起施行。实施细则由各省、自治区、直辖市人民政府自行制定。

(16)《车船使用牌照税暂行条例》，1951年9月20日中央人民政府政务院发布，即日起施行。实施细则由各省、自治区、直辖市人民政府自行制定。

(17)《船舶吨税暂行办法》，1952年9月16日政务院财政经济委员会批准，同年9月29日海关总署发布实施。经政务院财政经济委员会、国务院批准，1954年11月30日、1974年8月2日对外贸易部修正。

(18)《中华人民共和国印花税暂行条例》，1988年8月6日国务院发布，自同年10月1日起施行。1988年9月29日，财政部发布《中华人民共和国印花税暂行条例施行细则》。

(19)《中华人民共和国契税暂行条例》，1997年7月7日国务院发布，自同年10月1日起施行。1997年10月28日，财政部发布《中华人民共和国契税暂行条例细则》。

(20)《中华人民共和国筵席税暂行条例》，1988年9月22日国务院发布。此税现由地方管理。

(21)《中华人民共和国进出口关税条例》，1985年3月7日国务院公布，自同年3月10日起施行。1987年9月12日国务院第一次修订发布，1992年3月18日国务院第二次修订发布。

(22)《关于入境旅客行李物品和个人邮递物品征收进口税办法》，1994年5月18日国务院关税税则委员会发布，自同年7月1日起施行。

(23)《中华人民共和国税收征收管理法》，1992年9月4日第七届全国人民代表大会常务委员会第二十七次会议通过并公布，自1993年1月1日起施行。1995年2月28日第八届全国人民代表大会常务委员会第十二次会议修正，2001年4月28日第九届全国人民代表大会常务委员会第二十一次会议修订。1993年8月4日，国务院发布《中华人民共和国税收征收管理法实施细则》。

(24)《全国人民代表大会常务委员会关于惩治偷税、抗税犯罪的补充规定》，1992年9月4日第七届全国人民代表大会常务委员会第二十七次会议通过并公布，自1993年1月1日起施行。

(25)《中华人民共和国发票管理办法》，1993年12月12日国务院批准，同年12月23日财政部发布，即日起施行1993年12月28日，国家税务总局发布《中华人民共和国发票管理办法实施细则》。

(26)《全国人民代表大会常务委员会关于惩治虚开、伪造和非法出售增值税专用发票的决定》，1995年10月30日第八届全国人民代表大会常务委员会第十六次会议通过并公布，即日起施行。

(27)《税务行政复议规则（试行）》，1999年9月23日国家税务总局发布，自同年10月1日起施行。税收征收管理法，全国人民代表大会常务委员会关于惩治偷税、抗税犯罪的补充规定，全国人民代表大会常务委员会关于惩治虚开、伪造和非法出售增值税专用发票的决定中有关刑事责任的规定，均已经纳入修正以后的《中华人民共和国刑法》。

四、税收征收管理范围和收入的划分

（一）征收和管理的项目

目前，我国的税收分别由税务、财政、海关等系统负责征收管理。

1. 税务系统征税范围。

（1）国家税务总局系统负责征收和管理的项目。增值税、消费税，铁道部、各银行总行、各保险总公司集中缴纳的营业税、所得税、城市维护建设税，金融、保险企业缴纳的营业税中按照提高3%税率征收的部分，中央企业缴纳的所得税，中央与地方所属企业、事业单位组成的联营企业、股份制企业缴纳的所得税，地方银行、非银行金融企业缴纳的所得税，海洋石油企业缴纳的所得税、资源税，外商投资企业和外国企业所得税，对储蓄存款利息征收的所得税，证券交易印花税，中央税的滞纳金、补税、罚款。

（2）地方税务局系统负责征收管理的项目。营业税、城市维护建设税（不包括上述由国家税务局系统负责征收管理的部分）。地方国有企业、集体企业、私营企业缴纳的所得税，个人所得税、资源税，城镇土地使用税，耕地占用税，固定资产投资方向调节税，土地增值税、房产税，城市房地产税，车船使用税，车船使用牌照税，印花税、契税，筵席税，地方税的滞纳金、补税、罚款。

为了加强税收管理，降低征收成本，避免工作交叉，简化征收手续，方便纳税人，在某些情况下，国家税务局和地方税务局可以相互委托对方代征某些税收。

2. 财政系统征收管理的项目。在大部分地区，契税，耕地占用税，由地方财政部门征收和管理。有部分在地方税务部门征收和管理。但是，在中央仍然属于国家税务总局负责。

3. 海关系统负责征收和管理的项目。关税，行李和邮递物品进口税。此外，负责代征进口环节的增值税和消费税。

（二）税收收入的划分

目前中国的税收收入分为中央政府固定收入、地方政府固定收入、中央政府和地方政府共享收入。

1. 中央政府固定收入。国内消费税、关税，海关代征增值税、消费税。

2. 地方政府固定收入。城镇土地使用税、耕地占用税、固定资产投资方向调节税、土地增值税、房产税、城市房地产税、车船使用税、车船使用牌照税、印花税、契税、屠宰税、筵席税、农业税、牧业税及其地方附加。

3. 中央和地方共享收入。

（1）国内增值税：中央政府分享75%，地方政府分享25%。

（2）营业税：铁道部、各银行总行、各保险总公司集中缴纳的部分和金融保险业提高3%税率缴纳的部分归中央政府，其余部分归地方政府。

（3）企业所得税：中央企业、地方银行、非银行金融机构缴纳的部分，铁道部、各银行总行、各保险总公司集中缴纳的部分归中央政府，其余部分归地方政府。

外资银行缴纳的所得税部分归中央政府，其余部分归地方政府。

（4）资源税：海洋石油企业缴纳的部分归中央政府，其余部分归地方政府。

（5）城市维护建设税：铁道部、各银行总行、各保险总公司集中缴纳的部分归中央政府，其余部分归地方政府。

（6）印花税：股票交易印花税收入的88%归中央政府，其余12%和其他印花税收入归地方政府。

第二节　主要税种

一、增值税

（一）增值税的概念与分类

1. 增值税的概念。增值税是对在我国境内销售货物或者提供加工、修理修配劳务以及进口货物的单位和个人，就其取得的货物或应税劳务的销售额以及进口货物的金额计算税款，并实行税款抵扣制的一种商品税。是对商品生产和流通中各环节的新增价值或者商品附加值进行征税。

2. 增值税的分类。依据实行增值税的各个国家允许抵扣已纳税款的扣除项目范围的大小，增值税可分为三种类型：

（1）生产型增值税。即对纳税人外购的货物和应税劳务已纳的税金允许抵扣，而对固定资产所含的税金不予扣除。其征税对象，相当于国民生产总值。具体讲：计算增值税时，不允许扣除任何外购固定资产的价款，作为课税基数的法定增值额除包括纳税人新创造价值外，还包括当期计入成本的外购固定资产价款部分，即法定增值额相当于当期工资、利息、租金、利润等理论增值额和折旧额之和。从整个国民经济来看，这一课税基数大体相当于国民生产总值的统计口径，故称为生产型增值税。此种类型的增值税对固定资产存在重复征税，而且越是资本有机构成高的行业，重复征税就越严重。这种类型的增值税虽然不利于鼓励投资，但可以保证税收收入。

（2）收入型增值税。即对纳税人外购的货物和应税劳务已纳的税金允许抵扣，对固定资产所含的税金允许按当期折旧费分期扣除。其征税对象，相当于国民收入。具体讲：计算增值税时，对外购固定资产价款只允许扣除当期计入产品价值的折旧费部分，作为课税基数的法定增值额相当于当期工资、利息、租金和利润等各增值项目之和。从整个国民经济来看，这一课税基数相当于国民收入部分，故称为收入型增值税。此种类型的增值税从理论上讲是一种标准的增值税，但由于外购固定资产价款是以计提折旧的方式分期转入产品价值的，且转入部分没有逐笔对应的外购凭证，故给凭发票扣税的计算方法带来困难，从而影响了这种方法的广泛采用。

（3）消费型增值税。即对当期购入的包括固定资产在内的全部货物和应税劳务所含税金都予以抵扣。其征税对象，相当于消费资料。具体讲：计算增值税时，允许将当期购入的固定资产价款一次全部扣除。作为课税基数的法定增值额相当于纳税人当期的全部销售额扣除外购的全部生产资料价款后的余额。从整个国民经济来看，这一课税基数仅限于消费资料价值的部分，故称为消费型增值税。此种类型的增值税在购进固定资产的当期因扣除额大大增加。会减少财政收入。但这种方法最宜规范凭发票扣税的计算方法，因为凭固定资产的外购发票可以一次将其已纳税款全部扣除；既便于操作，也便于管理，所以是三种类型最简便、最能体现增值税优越性的一种类型。

（二）征税范围

1. 销售货物。销售货物指有偿转让货物的所有权。货物是指有形动产，包括电力、热力、气体在内，但不包括无形资产和不动产。

（1）视同销售货物。单位或者个体工商户的下列行为，视同销售货物：

①将货物交付其他单位或者个人代销。

②销售代销货物。

③设有两个以上机构并实行统一核算的纳税人，将货物从一个机构移送其他机构用于销售，但相关机构设在同一县（市）的除外。

④将自产或者委托加工的货物用于非增值税应税项目。

⑤将自产、委托加工的货物用于集体福利或者个人消费。

⑥将自产、委托加工或者购进的货物作为投资，提供给其他单位或者个体工商户。

⑦将自产、委托加工或者购进的货物分配给股东或者投资者。

⑧将自产、委托加工或者购进的货物无偿赠送其他单位或者个人。

（2）混合销售。

①混合销售行为依照以下规定应当缴纳增值税的，其销售额为货物的销售额与非增值税应税劳务营业额的合计：一项销售行为如果既涉及货物又涉及非增值税应税劳务，为混合销售行为。除“纳税人的下列混合销售行为，应当分别核算货物的销售额和非增值税应税劳务的营业额，并根据其销售货物的销售额计算缴纳增值税，非增值税应税劳务的营业额不缴纳增值税；未分别核算的，由主管税务机关核定其货物的销售额：销售自产货物并同时提供建筑业劳务的行为和财政部、国家税务总局规定的其他情形。”的规定外，从事货物的生产、批发或者零售的企业、企业性单位和个体工商户的混合销售行为，视为销售货物，应当缴纳增值税；其他单位和个人的混合销售行为，视为销售非增值税应税劳务，不缴纳增值税。

非增值税应税劳务，是指属于应缴营业税的交通运输业、建筑业、金融保险业、邮电通信业、文化体育业、娱乐业、服务业税目征收范围的劳务。

从事货物的生产、批发或者零售的企业、企业性单位和个体工商户，包括以从事货物的生产、批发或者零售为主，并兼营非增值税应税劳务的单位和个体工商户在内。

②纳税人的下列混合销售行为，应当分别核算货物的销售额和非增值税应税劳务的营业额，并根据其销售货物的销售额计算缴纳增值税，非增值税应税劳务的营业额不缴纳增值税；未分别核算的，由主管税务机关核定其货物的销售额。一是销售自产货物并同时提供建筑业劳务的行为；二是财政部、国家税务总局规定的其他情形；三是纳税人兼营非增值税应税项目的，应分别核算货物或者应税劳务的销售额和非增值税应税项目的营业额；未分别核算的，由主管税务机关核定货物或者应税劳务的销售额。

2. 加工、修理修配劳务。加工和修理修配劳务都属于劳务服务性业务。

①“加工”是指受托加工货物，即委托方提供原料及主要材料，受托方按照委托方的要求制造货物并收取加工费的业务。

②“修理修配”是指受托对损伤和丧失功能的货物进行修复，使其恢复原状和功能的业务。

③提供加工和修理修配劳务都是指有偿提供加工和修理修配劳务。但单位或个体经营者聘用的员工为本单位或雇主提供加工、修理修配劳务则包括在内。

④有偿不仅仅是指从购买方取得货币，还包括取得货物或其他经济利益。

3. 进口货物。进口货物指申报进入我国海关境内的货物。确定一项货物是否属于进口货物，必须看其是否办理了报关进口手续。只要是报关进口的应税货物，均属于增值税征税范围，在进口环节缴纳增值税。供给其他单位或个体经营者。

4. 税法中确定属于增值税征税范围的特殊项目。

①货物期货（包括商品期货和贵金属期货），在期货的实物交割环节纳税。

②银行销售金银的业务。

③典当业的死当物品销售业务和寄售业代委托人销售寄售物品的业务。

④集邮商品（包括邮票、明信片、首日封、邮折、小型张及其他集邮商品）的生产、调拨以及邮政部门以外的其他单位与个人销售集邮商品。

（三）增值税一般纳税人

1. 一般纳税人概念。一般纳税人是指年应征增值税销售额（以下简称年应税销售额，包括一个公历年度内的全部应税销售额），超过财政部规定的小规模纳税人标准的企业和企业性单位。

2. 增值税一般纳税人资格认定条件。

（1）申请人具备以下条件之一，均应申请认定增值税一般纳税人。

①年应税销售额达到或超过以下标准：一是工业企业（从事货物生产或提供应税劳务的纳税人以及以从事货物生产或提供应税劳务为主，并兼营货物批发或零售的纳税人）年应征增值税销售额（以下简称应税销售额）在100万元以上；二是商业企业（从事货物批发或零售的纳税人）年应税销售额在180万元以上。

②持有盐业批发许可证并从事盐业批发。

③免征增值税的国有粮食购销企业。

④从事成品油销售的加油站。

⑤年销售额超过180万元的废旧物资回收经营企业。

⑥财政部、国家税务总局规定的其他标准。

（2）凡具备以下条件之一的纳税人，也可申请认定增值税一般纳税人：

①新办企业预计年应税销售额超过财政部规定的认定标准，实际年应税销售额在100万元以下，30万元（含30万元）以上的。

②小规模工业企业会计核算健全。

③预计年应税销售额或实际年应税销售额达到财政部规定的认定标准，并取得企业代码的个体经营者。

④新办小型商贸批发企业中只从事货物出口贸易，不需要使用专用发票的企业（简称出口企业）。

⑤总机构属于一般纳税人，分支机构可申请办理一般纳税人。

3. 申请办理一般纳税人的手续。

（1）申请。纳税人应当向主管国家税务机关提出书面申请报告，并提供合格办税人员证书，年度销售（营业）额等有关证件、资料，分支机构还应提供总机构的有关证件或复印件，领取《增值税一般纳税人申请认定表》，一式三份。

（2）填表。纳税人应当按照《增值税一般纳税人申请认定表》所列项目，逐项如实填写，于十日内将《增值税一般纳税人申请认定表》报送主管国家税务机关。

（3）报批。纳税人报送的《增值税一般纳税人申请认定表》和提供的有关证件、资料，经主管国家税务机关审核、报有权国家税务机关批准后，在其《税务登记证》副本首页加盖“增值税一般纳税人”确认专章。纳税人按照规定的期限到主管国家税务机关领取一般纳税人税务登记证副本。

（四）增值税税率

1. 17%税率。

（1）纳税人销售或者进口货物，除13%和零税率规定外，税率为17%。纳税人提供加工、修理修配劳务（称应税劳务），税率为17%。

（2）金属矿采选产品（包括黑色和有色金属矿采选产品）、非金属矿采选产品（包括除金属矿采选产品以外的非金属矿采选产品、煤炭和盐）增值税税率由13%恢复到17%。

2. 13%税率。纳税人销售或者进口下列货物，税率为13%：

（1）粮食、食用植物油。

（2）自来水、暖气、冷气、热水、煤气、石油液化气、天然气、沼气、居民用煤炭制品。

（3）图书、报纸、杂志。

（4）饲料、化肥、农药、农机、农膜。

（5）国务院规定的其他货物，食用盐仍适用13%的增值税税率，其具体范围是指符合《食用盐》（GB5461－2000）和《食用盐卫生标准》（GB2721－2003）两项国家标准的食用盐。

3. 零税率。纳税人出口货物，税率为零；但是，国务院另有规定的除外。

纳税人兼营不同税率的货物或者应税劳务，应当分别核算不同税率货物或者应税劳务的销售额；未分别核算销售额的，从高适用税率。

4. 3%征收率。小规模纳税人增值税征收率为3%。

（五）增值税应纳税额

1. 销项税额。销项税额是销售方根据纳税期内的销售额计算出来的，并向购买方收取的增值税税额。这里包含两层意思：一是销项税额是计算出来的，该税额是销售货物或应税劳务的整体税负；二是销项税额是销售货物并随同货物价格一起向购买方收取的。销项税额不是本环节纳税人的应纳税额。纳税人销售货物或者应税劳务，按照销售额和条例规定的税率计算并向购买方收取的增值税额，为销项税额。

销项税额的计算公式：销项税额＝销售额×税率

2. 销售额。销售额为纳税人销售货物或者应税劳务向购买方收取的全部价款和价外费用，但是不包括收取的销项税额。

（1）销售额以人民币计算。纳税人以人民币以外的货币结算销售额的，应当折合成人民币计算。

（2）一般纳税人销售货物或者应税劳务，采用销售额和销项税额合并定价方法的，按下列公式计算销售额：销售额＝含税销售额÷（1＋税率）。

3. 进项税额。纳税人购进货物或者接受应税劳务，所支付或者负担的增值税额为进项税额。准予从销项税额中抵扣的进项税额：

（1）从销售方取得的增值税专用发票上注明的增值税额。

（2）从海关取得的完税凭证上注明的增值税额。

（3）购进免税农业产品准予抵扣的进项税额，按照买价和10%的扣除率计算。进项税额计算公式：进项税额＝买价×扣除率。

（4）对增值税一般纳税人外购货物（固定资产除外）所支付的运输费用，根据运费结算单据（普通发票）所列运费金额，依10%的扣除率计算进项税额准予扣除，但随同运费支付的装卸费、保险费等其他杂费不得计算扣除进项税额。

（5）从事废旧物资经营的增值税一般纳税人收购的废旧物资不能取得增值税专用发票的，根据经主管税务机关批准使用的收购凭证上注明的收购金额，依10%的扣除率计算进项税额予以扣除。

（六）增值税小规模纳税人

1. 小规模纳税人概念。小规模纳税人是指年销售额（简称年应税销售额，包括一个公历年度内的全部应税销售额）在规定标准以下，并且会计核算不健全，不能按规定报送有关税务资料的增值税纳税人。所称会计核算不健全是指不能正确核算增值税的销项税额、进项税额和应纳税额。具体来说，符合以下条件之一的，就属于小规模纳税人：

（1）年应税销售额未超过100万元的工业企业。工业企业，是指从事货物生产、加工、修理修配的企业及企业性单位，包括以工业生产为主，兼营货物批发、零售的企业及企业性单位。

（2）年应税销售额未超过180万元的商业企业。商业企业，是指从事货物批发、零售等商业经营活动的企业及企业性单位，包括以货物批发、零售为主，兼营工业生产的企业及企业性单位。

除此以外，还有三种纳税人也视同小规模纳税人，即年销售额超过小规模纳税人纳税标准的个人（不包括个体经营者）；非企业性单位；不经常发生应税行为的企业。

一般纳税人是指年应征增值税销售额超过财政部规定的小规模纳税人标准的企业和企业性单位。

2. 小规模纳税人的认定标准。

（1）从事货物生产或提供应税劳务的纳税人以及以从事货物生产或提供应税劳务为主，并兼营货物批发或零售的纳税人，年应税销售额在100万元以下的。

（2）从事货物批发或零售的纳税人，年应税销售额在180万元以下的。年应税销售额超过小规模纳税人标准的个人、非企业性单位、不经常发生应税行为的企业，视同小规模纳税人纳税。

（3）自1998年7月1日起，凡年应税销售额在180万元以下的小规模商业企业，无论财务核算是否健全，一律不得认定为一般纳税人，均应按照小规模纳税人的规定征收增值税。这里的商业企业是指从事货物批发或零售的企业、企业性单位以及从事货物批发或零售为主，并兼营货物生产或提供应税劳务的企业或企业性单位。

对小规模纳税人的确认，由主管税务机关依照税法规定的标准认定。

（七）增值税征收管理

1. 纳税义务发生的时间。

（1）按销售结算方式的不同确认纳税义务发生时间，销售货物或者应税劳务，为收讫销售款项或者取得索取销售款项凭据的当天；先开具发票的，为开具发票的当天。规定的收讫销售款项或者取得索取销售款项凭据的当天，按销售结算方式的不同，具体为：

①采取直接收款方式销售货物，不论货物是否发出，均为收到销售款或者取得索取销售款凭据的当天。

②采取托收承付和委托银行收款方式销售货物，为发出货物并办妥托收手续的当天。

③采取赊销和分期收款方式销售货物，为书面合同约定的收款日期的当天，无书面合同的或者书面合同没有约定收款日期的，为货物发出的当天。

④采取预收货款方式销售货物，为货物发出的当天，但生产销售生产工期超过 12 个月的大型机械设备、船舶、飞机等货物，为收到预收款或者书面合同约定的收款日期的当天。

⑤委托其他纳税人代销货物，为收到代销单位的代销清单或者收到全部或者部分货款的当天。未收到代销清单及货款的，为发出代销货物满 180 天的当天。

⑥销售应税劳务，为提供劳务同时收讫销售款或者取得索取销售款的凭据的当天。

⑦纳税人发生以下所列视同销售货物行为，为货物移送的当天：

• 将自产或者委托加工的货物用于非增值税应税项目；将自产、委托加工的货物用于集体福利或者个人消费。

• 将自产、委托加工或者购进的货物作为投资，提供给其他单位或者个体工商户。

• 将自产、委托加工或者购进的货物分配给股东或者投资者；设有两个以上机构并实行统一核算的纳税人，将货物从一个机构移送其他机构用于销售，但相关机构设在同一县（市）的除外。

• 将自产、委托加工或者购进的货物无偿赠送其他单位或者个人。

（2）进口和扣缴义务人的纳税义务发生时间确认。

①进口货物，为报关进口的当天。

②增值税扣缴义务发生时间为纳税人增值税纳税义务发生的当天。

2. 纳税期限。

（1）纳税人以 1 个月或者 1 个季度为 1 个纳税期的，自期满之日起 15 日内申报纳税；以 1 日、3 日、5 日、10 日或者 15 日为 1 个纳税期的，自期满之日起 5 日内预缴税款，于次月 1 日起 15 日内申报纳税并结清上月应纳税款。以 1 个季度为纳税期限的规定仅适用于小规模纳税人。小规模纳税人的具体纳税期限，由主管税务机关根据其应纳税额的大小分别核定。

（2）扣缴义务人解缴税款的期限，依照规定执行。扣缴义务人应当向其机构所在地或者居住地的主管税务机关申报缴纳其扣缴的税款。增值税的纳税期限分别为 1 日、3 日、5 日、10 日、15 日、1 个月或者 1 个季度。纳税人的具体纳税期限，由主管税务机关根据纳税人应纳税额的大小分别核定；不能按照固定期限纳税的，可以按次纳税。

（3）纳税人进口货物，应当自海关填发海关进口增值税专用缴款书之日起 15 日内缴纳税款。

（4）纳税人出口货物适用退（免）税规定的，应当向海关办理出口手续，凭出口报关单等有关凭证，在规定的出口退（免）税申报期内按月向主管税务机关申报办理该项出口货物的退（免）税。具体办法由国务院财政、税务主管部门制定。

3. 纳税地点。

(1) 固定业户应当向其机构所在地的主管税务机关申报纳税。总机构和分支机构不在同一县（市）的，应当分别向各自所在地的主管税务机关申报纳税；经国务院财政、税务主管部门或者其授权的财政、税务机关批准，可以由总机构汇总向总机构所在地的主管税务机关申报纳税。

(2) 固定业户到外县（市）销售货物或者应税劳务，应当向其机构所在地的主管税务机关申请开具外出经营活动税收管理证明，并向其机构所在地的主管税务机关申报纳税；未开具证明的，应当向销售地或者劳务发生地的主管税务机关申报纳税；未向销售地或者劳务发生地的主管税务机关申报纳税的，由其机构所在地的主管税务机关补征税款。

(3) 非固定业户销售货物或者应税劳务，应当向销售地或者劳务发生地的主管税务机关申报纳税；未向销售地或者劳务发生地的主管税务机关申报纳税的，由其机构所在地或者居住地的主管税务机关补征税款。

(4) 进口货物，应当向报关地海关申报纳税。

二、消费税

(一) 消费税的概念与计税方法

1. 消费税的概念。从事生产、委托加工和进口应税消费品的单位和个人，就其销售额或销售数量，在特定环节征收的一种税。消费税是对特定的消费品和消费行为征收的一种税。

2. 消费税的计税。消费税一般采用从价定率计税和从量定额计税两种基本方法计算应纳税额。委托加工应税消费品的由受托方交货时代扣代缴消费税。按照受托方的同类消费品销售价格计算纳税，没有同类消费品销售价格的，组成计税价格。

(1) 实行从价定率征收的应税消费品，以含消费税而不含增值税的销售额，也称应税消费品的销售额为计税依据，按照规定的适用税率计算应纳税额。从价计税时：应纳税额 = 应税消费品销售额 × 适用税率。

(2) 实行从量定额征收的应税消费品，以应税消费品的销售数量为计税依据，按照规定的适用税额标准计算应纳税额。从量计税时，应纳税额 = 应税消费品销售数量 × 适用税额标准。

(3) 自产自用应税消费品用于连续生产应税消费品的，不纳税；用于其他方面的，有同类消费品销售价格的，按照纳税人生产的同类消费品销售价格计算纳税，没有同类消费品销售价格的，组成计税价格。

组成计税价格 = （成本 + 利润） ÷ （1 - 消费税税率）

应纳税额 = 组成计税价格 × 适用税率

(4) 委托加工应税消费品的由受托方交货时代扣代缴消费税。按照受托方的同类消费品销售价格计算纳税，没有同类消费品销售价格的，组成计税价格。

组成计税价格 = （材料成本 + 加工费） ÷ （1 - 消费税税率）

应纳税额 = 组成计税价格 × 适用税率

(5) 进口应税消费品，按照组成计税价格计算纳税。计算公式为：

组成计税价格 = （关税完税价格 + 关税） ÷ （1 - 消费税税率）

应纳税额 =组成计税价格 ×消费税税率

（6）零售金银首饰的纳税人在计税时，应将含税的销售额换算为不含增值税税额的销售额。

金银首饰的应税销售额=含增值税的销售额÷（1+增值税税率或征收率）

（7）对于生产、批发、零售单位用于馈赠、赞助、集资、广告、样品、职工福利、奖励等方面或未分别核算销售的按照组成计税价格计算纳税。

组成计税价格=购进原价×（1+利润率）÷（1-金银首饰消费税税率）

应纳税额 =组成计税价格×金银首饰消费税税率

（二）消费税纳税人

在中华人民共和国境内生产、委托加工和进口本条例规定的消费品的单位和个人以及国务院确定的销售本条例规定的消费品的其他单位和个人，为消费税的纳税人，应当依照规定缴纳消费税。

1. 单位，是指企业、行政单位、事业单位、军事单位、社会团体及其他单位。个人，是指个体工商户及其他个人。

2. 在中华人民共和国境内，是指生产、委托加工和进口属于应当缴纳消费税的消费品的起运地或者所在地在境内。

（三）消费税税目与税率

1. 消费税税目税率表（见表3-1）。

表3-1

税　目	税　率
一、烟	
1. 卷烟	45%加0.003元/支
（1）甲类卷烟	30%加0.003元/支
（2）乙类卷烟	25%
2. 雪茄烟	30%
3. 烟丝	
二、酒及酒精	
1. 白酒	20%加0.5元/500克（或者500毫升）
2. 黄酒	240元/吨
3. 啤酒	
（1）甲类啤酒	250元/吨
（2）乙类啤酒	220元/吨
4. 其他酒	10%
5. 酒精	5%
三、化妆品	30%

续表

税　目	税　率
四、贵重首饰及珠宝玉石	
1. 金银首饰、铂金首饰和钻石及钻石饰品	5%
2. 其他贵重首饰和珠宝玉石	10%
五、鞭炮、焰火	15%
六、成品油	
1. 汽油	
(1) 含铅汽油	0.28 元/升
(2) 无铅汽油	0.20 元/升
2. 柴油	0.10 元/升
3. 航空煤油	0.10 元/升
4. 石脑油	0.20 元/升
5. 溶剂油	0.20 元/升
6. 润滑油	0.20 元/升
7. 燃料油	0.10 元/升
七、汽车轮胎	3%
八、摩托车	
1. 气缸容量（排气量，下同）在 250 毫升（含 250 毫升）以下的	3%
2. 气缸容量在 250 毫升以上的	10%
九、小汽车	
1. 乘用车	
(1) 气缸容量（排气量，下同）在 1.0 升（含 1.0 升）以下的	1%
(2) 气缸容量在 1.0 升以上至 1.5 升（含 1.5 升）的	3%
(3) 气缸容量在 1.5 升以上至 2.0 升（含 2.0 升）的	5%
(4) 气缸容量在 2.0 升以上至 2.5 升（含 2.5 升）的	9%
(5) 气缸容量在 2.5 升以上至 3.0 升（含 3.0 升）的	12%
(6) 气缸容量在 3.0 升以上至 4.0 升（含 4.0 升）的	25%
(7) 气缸容量在 4.0 升以上的	40%
2. 中轻型商用客车	5%
十、高尔夫球及球具	10%
十一、高档手表	20%
十二、游艇	10%
十三、木制一次性筷子	5%
十四、实木地板	5%

2. 消费税税目、税率的调整，由国务院决定。

3. 纳税人兼营不同税率的应当缴纳消费税的消费品（简称应税消费品），应当分别核算不同税率应税消费品的销售额、销售数量；未分别核算销售额、销售数量，或者将不同税率的应税消费品组成成套消费品销售的，从高适用税率。

纳税人兼营不同税率的应当缴纳消费税的消费品，是指纳税人生产销售两种税率以上的应税消费品。

（四）消费税应纳税额

1. 销售额的确认。销售额为纳税人销售应税消费品向购买方收取的全部价款和价外费用。

（1）销售额。销售额不包括应向购货方收取的增值税税款。如果纳税人应税消费品的销售额中未扣除增值税税款或者因不得开具增值税专用发票而发生价款和增值税税款合并收取的，在计算消费税时，应当换算为不含增值税税款的销售额。其换算公式为：

应税消费品的销售额 = 含增值税的销售额 ÷（1 + 增值税税率或者征收率）

（2）价外费用。价外费用是指价外向购买方收取的手续费、补贴、基金、集资费、返还利润、奖励费、违约金、滞纳金、延期付款利息、赔偿金、代收款项、代垫款项、包装费、包装物租金、储备费、优质费、运输装卸费以及其他各种性质的价外收费。但下列项目不包括在内：

①同时符合以下条件的代垫运输费用：

- 承运部门的运输费用发票开具给购买方的。
- 纳税人将该项发票转交给购买方的。

②同时符合以下条件代为收取的政府性基金或者行政事业性收费：

- 由国务院或者财政部批准设立的政府性基金，由国务院或者省级人民政府及其财政、价格主管部门批准设立的行政事业性收费。
- 收取时开具省级以上财政部门印制的财政票据。
- 所收款项全额上缴财政。

（3）应税销售额的确认。纳税人对外销售其生产的应税消费品，应当以其销售额为依据计算纳税。这里的销售额包括向购货方收取的全部价款和价外费用，但不包括应向购货方收取的增值税税额。如果纳税人应税消费品的销售额中未扣除增值税税款或者因不得开具增值税专用发票而采取价税合并形式收取货款的，在计算消费税额时，应换算成不含增值税额之后再行计算，其换算公式为：

应税消费税的销售额 = 含增值税的销售额/（1 + 增值税税率或征收率）

这里所说的价外费用与增值税规定的价外费用相同。对于应税销售额的确认还有一些特殊规定：

①应税消费品连同包装销售的，无论包装是否单独计价，也不论在合计上如何核算，均应并入应税消费品的销售额中缴纳消费税。如果包装物不作价随同产品销售，而是收取现金，此项押金不应并入应税消费品的销售额中纳税。但对因逾期未收回的包装物不再退还的和已收取一年以上的押金的，应并入应税消费品的销售额，按照应税消费品的适用税率缴纳消费税，对既作价随同应税消费品销售，又另外收取押金的包装物的押金，凡纳税人在规定的期限内不予退还的，均应并入应税消费品的销售额，按照应税消费品的适用税率缴纳消费税。

②有些应税消费品可以按销售额扣除外购已税消费品买价后的余额作为计税价格计算缴

纳消费税（所谓“外购已税消费品的买价”，是指购货发票上注明的销售额，不包括增值税税款）。如外购已税烟丝生产的烟；外购已税白酒和酒精生产的酒；外购已税化妆品生产的化妆品；外购已税护肤扩发品生产的护肤护发品；外购已税珠宝玉石生产的贵重首饰及珠宝玉石；外购已税鞭炮焰火生产的鞭炮焰火等。这项规定，体现了消费税不重征的原则，避免了就流转额全额征税而出现的重复征税现象。

③纳税人通过自设非独立核算门市部销售的自产应税消费品，应当按照门市部对外销售金额缴纳消费税。

④纳税人用于换取生产资料和消费资料、投资入股和低偿债务等方面的应税消费品，应当以纳税人同类应税消费品的最高销售价格作为计税依据计算消费税。

另外，纳税人销售的应税消费品，如果是以外汇计算销售额的，应当按外汇牌价折合成人民币计算应纳税额。

2. 销售量的确认。

3. 从价从量复合计征。

4. 应税消费品已纳税款扣除。

（五）消费税征收管理

1. 纳税义务发生时间。

（1）纳税人销售应税消费品的，按不同的销售结算方式分别为：

①采取赊销和分期收款结算方式的，为书面合同约定的收款日期的当天，书面合同没有约定收款日期或者无书面合同的，为发出应税消费品的当天。

②采取预收货款结算方式的，为发出应税消费品的当天。

③采取托收承付和委托银行收款方式的，为发出应税消费品并办妥托收手续的当天。

④采取其他结算方式的，为收讫销售款或者取得索取销售款凭据的当天。

（2）纳税人自产自用应税消费品的，为移送使用的当天。

（3）纳税人委托加工应税消费品的，为纳税人提货的当天。

（4）纳税人进口应税消费品的，为报关进口的当天。

2. 纳税期限。

（1）具体纳税期限核定。消费税的纳税期限分别为 1 日、3 日、5 日、10 日、15 日、1 个月或者 1 个季度。纳税人的具体纳税期限，由主管税务机关根据纳税人应纳税额的大小分别核定；不能按照固定期限纳税的，可以按次纳税。

（2）具体纳税期限要求。纳税人以 1 个月或者 1 个季度为 1 个纳税期的，自期满之日起 15 日内申报纳税；以 1 日、3 日、5 日、10 日或者 15 日为 1 个纳税期的，自期满之日起 5 日内预缴税款，于次月 1 日起 15 日内申报纳税并结清上月应纳税款。

（3）海关进口消费税纳税期限。纳税人进口应税消费品，应当自海关填发海关进口消费税专用缴款书之日起 15 日内缴纳税款。

3. 纳税地点。

（1）纳税人销售的应税消费品以及自产自用的应税消费品，除国务院财政、税务主管部门另有规定外，应当向纳税人机构所在地或者居住地的主管税务机关申报纳税。

（2）委托加工的应税消费品，除受托方为个人外，由受托方向机构所在地或者居住地的主管税务机关申报和解缴消费税税款。

(3) 进口的应税消费品，由进口人或者其代理人向报关地海关申报纳税。

(4) 纳税人到外县（市）销售或者委托外县（市）代销自产应税消费品的，于应税消费品销售后，向机构所在地或者居住地主管税务机关申报纳税。

(5) 纳税人的总机构与分支机构不在同一县（市）的，应当分别向各自机构所在地的主管税务机关申报纳税；经财政部、国家税务总局或者其授权的财政、税务机关批准，可以由总机构汇总向总机构所在地的主管税务机关申报纳税。

三、营业税

（一）营业税的概念

营业税是对在我国境内提供应税劳务、转让无形资产或销售不动产的单位和个人，就其所取得的营业额征收的一种税。营业税属于流转税制中的一个主要税种。

（二）营业税纳税人

在中华人民共和国境内提供营业税条例规定的劳务、转让无形资产或者销售不动产的单位和个人，为营业税的纳税人，应当依照规定缴纳营业税。

1. 劳务。劳务是指属于交通运输业、建筑业、金融保险业、邮电通信业、文化体育业、娱乐业、服务业税目征收范围的劳务（称应税劳务）。

加工和修理、修配，不属于营业税条例规定的劳务（称非应税劳务）。

2. 提供条例规定的劳务、转让无形资产或者销售不动产。

(1) 提供条例规定的劳务、转让无形资产或者销售不动产，是指有偿提供条例规定的劳务、有偿转让无形资产或者有偿转让不动产所有权的行为（称应税行为）。但单位或者个体工商户聘用的员工为本单位或者雇主提供条例规定的劳务，不包括在内。

(2) 有偿，是指取得货币、货物或者其他经济利益。

3. 在中国境内提供条例规定的劳务、转让无形资产或者销售不动产。在中华人民共和国境内（简称境内）提供条例规定的劳务、转让无形资产或者销售不动产，是指：

(1) 提供或者接受条例规定劳务的单位或者个人在境内。

(2) 所转让的无形资产（不含土地使用权）的接受单位或者个人在境内。

(3) 所转让或者出租土地使用权的土地在境内。

(4) 所销售或者出租的不动产在境内。

4. 单位和个人。单位，是指企业、行政单位、事业单位、军事单位、社会团体及其他单位。个人，是指个体工商户和其他个人。

（三）营业税的税目、税率

1. 营业税的税目、税率。

(1) 交通运输业税率3%。

(2) 建筑业税率3%。

(3) 金融保险业税率5%。

(4) 邮电通信业税率3%。

(5) 文化体育业税率3%。

(6) 娱乐业税率5%—20%。

(7) 服务业税率5%。

（8）转让无形资产税率5%。

（9）销售不动产税率5%。

2. 经营娱乐业具体税率。纳税人经营娱乐业具体适用的税率，由省、自治区、直辖市人民政府在规定的5%—20%幅度内决定。

3. 兼有不同税目适用税率。纳税人兼有不同税目的应当缴纳营业税的劳务（简称应税劳务）、转让无形资产或者销售不动产，应当分别核算不同税目的营业额、转让额、销售额（统称营业额）；未分别核算营业额的，从高适用税率。

（四）营业税应纳税额

1. 应税劳务、转让无形资产或者销售不动产计税依据。纳税人的营业额为纳税人提供应税劳务、转让无形资产或者销售不动产收取的全部价款和价外费用。但是，下列情形除外：

（1）承揽的运输业务。纳税人将承揽的运输业务分给其他单位或者个人的，以其取得的全部价款和价外费用扣除其支付给其他单位或者个人的运输费用后的余额为营业额。

（2）旅游业务。纳税人从事旅游业务的，以其取得的全部价款和价外费用扣除替旅游者支付给其他单位或者个人的住宿费、餐费、交通费、旅游景点门票和支付给其他接团旅游企业的旅游费后的余额为营业额。

（3）建筑工程分包。纳税人将建筑工程分包给其他单位的，以其取得的全部价款和价外费用扣除其支付给其他单位的分包款后的余额为营业额。

①除“纳税人的下列混合销售行为，应当分别核算应税劳务的营业额和货物的销售额，其应税劳务的营业额缴纳营业税，货物销售额不缴纳营业税；未分别核算的，由主管税务机关核定其应税劳务的营业额”规定外，纳税人提供建筑业劳务（不含装饰劳务）的，其营业额应当包括工程所用原材料、设备及其他物资和动力价款在内，但不包括建设方提供的设备的价款。

②价外费用，包括收取的手续费、补贴、基金、集资费、返还利润、奖励费、违约金、滞纳金、延期付款利息、赔偿金、代收款项、代垫款项、罚息及其他各种性质的价外收费，但不包括同时符合以下条件代为收取的政府性基金或者行政事业性收费：

第一，由国务院或者财政部批准设立的政府性基金，由国务院或者省级人民政府及其财政、价格主管部门批准设立的行政事业性收费。

第二，收取时开具省级以上财政部门印制的财政票据。

第三，所收款项全额上缴财政。

（4）外汇、有价证券、期货等金融商品买卖业。外汇、有价证券、期货等金融商品买卖业务，以卖出价减去买入价后的余额为营业额。

①外汇、有价证券、期货等金融商品买卖业务，是指纳税人从事的外汇、有价证券、非货物期货和其他金融商品买卖业务。

②货物期货不缴纳营业税。

（5）国务院财政、税务主管部门规定的其他情形。纳税人按照“国务院财政、税务主管部门规定的其他情形”规定扣除有关项目，取得的凭证不符合法律、行政法规或者国务院税务主管部门有关规定的，该项目金额不得扣除。符合国务院税务主管部门有关规定的凭证（统称合法有效凭证），是指：

①支付给境内单位或者个人的款项，且该单位或者个人发生的行为属于营业税或者增值税征收范围的，以该单位或者个人开具的发票为合法有效凭证。

②支付的行政事业性收费或者政府性基金，以开具的财政票据为合法有效凭证。

③支付给境外单位或者个人的款项，以该单位或者个人的签收单据为合法有效凭证，税务机关对签收单据有疑义的，可以要求其提供境外公证机构的确认证明。

④国家税务总局规定的其他合法有效凭证。

2. 娱乐业计税依据。娱乐业的营业额为经营娱乐业收取的全部价款和价外费用，包括门票收费、台位费、点歌费、烟酒、饮料、茶水、鲜花、小吃等收费及经营娱乐业的其他各项收费。

3. 应税劳务、转让无形资产或者销售不动产的价格明显偏低的计税依据。纳税人提供应税劳务、转让无形资产或者销售不动产的价格明显偏低并无正当理由的，由主管税务机关核定其营业额。

价格明显偏低并无正当理由或者《营业税实施细则》第五条所列：一是单位或者个人将不动产或者土地使用权无偿赠送其他单位或者个人，二是单位或者个人自己新建（简称自建）建筑物后销售，其所发生的自建行为，三是财政部、国家税务总局规定的其他情形。应视同发生应税行为而无营业额的，按下列顺序确定其营业额：

（1）按纳税人最近时期发生同类应税行为的平均价格核定。

（2）按其他纳税人最近时期发生同类应税行为的平均价格核定。

（3）按下列公式核定：营业额 = 营业成本或者工程成本 ×（1 + 成本利润率）÷（1 − 营业税税率）。公式中的成本利润率，由省、自治区、直辖市税务局确定。

4. 发生退款的计税依据。纳税人的营业额计算缴纳营业税后因发生退款减除营业额的，应当退还已缴纳营业税税款或者从纳税人以后的应缴纳营业税税额中减除。

5. 折扣额计税依据。纳税人发生应税行为，如果将价款与折扣额在同一张发票上注明的，以折扣后的价款为营业额；如果将折扣额另开发票的，不论其在财务上如何处理，均不得从营业额中扣除。

（五）营业税征收管理

1. 纳税义务发生时间。

（1）营业税扣缴义务人。

①中华人民共和国境外的单位或者个人在境内提供应税劳务、转让无形资产或者销售不动产，在境内未设有经营机构的，以其境内代理人为扣缴义务人；在境内没有代理人的，以受让方或者购买方为扣缴义务人。

②国务院财政、税务主管部门规定的其他扣缴义务人。

（2）营业税义务人（扣缴人）发生时间。

①营业税纳税义务发生时间为纳税人提供应税劳务、转让无形资产或者销售不动产并收讫营业收入款项或者取得索取营业收入款项凭据的当天。国务院财政、税务主管部门另有规定的，从其规定。

- 收讫营业收入款项，是指纳税人应税行为发生过程中或者完成后收取的款项。
- 取得索取营业收入款项凭据的当天，为书面合同确定的付款日期的当天；未签订书面合同或者书面合同未确定付款日期的，为应税行为完成的当天。

• 纳税人转让土地使用权或者销售不动产，采取预收款方式的，其纳税义务发生时间为收到预收款的当天。

• 纳税人提供建筑业或者租赁业劳务，采取预收款方式的，其纳税义务发生时间为收到预收款的当天。

• 纳税人发生将不动产或者土地使用权无偿赠送其他单位或者个人的，其纳税义务发生时间为不动产所有权、土地使用权转移的当天。

• 纳税人发生自建行为的，其纳税义务发生时间为销售自建建筑物的纳税义务发生时间。

②营业税扣缴义务发生时间为纳税人营业税纳税义务发生的当天。

2. 纳税期限。

（1）营业税的纳税期限分别为 5 日、10 日、15 日、1 个月或者 1 个季度。纳税人的具体纳税期限，由主管税务机关根据纳税人应纳税额的大小分别核定；不能按照固定期限纳税的，可以按次纳税。

（2）纳税人以 1 个月或者 1 个季度为一个纳税期的，自期满之日起 15 日内申报纳税；以 5 日、10 日或者 15 日为一个纳税期的，自期满之日起 5 日内预缴税款，于次月 1 日起 15 日内申报纳税并结清上月应纳税款。

银行、财务公司、信托投资公司、信用社、外国企业常驻代表机构的纳税期限为 1 个季度。

（3）扣缴义务人解缴税款的期限，依照前两条的规定执行。

3. 纳税地点。

（1）纳税人提供应税劳务应当向其机构所在地或者居住地的主管税务机关申报纳税。但是，纳税人提供的建筑业劳务以及国务院财政、税务主管部门规定的其他应税劳务，应当向应税劳务发生地的主管税务机关申报纳税。

（2）纳税人转让无形资产应当向其机构所在地或者居住地的主管税务机关申报纳税。但是，纳税人转让、出租土地使用权，应当向土地所在地的主管税务机关申报纳税。

（3）纳税人销售、出租不动产应当向不动产所在地的主管税务机关申报纳税。而自应当申报纳税之月起超过 6 个月没有申报纳税的，由其机构所在地或者居住地的主管税务机关补征税款。

（4）扣缴义务人应当向其机构所在地或者居住地的主管税务机关申报缴纳其扣缴的税款。

四、企业所得税

（一）企业所得税的概念

企业所得税是对我国内资企业和经营单位的生产经营所得和其他所得征收的一种税。

企业所得税与其他税种相比较，具有以下特点：

1. 以所得额为课税对象，税源大小受企业经济效益的影响。企业所得税的课税对象是总收入扣除成本费用后的净所得额。净所得额的大小决定着税源的多少，总收入相同的纳税人，所得额不一定相同，缴纳的所得税也不一定相同。

2. 征税以量能负担为原则。企业所得税以所得额为课税对象，所得税的负担轻重与纳税人所得的多少有着内在联系，所得多、负担能力大的多征，所得少、负担能力小的少征，无所得、没有负担能力的不征，以体现税收公平的原则。

3. 税法对税基的约束力强。企业应纳税所得额的计算应严格按照《中华人民共和国企业所得税暂行条例》及其他有关规定进行，如果企业的财务会计处理办法与国家税收法规抵触的，应当按照税法的规定计算纳税。这一规定弥补了原来税法服从于财务制度的缺陷，有利于保护税基，维护国家利益。

4. 实行按年计算，分期预缴的征收办法。企业所得税的征收一般是以全年的应纳税所得额为计税依据的，实行按年计算、分月或分季预缴、年终汇算清缴的征收办法。对经营时间不足 1 年的企业，要将实际经营期间的所得额换算成 1 年的所得额计算缴纳所得税。

（二）企业所得税征税对象

企业所得税以纳税人取得的生产、经营所得和其他所得为征税对象。

（三）企业所得税税率

1. 企业所得税的税率为 25%。

2. 非居民企业在中国境内未设立机构、场所的，或者虽设立机构、场所但取得的所得与其所设机构、场所没有实际联系的，应当就其来源于中国境内的所得缴纳适用税率为 20% 企业所得税。

（四）企业所得税应纳税所得额

企业每一纳税年度的收入总额，减除不征税收入、免税收入、各项扣除以及允许弥补的以前年度亏损后的余额，为应纳税所得额。

亏损是指企业依照企业所得税法和所得税法实施条例的规定将每一纳税年度的收入总额减除不征税收入、免税收入和各项扣除后小于零的数额。

1. 收入总额。企业以货币形式和非货币形式从各种来源取得的收入，为收入总额。

（1）企业取得收入的货币形式，包括现金、存款、应收账款、应收票据、准备持有至到期的债券投资以及债务的豁免等。

（2）企业取得收入的非货币形式，包括固定资产、生物资产、无形资产、股权投资、存货、不准备持有至到期的债券投资、劳务以及有关权益等。

企业以非货币形式取得的收入，应当按照公允价值确定收入额。公允价值是指按照市场价格确定的价值。

（3）收入总额包括：

①销售货物收入。是指企业销售商品、产品、原材料、包装物、低值易耗品以及其他存货取得的收入。

②提供劳务收入。是指企业从事建筑安装、修理修配、交通运输、仓储租赁、金融保险、邮电通信、咨询经纪、文化体育、科学研究、技术服务、教育培训、餐饮住宿、中介代理、卫生保健、社区服务、旅游、娱乐、加工以及其他劳务服务活动取得的收入。

③转让财产收入。是指企业转让固定资产、生物资产、无形资产、股权、债权等财产取得的收入。

④股息、红利等权益性投资收益。是指企业因权益性投资从被投资方取得的收入。除国务院财政、税务主管部门另有规定外，按照被投资方作出利润分配决定的日期确认收入的实

现。

⑤利息收入。是指企业将资金提供他人使用但不构成权益性投资，或者因他人占用本企业资金取得的收入，包括存款利息、贷款利息、债券利息、欠款利息等收入。

利息收入，按照合同约定的债务人应付利息的日期确认收入的实现。

⑥租金收入。是指企业提供固定资产、包装物或者其他有形资产的使用权取得的收入。即按照合同约定的承租人应付租金的日期确认收入的实现。

⑦特许权使用费收入。是指企业提供专利权、非专利技术、商标权、著作权以及其他特许权的使用权取得的收入。按照合同约定的特许权使用人应付特许权使用费的日期确认收入的实现。

⑧接受捐赠收入。是指企业接受的来自其他企业、组织或者个人无偿给予的货币性资产、非货币性资产。

接受捐赠收入，按照实际收到捐赠资产的日期确认收入的实现。

⑨其他收入，是指企业取得的除企业所得税法规定的收入外的其他收入，包括企业资产溢余收入、逾期未退包装物押金收入、确实无法偿付的应付款项、已作坏账损失处理后又收回的应收款项、债务重组收入、补贴收入、违约金收入、汇兑收益等。

2. 不征税收入。

（1）财政拨款。是指各级人民政府对纳入预算管理的事业单位、社会团体等组织拨付的财政资金，但国务院和国务院财政、税务主管部门另有规定的除外。

（2）依法收取并纳入财政管理的行政事业性收费、政府性基金。

①行政事业性收费，是指依照法律法规等有关规定，按照国务院规定程序批准，在实施社会公共管理以及在向公民、法人或者其他组织提供特定公共服务过程中，向特定对象收取并纳入财政管理的费用。

②政府性基金，是指企业依照法律、行政法规等有关规定，代政府收取的具有专项用途的财政资金。

（3）国务院规定的其他不征税收入。是指企业取得的，由国务院财政、税务主管部门规定专项用途并经国务院批准的财政性资金。

3. 免税收入。企业的下列收入为免税收入：

（1）国债利息收入。

（2）符合条件的居民企业之间的股息、红利等权益性投资收益。

（3）在中国境内设立机构、场所的非居民企业从居民企业取得与该机构、场所有实际联系的股息、红利等权益性投资收益。

4. 准予扣除的项目。企业实际发生的与取得收入有关的、合理的支出，包括成本、费用、税金、损失和其他支出，准予在计算应纳税所得额时扣除。企业发生的支出应当区分收益性支出和资本性支出。收益性支出在发生当期直接扣除；资本性支出应当分期扣除或者计入有关资产成本，不得在发生当期直接扣除。企业的不征税收入用于支出所形成的费用或者财产，不得扣除或者计算对应的折旧、摊销扣除。除企业所得税法和所得税实施条例另有规定外，企业实际发生的成本、费用、税金、损失和其他支出，不得重复扣除。

（1）成本，是指企业在生产经营活动中发生的销售成本、销货成本、业务支出以及其他耗费。

（2）费用，是指企业在生产经营活动中发生的销售费用、管理费用和财务费用，已经计入成本的有关费用除外。

（3）税金，是指企业发生的除企业所得税和允许抵扣的增值税以外的各项税金及其附加。

（4）损失，是指企业在生产经营活动中发生的固定资产和存货的盘亏、毁损、报废损失，转让财产损失，呆账损失，坏账损失，自然灾害等不可抗力因素造成的损失以及其他损失。

①企业发生的损失，减除责任人赔偿和保险赔款后的余额，依照国务院财政、税务主管部门的规定扣除。

②企业已经作为损失处理的资产，在以后纳税年度又全部收回或者部分收回时，应当计入当期收入。

5. 不得扣除的项目。

（1）向投资者支付的股息、红利等权益性投资收益款项。

（2）企业所得税税款。

（3）税收滞纳金。

（4）罚金、罚款和被没收财物的损失。

（5）企业发生的公益性捐赠支出，在年度利润总额12%以内的部分，准予在计算应纳税所得额时扣除规定以外的捐赠支出。

6. 亏损弥补。弥补亏损期限，是指纳税人某一纳税年度发生亏损，准予用以后年度的应纳税所得额弥补；一年弥补不足的，可以逐年延续弥补；弥补期最长不超过五年，五年内纳税人无论是盈利或亏损，都作为实际弥补年限计算。

（五）企业所得税征收管理

1. 纳税地点。

（1）企业所得税的征收管理除企业所得税法规定外，依照《中华人民共和国税收征收管理法》的规定执行。

（2）除税收法律、行政法规另有规定外，居民企业以企业登记注册地为纳税地点；但登记注册地在境外的，以实际管理机构所在地为纳税地点。

（3）居民企业在中国境内设立不具有法人资格的营业机构的，应当汇总计算并缴纳企业所得税。

（4）非居民企业取得规定的所得，以机构、场所所在地为纳税地点。非居民企业在中国境内设立两个或者两个以上机构、场所的，经税务机关审核批准，可以选择由其主要机构、场所汇总缴纳企业所得税。

①非居民企业取得规定的所得，以扣缴义务人所在地为纳税地点。

②除国务院另有规定外，企业之间不得合并缴纳企业所得税。

2. 纳税期限。企业所得税按纳税年度计算。纳税年度自公历1月1日起至12月31日止。企业在一个纳税年度中间开业，或者终止经营活动，使该纳税年度的实际经营期不足12个月的，应当以其实际经营期为一个纳税年度。企业依法清算时，应当以清算期间作为一个纳税年度。

3. 纳税申报。

（1）企业所得税分月或者分季预缴。

①企业应当自月份或者季度终了之日起 15 日内，向税务机关报送预缴企业所得税纳税申报表，预缴税款。

②企业应当自年度终了之日起 5 个月内，向税务机关报送年度企业所得税纳税申报表，并汇算清缴，结清应缴应退税款。

③企业在报送企业所得税纳税申报表时，应当按照规定附送财务会计报告和其他有关资料。

（2）企业在年度中间终止经营活动的，应当自实际经营终止之日起 60 日内，向税务机关办理当期企业所得税汇算清缴。

企业应当在办理注销登记前，就其清算所得向税务机关申报并依法缴纳企业所得税。

清算所得，是指企业的全部资产可变现价值或者交易价格减除资产净值、清算费用以及相关税费等后的余额。

投资方企业从被清算企业分得的剩余资产，其中相当于从被清算企业累计未分配利润和累计盈余公积中应当分得的部分，应当确认为股息所得；剩余资产减除上述股息所得后的余额，超过或者低于投资成本的部分，应当确认为投资资产转让所得或者损失。

五、个人所得税

（一）个人所得税概念

个人所得税是以个人（自然人）取得的各项应税所得为征税对象所征收的一种税。

（二）个人所得税纳税义务人

在中国境内有住所，或者虽无住所但在境内居住满一年以及无住所又不居住或居住不满一年但有从中国境内取得所得的个人。包括中国公民、个体工商户、外籍个人等。

1. 在中国境内有住所的个人，是指因户籍、家庭、经济利益关系而在中国境内习惯性居住的个人。习惯性居住，是判定纳税义务人是居民或非居民的一个法律意义上的标准，不是指实际居住或在某一个特定时期内的居住地。如因学习、工作、探亲、旅游等而在中国境外居住的，在其原因消除之后，必须回到中国境内居住的个人，则中国即为该纳税人习惯性居住地。

2. 在中国境内无住所，但是居住 1 年以上 5 年以下的个人，其来源于中国境外的所得，经主管税务机关批准，可以只就由中国境内公司、企业以及其他经济组织或者个人支付的部分缴纳个人所得税；居住超过 5 年的个人，从第 6 年起，应当就其来源于中国境外的全部所得缴纳个人所得税。

3. 在中国境内无住所，但是在一个纳税年度中在中国境内连续或者累计居住不超过 90 日的个人，其来源于中国境内的所得，由境外雇主支付并且不由该雇主在中国境内的机构、场所负担的部分，免予缴纳个人所得税。

4. 从中国境内取得的所得，是指来源于中国境内的所得。从中国境外取得的所得，是指来源于中国境外的所得。下列所得，不论支付地点是否在中国境内，均为来源于中国境内的所得：

（1）因任职、受雇、履约等而在中国境内提供劳务取得的所得。

（2）将财产出租给承租人在中国境内使用而取得的所得。

(3) 转让中国境内的建筑物、土地使用权等财产或者在中国境内转让其他财产取得的所得。

(4) 许可各种特许权在中国境内使用而取得的所得。

(5) 从中国境内的公司、企业以及其他经济组织或者个人取得的利息、股息、红利所得。

(三) 个人所得税的应税项目和税率

1. 个人所得税的应税项目。个人所得税的征税对象是个人取得的应税所得。个人所得税法列举征税的个人所得共 11 项，具体包括：

(1) 工资、薪金所得。工资、薪金所得是指个人因任职或者受雇而取得的工资、薪金、奖金、年终加薪、劳动分红、津帖以及与任职或者受雇有关的其他所得。但是，按照国家规定，单位为个人缴付和个人缴付的基本养老保险费、基本医疗保险费、失业保险费、住房公积金，从纳税义务人的应纳税所得额中扣除。

(2) 个体工商户的生产、经营所得。个体工商户的生产、经营所得是指个体工商户和个人取得的与生产、经营有关的各项应纳税所得。主要包括以下几个方面：

①个体工商户从事工业、手工业、建筑业、交通运输业、商业、饮食业、服务业、修理业以及其他行业生产、经营取得的所得。

②个人经政府有关部门批准，取得执照，从事办学、医疗、咨询以及其他有偿服务活动取得的所得。

③其他个人从事个体工商业生产、经营取得的所得。

(3) 对企事业单位的承包经营、承租经营所得。对企事业单位的承包经营、承租经营所得是指个人承包经营、承租经营以及转包、转租取得的所得，包括个人按月或者按次取得的工资、薪金性质的所得。

(4) 劳务报酬所得。劳务报酬所得是指个人从事设计、装璜、安装、制图、化验、测试、医疗、法律、会计、咨询、讲学、新闻、广播、翻译、审稿、书面、雕刻、影视、演出、表演、广告、展览、技术服务、介绍服务、经纪服务、代办服务以及其他劳务取得的所得。

(5) 稿酬所得。稿酬所得是指个人因其作品以图书、报刊形式出版、发表而取得的所得。

(6) 特许权使用费所得。特许权使用费所得是指个人提供专利权、商标权、著作权、非专利技术以及其他特许权的使用权取得的所得；提供著作权的使用权取得的所得不包括稿酬所得。

(7) 利息、股息、红利所得。利息、股息、红利所得是指个人拥有债权、股权而取得的利息、股息、红利所得。其中国债利息，是指个人持有中华人民共和国财政部发行的债券而取得的利息所得。国家发行的金融债券利息是指个人持有经国务院批准发行的金融债券而取得的利息所得。

(8) 财产租赁所得。财产租赁所得是指个人出租建筑物、土地使用权、机器设备、车船以及其他财产取得的所得。

(9) 财产转动所得。财产转动所得是指个人转让有价证券、股权、建筑物、土地使用权、机器设备、车船以及其他财产取得的所得。

（10）偶然所得。偶然所得是指个人得奖、中奖、中彩以及其他偶然性质的所得。

（11）其他所得。其他所得是指经国务院财政部门确定征税的其他所得。

个人取得的应纳税所得，包括现金、实物和有价证券。所得为实物的，应当按照取得的凭证上所注明的价格计算应纳税所得额；无凭证的实物或者凭证上所注明的价格明显偏低的，由主管税务机关参照当地的市场价格核定应纳税所得额。所得为有价证券的，由主管税务机关根据票面价格和市场价格核定应纳税所得额。

2. 个人所得税税率。

（1）个人工资、薪金所得适用5%—45%的五级超额累进税率（见表3-2）。

表3-2　个人所得税税率（工资、薪金所得适用）

级数	全月应纳税所得额	税率（%）
1	不超过500元的	5
2	超过500元至2000元的部分	10
3	超过2000元至5000元的部分	15
4	超过5000元至20000元的部分	20
5	超过20000元至40000元的部分	25
6	超过40000元至60000元的部分	30
7	超过60000元至80000元的部分	35
8	超过80000元至100000元的部分	40
9	超过100000元的部分	45

以上所称全月应纳税所得额是指依照规定，以每月收入额减除费用2000元后的余额或者减除附加减除费用后的余额。

（2）个体工商户的街道经营所得和对企事业单位的承包承租经营所得，适用5%—35%的五级超额累进税率（见表3-3）。

表3-3　个人所得税税率（生产经营、承包承租经营所得适用）

级数	全年应纳税所得额税率	税率（%）
1	不超过5000元的	5
2	超过5000元至10000元的部分	10
3	超过10000元至30000元的部分	20
4	超过30000元至50000元的部分	30
5	超过50000元的部分	35

以上所称全年应纳税所得额是指依照规定，以每一纳税年度的收入总额，减除成本、费用以及损失后的余额。每一纳税年度的收入总额，是指纳税义务人按照承包经营、承租经营合同规定分得的经营利润和工资、薪金性质的所得。

（3）稿酬所得、劳务报酬所得，特许权使用费所得、财产租赁所得、财产转让所得、利息、股息、红利所得、偶然所得和其他所得，适用20%的比例税率。

（四）个人所得税应纳税所得额

1. 工资、薪金所得。工资、薪金所得以个人每月收入额减除2000元费用后的余额为应纳税所得额。但是，对在中国境内无住所而在中国境内取得工资、薪金所得的纳税义务人和在中国境内有住所而在中国境外取得工资、薪金所得的纳税人税法确定附加减除费用3200元为应纳税所得额。计算公式：应纳税额=应纳税所得额×适用税率－速算扣除数。

2. 个体工商户的生产经营所得。个体工商户的生产、经营所得是以每一纳税年度的收入总额，减除成本、费用以及损失后的余额，为应纳税所得额。

（1）成本、费用是指纳税义务人从事生产、经营所发生的各项直接支出和分配计入成本的间接费用以及销售费用、管理费用、财务费用。

（2）损失是指纳税义务人在生产、经营过程中发生的各项营业外支出。

（3）从事生产、经营的纳税义务人未提供完整、准确的纳税资料，不能正确计算应纳税所得额的，由主管税务机关核定其应纳税所得额。计算公式：应纳税所得额=收入总额－（成本+费用+损失）。

3. 对企事业单位的承包经营、承租经营所得。对企事业单位承包经营、承租经营所得适用五级超额累进税率，以每一纳税年度的收入总额，减除必要费用后的余额，为应纳税所得额。每一纳税年度的收入总额是指纳税义务人按照承包经营、承租经营合同规定分得的经营利润和工资、薪金性质的所得。减除必要费用，是指按月减除2000元。其计算公式为：应纳税额=应纳税所得额×适用税率－速算扣除数。

公式中的"应纳税所得额"是纳税人每一纳税年度的收入总额减除必要费用后的余额。

4. 劳务报酬所得。劳务报酬适用20%的比例税率，其应纳税额的计算公式：应纳税额=应纳税所得额×适用税率。

公式中的"应纳税所得额"日纳税人每次（属于一次性收入的，以取得该项收入为一次。属于同一项目连续性收入的，以一个月内取得的收入为一次）取得的收入，定额或定率除规定费用后的余额。每次收入不超过4000元的，定额减除费用800元；每次收入在4000元以上的，定率减除20%的费用。如果两个或者两个以上的个人共同取得同一项目收入的，应当对每个人取得的收入分别按照税法规定减除费用后计算纳税。

关于个人取得不同项目劳务报酬所得的征税问题，要按个人兼有不同的劳务报酬所得，应当分别减除费用，计算缴纳个人所得税。对劳务报酬所得一次收入畸高的，可以实行加成征收。劳务报酬所得一次收入畸高，是指个人一次取得劳务报酬，其应纳税所得额超过20000元。对应纳税所得额超过20000元—50000元的部分，依照税法规定计算应纳税额后再按照应纳税额加征五成；超过50000元的部分，加征十成。

5. 稿酬所得。稿酬所得适用20%的比例税率，并按规定对应纳税额减征30%，其计算公式为：应纳税额=应纳税所得额×适用税率×（1－30%）。

公式中的"应纳税所得额"日纳税人每次（以每次出版、发表取得的收入为一次）取得的收入，定额或定率除规定费用后的余额。每次收入不超过4000元的，定额减除费用800元；每次收入在4000元以上的，定率减除20%的费用。

（1）个人每次以图书、报刊方式出版、发表同一作品（文字作品、书画作品、摄影作品以及其他作品），不论出版单位是预付还是分笔支付稿酬，或者加印该作品后再付稿酬，均应合并其稿酬所得按一次计征个人所得税。在两处或两处以上出版、发表或再版同一作品而取得稿酬所得，则可分别各处取得的所得或再版所得按分次所得计征个人所得税。

（2）个人的同一作品在报刊上连载，应合并其因连载而取得的所有稿酬所得为一次，按税法规定计征个人所得税。在其连载之后又出书取得稿酬所得，或先出书后连载取得稿酬所得，应视同再版稿酬分次计征个人所得税。

（3）作者去世后，对取得其遗作稿酬的个人，按稿酬所得征收个人所得税。

6. 利息、股息、红利所得。利息、股息、红利所得，偶然所得和其他所得，以每次收入额为应纳税所得额，适用20%的比例税率，其应纳税额的计算公式为：应纳税额＝应纳税所得额（每次收入额）×适用税率。

公式中的“应纳税所得额”是纳税人每次（以支付利息、股息、红利时取得的收入为一次）取得的收入额，不得从收入额中扣除任何费用。如股份制企业在分配股息、红利时，以股票形式向股东个人支付应得的股息、红利（即派发红股），应以派发红股的股票票面金额为收入额，按利息、股息、红利项目计征个人所得税。

（五）个人所得税征收管理

1. 自行申报纳税义务人。按个人所得税法和《个人所得税自行申报纳税暂行办法》规定，个人有下列情形之一的，必须向税务机关自行申报所得并缴纳税款：

（1）个人从两处或两处以上取得工资、薪金所得的。虽有支付单位代扣代缴税款，但由于工资、薪金所得适用九级超额累进税率以及月工资、薪金所得只能扣除一次费用标准。因此，必须实行单位代扣代缴与个人自行申报相结合的办法。

（2）取得应纳税所得，没有扣缴义务人的。如个体工商业户的生产、经营所得和承包经营、承租经营所得有的没有扣缴义务人，有的虽有出包方式代扣缴税款，但均涉及适用超额累进税率和扣除费用的问题。因此，同一项应税所得应当合并申报、合并计算纳税。

（3）分别取得属于一次劳务报酬所得、稿酬所得、特许权使用费所得、财产租赁所得的。如中国公民从境外取得的所得，应分别不同国家或地区和不同应税项目分别计税。纳税人能够提供境内、外国时任职、受雇及其工资、薪金所得的有效证明文件，可视其所得为来源于境内或境外所得；纳税人不能提供上述证明文件的，如果任职、受雇单位在中国境内，应当视为来源于中国境内的所得；如果其任职、受雇单位在中国境外，外视为来源于中国境外的所得。

（4）取得应纳税所得，扣缴义务人未按照规定代扣代缴税款的。个人取得的应税所得凡没有扣缴义务人的，均应向取得所得来源地的当地税务机关申报纳税。

（5）税收主管部门规定必须自行申报纳税的。

2. 代扣代缴。个人所得税以支付个人应税所得的单位和个人为代扣代缴义务人。

（1）“支付”包括现金支付、汇拨支付、转账支付和以有价证券，实物以及其他形式的支付。就是说，法律规定，凡是支付个人应税所得的企业（公司）、事业单位、机关、社团组织、军队、驻华机构（不包括外国驻华使领馆和联合国及其他依法享有外交特权和豁免的国际组织驻华机构）、个体工商户等单位或或者个人，都必须按照税法规定履行代扣代缴个人所得税的义务。

（2）扣缴人将所代扣的税款，应在规定期限内缴入国库，并专项记载有关凭证资料备查。

（3）军队干部工资、薪金所得的个人所得税由各部队代扣并逐级上交总后勤部，由总后勤部统一向国家税务总局直属征收局缴纳，除此之外，军队干部取得其他的所得和其他所有单位（包括武警部队系统干部的所得）或个人支付的所得，都必须就地依法履行代扣代缴义务。

第三节 税收征管

税务管理是一项复杂的管理活动，税务信息的搜集、储存、分类处理和提取使用，对提高征管效率特别重要。税收征管是税务管理的核心，是搞好税收征管的关键。税收征管要解决以下两方面的问题：一是税收的管征活动中税务部门和纳税人之间的分工与协作；明确界定征、纳双方的权利与义务。二是税务部门内部的分工与协作。税收征管的一般程序包括税务登记、账簿和凭证管理、发票管理、纳税申报、税款征收、税务检查等环节。《中华人民共和国税收征管法》对税务机关和纳税人在各环节的权利、义务进行了规范，并明确了不履行义务的行政或法律责任。

一、税务登记

税务登记是税务机关依据税法规定，对纳税人的生产、经营活动进行登记管理的一项法定制度，也是纳税人依法履行纳税义务的法定手续。税务登记是税收征管的首要环节，具有应税收入、应税财产或应税行为的各类纳税人，都应依法办理税务登记。凡有法律、法规规定的应税收入、应税财产或应税行为的各类纳税人，均应当办理税务登记；扣缴义务人应当在发生扣缴义务时，到税务机关申报登记，领取扣缴税款凭证。税务登记种类包括：开业登记；变更登记；停业、复业登记；注销登记；外出经营报验登记。

（一）开业登记

从事生产经营的纳税人，在领取营业执照之后的30天内，持相关证件和资料，向税务机关申报办理设立登记。税务机关自收到申请之日起，在30天内审核并发给税务登记证件。

（二）变更登记

纳税人税务登记内容发生变化的，在工商行政管理机关办理变更登记后的30天内，持有关证件向税务机关申报办理变更税务登记。

（三）停业、复业登记

定期定额征收方式的纳税人在营业执照核准的经营期限内需要停业或复业的，向税务机关提出申请，经税务机关审核后进行停业或复业税务登记。纳税人在停业期间发生纳税义务的，应当按照税收法律、行政法规的规定申报缴纳税款。停业期满不能及时恢复生产经营的，应提前向税务机关提出延长停业登记申请，否则税务机关视为已复业进行征税和管理。

（四）注销登记

纳税人发生解散、破产、撤销以及其他情形，需要依法终止纳税义务的，纳税人应当在向工商行政管理机关申请办理注销之前，向税务机关申报办理注销登记。纳税人需要向税务机关提交相关证件和资料，结清应纳税款、多退（免）税款、滞纳金和罚款，缴销发票、税务登记证和其他税务证件，经税务机关核准后，办理注销税务登记手续。

（五）外出经营报验登记

从事生产、经营的纳税人到外县（市）临时从事生产、经营活动时，应当向营业地税务机关申请报验登记。

（六）纳税人税种登记

在对纳税人进行设立登记后，税务机关根据纳税人的生产经营范围及税法的有关规定，对纳税人的纳税事项和应税项目进行核定，即税种核定。

纳税人应在办理税务登记的同时办理税种登记。税务机关根据纳税人的生产经营范围，依据相关法律法规核准纳税人税种，经系统录入税种信息。

（七）扣缴义务人扣缴税款登记

1. 已办理税务登记的扣缴义务人应当在扣缴义务发生后向税务登记地税务机关申报办理扣缴税款登记。税务机关在其税务登记证件上登记扣缴税款事项，税务机关不再发给扣缴税款登记证件。

2. 根据税收法律、行政法规的规定可不办理税务登记的扣缴义务人，应当在扣缴义务发生后向机构所在地税务机关申报办理扣缴税款登记。税务机关核发扣缴税款登记证件。

（八）税务登记证管理

1. 定期换证制度。税务机关实行税务登记证定期换证制度，一般三年一次。

2. 年检制度。税务机关实行税务登记证年检制度，一般一年一次。

3. 国、地税局联合办理税务登记制度。税务机关推行国税局、地税局联合办理税务登记制度，方便纳税人，加强管户配合。

4. 部门配合制度。为推进社会综合治税，税收征管法规定工商行政管理机关应当将办理登记注册、核发营业执照情况，定期向税务部门通报；银行或其他金融机构应在从事生产、经营的纳税人的账户中登录税务登记证件号码，并为税务部门依法查询纳税人开户情况予以协助。

5. 遗证补办制度。纳税人、扣缴义务人遗失税务登记证件的，应在规定期限内按程序向主管税务机关申请补办税务登记证件。

（九）违法处理

纳税人未按规定办理、使用登记证；纳税人的开户银行和其他金融机构未按税收征管法的规定在从事生产、经营的纳税人账户中登录税务登记证号码，或者未按规定在税务登记证中登录纳税人账号的，由税务机关责令限期改正，并视情节给予相应罚款等行政处罚。

二、发票开具与管理

（一）发票的种类

发票是指在购销商品、提供或接受应税服务以及从事其他经营活动中，开具、收取的付款凭证。依照法律规定，税务机关是管理发票的法定机关。

发票种类繁多，主要是按行业特点和纳税人的生产经营项目分类，每种发票都有特定的使用范围，发票的种类目前分为增值税专用发票、普通发票和专业发票三种。

1. 增值税专用发票。增值税专用发票只限于增值税一般纳税人领购使用，增值税小规模纳税人和非增值税纳税人不得领购使用。从行业划分来讲，它是工业、商业企业用于结算销售货物和加工修理修配劳务使用的发票。

2. 普通发票。普通发票主要是由营业税纳税人和增值税小规模纳税人使用，增值税一般纳税人在不能开具专用发票的情况下也可使用普通发票，所不同的是具体种类要按适用范围选择。

3. 专业发票。专业发票是指国有金融、保险企业的存货、汇兑、转账凭证、保险凭证；国有邮政、电信企业的邮票、邮单、话务、电报收据；国有铁路、民用航空企业和交通部门、国有公路、水上运输企业的客票、货票等。经国家税务总局或者省、自治区税务机关批准，专业发票可由政府和主管部门自行管理，不套印税务机关的统一发票监制章，也可根据税收征管的需要纳入统一发票管理。

（二）发票的开具要求

1. 单位和个人应在发生经营业务、确认营业收入时，才能开具发票。

2. 开具发票时应按号码顺序填开，填写项目齐全、内容真实、字迹清楚、全部联次一次性复写或打印，内容完全一致，并在发票联和抵扣联加盖单位财务印章或者发票专用章。

3. 填写发票应当使用中文。民族自治地区可以同时使用当地通用的一种民族文字；外商投资企业和外资企业可以同时使用一种外国文字。

4. 使用电子计算机开具发票必须报主管税务机关批准，并使用税务机关统一监制的机打发票。

5. 开具发票时限、地点应符合规定。

6. 任何单位和个人不得转借、转让、代开发票。

（三）发票的管理

1. 取得发票的管理。单位和个人在购买商品、接受经营服务或从事其他经营活动支付款项时，要按规定索取合法发票。对不符合规定的发票，包括发票本身不符合规定（白条或伪造的假发票、作废的发票等）、发票开具不符合规定、发票来源不符合规定的，任何单位和个人有权拒收。

2. 发票的保管和缴销。税务机关内部或者用票单位和个人必须建立严格的发票专人保管制度、专库保管制度、专账登记制度、保管交接、定期盘点制度，保证发票安全。用票单位和个人应按规定向税务机关上缴已经使用或未使用的发票，税务机关应按规定统一将已经使用或者未使用的发票进行销毁。

3. 违法处理。违反发票管理规定，未按规定印制发票或者生产防伪专用品，未按规定领购、开具、取得、保管发票，非法携带、邮寄、运输或者存放空白发票，私自印制、伪造变造、倒买倒卖发票等行为，税务机关可以查封、扣押或者销毁，没收非法所得和作案工具，并处以相应罚款等行政处罚，情节严重构成犯罪的，移送司法机关处理。

三、纳税申报

（一）直接申报

直接申报是纳税人和扣缴义务人自行到税务机关办理纳税申报或者报送代扣代缴、代收代缴报告表的申报方式。

（二）邮寄申报

经税务机关批准的纳税人、扣缴义务人使用统一规定的纳税申报特快专递专用信封，通过邮政部门办理交寄手续，并向邮政部门索取收据作为申报凭据的方式。邮寄申报以寄出的邮戳日期为实际申报日期。

（三）数据电文申报

电子申报经税务机关批准的纳税人，通过电话语音、电子数据交换和网络传输等方式办理纳税申报的一种方式。纳税人采用电子方式办理纳税申报的，要按照税务机关规定的期限和要求保存有关资料，并定期书面报送主管税务机关。

（四）简易申报

简易申报指实行定期定额征收方式的纳税人，经税务机关批准，通过以缴纳税款凭证代替申报。

（五）其他方式

纳税人、扣缴义务人可以根据税法规定，委托中介机构税务代理人员代为办理纳税申报或简并征期的一种申报方式。

四、税款征收

税款征收是税务机关依照税收法律、法规的规定将纳税人应当缴纳的税款组织入库的一系列活动的总称。它是税收征收管理工作的中心环节，在整个税收征收管理工作中占有极其重要的地位。

（一）查账征收

查账征收是指由纳税人依据账簿记载，先自行计算缴纳，事后经税务机关查账核实，如有不符合税法规定的，则多退少补。这种税款征收方式主要是对已建立会计账册并且会计记录完整的单位采用。

（二）查定征收

查定征收是指由税务机关根据纳税人的生产设备等情况在正常情况下的生产、销售情况，对其生产的应税产品查定产量和销售额，然后依照税法规定的税率征收的一种税款征收方式。这种征收方式适用于生产经营规模较小、产品零星、税源分散、会计账册不健全的小型厂矿和作坊。

（三）查验征收

查验征收是指税务机关对纳税人的应税商品、产品，通过查验数量，按市场一般销售单价计算其销售收入，并据以计算应纳税款的一种征收方式。这种征收方式适用于纳税人财务制度不健全，生产经营不固定，零星分散、流动性大的税源。

（四）定期定额征收

定期定额征收是指对小型个体工商户在一定经营地点、一定经营时期、一定经营范围内的应纳税经营额（包括经营数量）或所得额（简称定额）进行核定，并以此为计税依据，确定其应纳税额的一种征收方式。这种征收方式适用于经主管税务机关认定和县以上税务机关（含县级）批准的生产、经营规模小，达不到《个体工商户建账管理暂行办法》规定的设置账簿标准，难以查账征收，不能准确计算纳税依据的个体工商户（包括个人独资企业，简称定期定额户）。

（五）代扣代缴

代扣代缴是指按照税法规定，负有扣缴税款的法定义务人，在向纳税人支付款项时，从所支付的款项中直接扣收税款的方式。其目的是对零星分散、不易控制的税源实行源泉控制。

（六）代收代缴

代收代缴是指负有收缴税款的法定义务人，对纳税人应纳的税款进行代收代缴的方式。即由与纳税人有经济业务往来的单位和个人向纳税人收取款项时，依照税收的规定收取税款。这种方式一般适用于税收网络覆盖不到或很难控制的领域，如受托加工应缴消费税的消费品，由受托方代收代缴的消费税。

（七）委托征收

委托代征是指受托单位按照税务机关核发的代征证书的要求，以税务机关的名义向纳税人征收一些零散税款的一种税款征收方式。

（八）其他方式

如邮寄申报纳税、自计自填自缴、自报核缴方式等。查账征收。税务机关根据纳税人会计账簿等财务核算资料，依照税法规定计算征收税款的方式。适用于财务制度健全、核算严格规范，纳税意识较强的纳税人。

五、税务代理

（一）税务代理的概念

税务代理，是指税务代理人接受纳税人、扣缴义务人的委托，在代理期限内，以代理人的名义依法办理税务事宜的行为，其权利、义务直接归属与被代理人。税务代理是以税收业务知识开展社会化服务的行业，属于社会中介服务性业务。

税务代理人，是只具有丰富的税收实务工作经验较高的税收、会计专业理论知识以及法律基础知识，经国家税务总局及其省、自治区、直辖市国家税务局批准，从事税务代理的专门人员及其工作机构。税务代理属于有偿服务，县以上国税局、地税局负责对税务代理人进行监督、指导。

（二）税务代理的特点

1. 中介性。社会主义市场经济促使各种经济成分的企业共同发展。税务代理制的兴起，适应了社会经济发展的需要，成千上万个企业和个人都可能通过税务代理履行纳税义务，量多面广，足以表明税务代理的社会性。税务代理不仅一种社会中介服务，而且是一种专业知识服务，因而税务代理人在执行税务代理业务时也应得到相应的报酬，这种报酬应依照国家规定的中介服务收费标准确定。

2. 法定性。税务代理的委托事项即税务代理的业务范围是由法律规定的，法律、法规是任何活动都要遵守的行为准则，开展税务代理首先必须维护国家税收法律、法规的尊严，在税务代理的过程中应严格按照法律、法规的有关规定全面履行职责，不能超越代理范围和代理权限。只有这样才能既保证国家的税收利益，维护税收法律、法规的严肃性，又保护纳税人的合法权益，同时使其代理成果被税务机关所认可。因此，依法代理是税务代理业生存和发展的基本前提。

3. 自愿性。税务代理属于委托代理，税务代理关系的产生必须以委托与受托双方自愿为前提。纳税人、扣缴义务人有委托和不委托的选择权，也有选择委托人的自主权。如果纳税人、扣缴义务人没有自愿委托他人代理税务事宜，任何单位和个人都不能强令代理。代理人作为受托方，也有选择纳税人、扣缴义务人的权利。可见，税务代理当事人双方之间是一种双向选择形成的合同关系，理应遵守合同中的自愿、平等、诚实信用等原则。

4. 公正性。税法规定了征收机关与纳税人的权利与义务，而税务代理人作为税收征收机关与纳税人的中介，与征纳双方没有任闪利益冲突。税务代理人站在客观、公正的立场上，以税法为准绳，以服务为宗旨，既为维护纳税人合法权益服务，又为维护国家税法的尊严服务。因此，公正性是税务代理的固有特性，离开公正性，税务代理就无法存在。

（三）税务代理的法定业务范围

税务代理人可以接受纳税人、扣缴义务人的委托从事下列范围内的业务代理：

1. 办理税务登记、变更税务登记和注销税务登记手续。
2. 办理除增值税专用发票的发票领购手续。
3. 办理纳税申报或扣缴税款报告。
4. 办理缴纳税款和申请退税手续。
5. 制作涉税文书。
6. 审查纳税情况。
7. 建账建制，办理账务。
8. 税务咨询、受聘税务顾问。
9. 税务行政复议手续。
10. 国家税务总局规定的其他业务。

纳税人、扣缴义务人可以根据需要委托税务代理人进行全面代理、单项代理或临时代理、常年代理。但是，税务代理人不能代理应由税务机关行使的行政职权，税务机关按照法律、行政法规规定委托其代理的除外。

六、税收检查及法律责任

（一）税收检查

税务检查是税务机关依照国家有关税收法律、法规、规章和财务会计制度的规定，对纳税人、代扣代缴义务人履行纳税义务、扣缴义务情况进行审查监督的一种行政检查。税务检查是确保国家财政收入和税收法律、行政法规、规章贯彻落实的重要手段，是国家经济监督体系中不可缺少的组成部分。

1. 税收保全措施。税收保全措施是指税务机关在规定的纳税期之前，对有逃避纳税义务行为的纳税人，限制其处理可用作缴纳税款的存款、商品、货物等财产的一种行政强制措施，其目的是预防纳税人逃避税款缴纳义务，防止以后税款的征收不能保证或难以保证，以保证国家税款的及时、足额入库。征管法及其实施细则对税务机关适用税收保全措施的相关问题做了具体规定。

（1）适用对象。税收保全措施仅适用于从事生产、经营的纳税人，不适用于扣缴义务人和纳税担保人，也不适用于非从事生产经营的纳税人。

（2）前提条件。采取税收保全措施，应当符合两个条件：一是必须有根据认为纳税人有逃避纳税义务行为；二是必须在规定的纳税期之前和责令限期缴纳应纳税款的期限之内。

（3）税收保全措施的形式。一是书面通知纳税人开户银行或者其他金融机构冻结纳税人的金额相当于应纳税额的存款；二是查封、扣押纳税人的价值相当于应纳税款的商品、货物或者其他财产。

（4）适用税收保全措施的程序。

①责令限期缴纳税款。税务机关有根据认为从事生产经营的纳税人有逃避纳税义务行为的，可以在规定的纳税期之前责令限期缴纳税款。

②责成提供纳税担保。在限期内发现纳税人有明显的转移、隐匿其应纳税的商品、货物以及其他财产或者应纳税的收入迹象的，税务机关可以责成纳税人提供纳税担保。

③采取税收保全措施。如果纳税人不能提供纳税担保，经县以上税务局（分局）局长批准，税务机关可以采取税收保全措施。

（5）对适用税收保全措施的制约。

①必须经过县以上税务局（分局）局长批准。

②适用对象只能是从事生产、经营的纳税人。

③采取税收保全措施应当由两名以上税务人员执行，并通知被执行人。

④查封商品、货物或者其他财产时必须开付清单；扣押商品、货物或者其他财产时必须开付收据。

⑤不得查封、扣押纳税人个人及其所扶养家属维持生活必需的住房和用品。

⑥给当事人合法权益造成损失的，依法承担赔偿责任。

2. 税收强制执行。税收强制执行措施，是指税务机关对未按规定的期限履行纳税义务的纳税人、扣缴义务人、纳税担保人等税收管理相对人，依法采取法定的强制手段，以迫使其履行法定义务的一种征管制度。税收征管法对强制执行措施的适用范围、条件、程序等作出了具体规定。

（1）适用范围。税收强制执行措施的适用范围是从事生产、经营的纳税人、扣缴义务人、纳税担保人，不包括非从事生产经营的纳税人。

（2）适用的前提条件。适用税收强制执行措施的前提条件是从事生产、经营的纳税人、扣缴义务人未按规定的期限缴纳税款或者解缴税款、纳税担保人未按照规定的期限缴纳所担保的税款，即他们都是逾期未履行纳税义务的。此外，对已采取税收保全措施的纳税人，限期内仍未履行纳税义务的，可依法采取强制执行措施。

（3）强制执行措施的形式。主要有两种形式：一是书面通知其开户银行或者其他金融机构从其存款中扣缴税款；二是扣押、查封、依法拍卖或者变卖其价值相当于应纳税款的商品、货物或者其他财产，以拍卖或者变卖所得抵缴税款。

（4）适用强制执行措施的具体条件、程序。

①采取强制执行措施必须坚持告诫在先、执行在后的原则。

②强制执行必须发生在限期缴纳期满之后。

③采取强制执行前，应当依法报经县以上税务局（分局）局长批准。

④采取强制执行措施时，对从事生产、经营的纳税人、扣缴义务人、纳税担保人未缴纳的滞纳金同时强制执行。

⑤扣押、查封、拍卖或者变卖等行为具有连续性。

⑥个人及其抚养家属维持生活必需的住房和用品不在强制执行的范围内。

⑦税务机关将扣押、查封的商品、货物或者其他财产变价抵缴税款时，应当交由依法成立的拍卖机构拍卖。

（二）法律责任

1. 税务违法行政处罚。行政处罚法规定的处罚通常分为申诫罚、财产罚、行为罚和人身罚。税务行政处罚是行政处罚的一部分，其法律依据是行政处罚法和税收征收管理法，其种类主要有：

（1）责令限期改正。这是税务机关对违反法律、行政法规所规定义务的当事人的谴责和申诫。责令限期改正主要适用于情节轻微或尚未构成实际危害后果的违法行为，是一种较轻的处罚形式。责令限期改正，既可以起到教育的作用，又具有一定的处罚作用，因而为税收法律、法规广泛采用。

（2）罚款。罚款是对违反税收法律、法规，不履行法定义务的当事人的一种经济上的处罚。由于罚款既不影响被处罚人的人身自由及其合法活动，又能起到对违法行为的惩戒作用。因而是税务行政处罚中应用最广的一种。因此，运用这一处罚形式必须依法行使，严格遵循法律、法规规定的数额、幅度、权限、程序及形式。

（3）没收财产。没收财产是对行政管理相对一方当事人的财产权予以剥夺的处罚。具体有两种情况：一是对相对人非法所得的财物的没收。就性质而言，这些财物并非相对人所有，而是被其非法占有；二是财物虽系相对人所有，但因其用于非法活动而被没收。

（4）收缴未用发票和暂停供应发票。对于从事生产、经营的纳税人、扣缴义务人有违反税收征收管理法规定的税收违法行为，拒不接受税务机关处理的，税务机关可以收缴其发票或者停止向其发售发票。

（5）停止出口退税权。对骗取国家出口退税款的，税务机关可以在规定期间内停止为其办理出口退税。

2. 税务违法刑事处罚。税务违法刑事处罚是指享有刑事处罚权的国家机关对违反税收刑事法律规范，依法应当给予刑事处罚的公民、法人或者其他组织给予法律制裁的行为。税务违法刑事处罚具有以下特征：一是实施刑事处罚的主体是依法享有刑事处罚权的国家机关，包括公安机关、检察机关、人民法院；二是税务违法刑事处罚是对公民、法人或者其他组织违反税收刑事法律规范行为的处罚；三是税务违法刑事处罚所采取的制裁是刑事制裁。适用于涉税犯罪的刑罚主要有以下几种：

（1）拘役。剥夺犯罪分子的短期自由，就近实行改造的刑罚。适用于罪行较轻而又需要关押的犯罪分子。执行期间，犯罪分子每月可以回家 1～2 天；参加劳动的，可以酌量发给报酬。拘役的期限为 15 天以上 6 个月以下。

（2）判处徒刑。徒刑分为有期徒刑和无期徒刑。

有期徒刑是剥夺犯罪分子一定期限的人身自由，实行强制劳动改造的刑罚。有期徒刑的期限，为 6 个月以上 15 年以下。由于刑期幅度大，它既可以适用于较轻的犯罪，也可以适用于较重的犯罪。被判处有期徒刑的犯罪分子，有的在监狱执行，有的在其他劳动改造场所执行。

无期徒刑是剥夺犯罪分子终身自由，强制劳动改造的刑罚。对于不必判死刑，但判有期徒刑又嫌轻的罪犯，宜判无期徒刑。执行场所主要是监狱。

（3）罚金。判处犯罪分子向国家缴纳一定数额金钱的刑罚。是一种轻刑，单处罚金一般只适用于轻微犯罪；在主刑后附加并处罚金适用于较重的犯罪。罚金数额应当根据犯罪的具体情节和犯罪分子本人实际经济负担能力决定。罚金执行有四种情况：限期一次缴纳；分期缴纳；强制缴纳；减少或者免除缴纳。

(4) 没收财产。将犯罪分子个人所有财产的一部分或全部强制无偿地收归国家所有的刑罚。是重于罚金的财产刑，主要适应于严重经济犯罪。财产没收一部分还是全部，要根据犯罪性质、犯罪情节的严重程度和案件的具体情况确定。

3. 税务行政复议。

(1) 税务行政复议概述。税务行政复议是为了防止和纠正违法的或不当的税务具体行政行为，保护纳税人及其他税务当事人的合法权益，保障和监督税务机关依法行使职权。

①税务行政复议机关，是指依法办理行政复议申请，对具体行政行为进行审查并作出行政复议决定的税务机关。

②复议机关应当树立依法行政观念，强化责任意识和服务意识，认真履行行政复议职责，坚持有错必纠，确保法律正确实施。行政复议应当遵循合法、公正、公开、及时、便民的原则。

③复议机关在申请人的行政复议请求范围内，不得作出对申请人更为不利的行政复议决定。

④申请人对行政复议决定不服的，可以依法向人民法院提起行政诉讼。

(2) 税务行政复议范围。

①复议机关受理申请人对税务机关作出的下列具体行政行为不服提出的行政复议申请：

第一，征税行为，包括确认纳税主体、征税对象、征税范围、减税、免税及退税、适用税率、计税依据、纳税环节、纳税期限、纳税地点以及税款征收方式等具体行政行为和征收税款、加收滞纳金及扣缴义务人、受税务机关委托的单位和个人做出的代扣代缴、代收代缴、代征行为等。

第二，行政许可、行政审批行为。

第三，税收保全措施、强制执行措施。

第四，行政处罚行为：罚款、没收财物和违法所得、停止出口退税权。

第五，不依法履行下列职责的行为：

- 审批减免税、出口退税。
- 抵扣税款和退还多征税款。
- 颁发税务登记证。
- 开具、出具完税凭证、外出经营管理和完税证明。
- 认定增值税一般纳税人资格。
- 核准延期申报、批准延期缴纳税款。
- 行政赔偿和举报奖励。
- 其他不依法履行职责的行为。

第六，取消或认定增值税一般纳税人资格。

第七，发票管理行为，包括发售、收缴、代开发票等。

第八，责令纳税人提供纳税担保或者不依法确认纳税担保。

第九，政府信息公开工作中的具体行政行为。

第十，纳税信用等级评定行为、通知出境管理机关阻止出境行为和其他具体行政行为。

②申请人认为税务机关的具体行政行为所依据的下列规定不合法，在对具体行政行为申请行政复议时，可一并向复议机关提出对该规定的审查申请；纳税人及其他当事人在对具体行政行为提出行政复议申请时尚不知道该具体行政行为所依据的规定的，可以在复议机关作出行政复议决定前向复议机关提出对该规定（规定不含规章）的审查申请：

第一，国家税务总局和国务院其他部门的规定。

第二，其他各级税务机关的规定。

第三，地方各级人民政府的规定。

第四，地方人民政府工作部门的规定。

（3）税务行政复议管辖。对各级国家税务机关作出的具体行政行为不服的，向上一级税务机关申请行政复议。

①对各级地方税务机关作出的具体行政行为不服的，可以选择向上一级税务机关或者该机关的本级人民政府申请行政复议；向人民政府申请行政复议的，按照人民政府的有关规定办理。

省、自治区、直辖市对地方税务机关的复议管辖另有规定的，从其规定。

②对国家税务总局作出的具体行政行为不服的，向国家税务总局申请行政复议。对行政复议决定不服，申请人可以向人民法院提起行政诉讼，也可以向国务院申请裁决，国务院的裁决为终局裁决。

③对以下税务机关作出的具体行政行为不服的，按照下列规定申请行政复议：

第一，对计划单列市税务局作出的具体行政行为不服的，向省税务局申请行政复议。

第二，对税务所、各级税务局的稽查局作出的具体行政行为不服的，向其所属税务局申请行政复议。

第三，对两个或者两个以上税务机关共同作出的具体行政行为不服的，向共同上一级税务机关申请行政复议；对税务机关与其他行政机关共同做出的具体行政行为不服的，向其共同上一级行政机关申请行政复议。

第四，对被撤销的税务机关在撤销前所做出的具体行政行为不服的，向继续行使其职权的税务机关的上一级税务机关申请行政复议。

上述后三项所列情形之一的，申请人也可以向具体行政行为发生地的县级地方人民政府提出行政复议申请，由接受申请的县级地方人民政府依法进行转送。

（4）税务行政复议参加人。税务行政复议参加人包括申请人、被申请人和第三人。

①申请人。认为税务机关做出的具体行政行为侵犯了其合法权益，依法向税务行政复议机关申请复议的纳税人和其他税务当事人。

②被申请人。做出具体行政行为的税务机关或者应当做出具体行政行为而不作为的税务机关。

③第三人。指与申请复议的具体行政行为有利害关系的个人或组织。“利害关系”一般是指经济上的债权、债务关系，股权控股关系等。税务行政复议第三人经税务行政复议机关批准，可以参加税务行政复议活动。

（5）税务行政复议申请。申请人可以在知道税务机关做出具体行政行为之日起60日内提出行政复议申请。

因不可抗力或者被申请人设置障碍等其他正当理由耽误法定申请期限的，申请期限自障碍消除之日起继续计算。

(6) 税务行政复议受理。行政复议申请符合下列规定的，应当予以受理：

①有明确的申请人和符合规定的被申请人。

②申请人与具体行政行为有利害关系。

③有具体的行政复议请求和理由。

④在法定申请期限内提出。

⑤属于行政复议法规定的行政复议范围。

⑥属于收到行政复议申请的复议机构的职责范围。

⑦其他行政复议机关尚未受理同一行政复议申请，人民法院尚未受理同一主体就同一事实提起的行政诉讼。

(7) 证据。行政复议证据包括以下几类：

①书证。

②物证。

③视听资料。

④证人证言。

⑤当事人的陈述。

⑥鉴定结论。

⑦勘验笔录、现场笔录。

(8) 和解与调解。对下列行政复议事项，按照自愿、合法的原则，申请人和被申请人可以在复议机关做出行政复议决定之前达成和解，复议机关可以进行调解：

①行使自由裁量权做出的具体行政行为，如行政处罚、核定税额、征收方式、应税所得率、纳税调整等。

②行政赔偿或者行政补偿争议。

③行政奖励争议。

④ 具体行政行为存在其他合理性问题的，如混合过错等。

复议机关、复议机关工作人员及被申请人在税务行政复议活动中，有违反行政复议法及其实施条例和本规则规定的行为，按照行政复议法及其实施条例的规定，追究法律责任。

复议机关受理行政复议申请，不得向申请人收取任何费用。

第四章

财政法律制度

【本章内容简介】 本章主要讲述了以下三方面的财政法规制度：(1) 预算法律制度的构成、国家预算、预算管理的职权、预算收入与预算支出、预算组织程序、决算、预决算的监督；(2) 政府采购法律制度的构成、政府采购的概念、政府采购的原则、政府采购的功能、政府采购的执行模式、政府采购当事人、政府采购方式、政府采购的监督检查；(3) 国库集中收付制度、国库单一账户体系、财政收入收缴方式和程序和财政支出支付方式和程序。

【主要题型及分值】 本章为新增章节，本章预计分值为 10 分左右。

第一节 预算法律制度

一、预算法律制度的构成

(一)《中华人民共和国预算法》

预算法是财政法的核心，而民主的财政是法治国家的基石，因此，各国尤其是发达国家都十分重视预算立法，我国也不例外。1951 年，政务院就颁布了《预决算暂行条例》，这个条例一直沿用了 40 年。1991 年国务院发布了《国家预算管理条例》；1994 年第八届全国人大第 2 次会议通过《中华人民共和国预算法》（以下简称《预算法》），自 1995 年 1 月 1 日起施行。该法共分 11 章 79 条，章名分别为：总则、预算管理职权、预算收支范围、预算编制、预算审查和批准、预算执行、预算调整、决算、监督、法律责任、附则。该法是我国第一部财政基本法律，它的颁布施行，对于强化预算的分配和监督职能，健全财政预算制度，加强国家宏观调控，保障经济和社会的健康发展，具有十分重要的意义。

（二）《中华人民共和国预算法实施条例》

《中华人民共和国预算法实施条例》是经1995年11月22日国务院第三十七次常务会议通过，它分总则、预算收支范围、预算编制、预算执行、预算调整、决算、监督和附则八章七十九条。这对规范政府财政预算起了重大功能，使我国的政府财政预算纳入法治轨道。但是，随着我国经济的快速发展、市场化的深入，并逐渐和国际接轨，经济领域出现了许多新问题、新情况，《预算法》及有关法律法规也应与时俱进的完善和健全，才能适应新形势发展的需要，我国预算法制度改革势在必行。

二、国家预算

（一）国家预算的概念

预算又称国家预算、政府预算或财政预算，是按法定程序编制、审查和批准的国家年度财政收支计划，是国家组织分配财政资金的重要工具，也是国家宏观调控的重要经济杠杆。从形式上看，国家预算是按照一定标准将财政收入和财政支出分门别类地列入特定的表格，使人们清楚地了解政府的财政活动，其功能首先是反映政府的财政收支状况。但从实际内容来看，国家预算的编制是政府对财政收支的计划安排，预算的执行是财政收支的筹措和使用过程，国家决算则是国家预算执行的总结。因此，国家预算反映政府活动的范围、方向和政策。

1. 从形式上看，国家预算就是按一定标准将财政收入和支出分门别类地列入特定的表格，可以使人们清楚地了解政府收支活动，成为反映政府财政活动的一面镜子。

2. 从实际经济内容来看，国家预算的编制是政府对财政收支的计划安排，预算的执行是财政资金的筹措和使用过程，国家决算则是国家预算执行的总结。

3. 从更深的层次上说，国家预算反映的是政府活动的范围、方向和政策，同时，由于国家预算要通过国家权力机关的审批方才生效，因而又是国家的重要立法文件，体现了国家权力机构和全体公民对政府活动的制约和监督。

（二）国家预算的作用

国家预算作为财政分配和宏观调控的主要手段，具有分配、调控和监督职能。国家预算的作用是国家预算职能在经济生活中的具体体现，它主要包括三个方面：

1. 财力分配作用。国家预算在财力分配过程中，一方面是保障国家机器运转提供物质条件；另一方面是政府实施各项社会经济政策的有效资金保证。

2. 调节制约作用。国家预算作为国家的基本财政计划，是国家财政实行宏观控制的主要依据和主要手段，是国家财政实行宏观控制的主要依据和手段。国家预算的收支规模可调节社会总供给和总需求的平衡，预算支出的结构可调节国民经济结构，因而国家预算的编制和执行情况对国民经济和社会发展都有直接的制约作用。

3. 反映监督作用。国家预算是国民经济的综合反映，预算收入反映国民经济发展规模和经济效益水平，预算支出反映各项建设事业发展的基本情况。因此通过国家预算的编制和执行便于掌握国民经济的运行状况、发展趋势以及出现的问题，从而采取对策措施，促进国民经济稳定协调地发展。

（三）国家预算的级次划分

预算级次是指根据国家财政实行分级管理的要求，将预算收入按各级政府划分归属的名称。

根据现行“分税制”财政管理体制规定，国家预算收入划分为中央预算固定收入、地方预算固定收入和中央与地方共享收入3种。其中，共享收入按固定比例或固定收入项目，由中央与地方分享。这3种级次由财政部结合预算科目制定。

可以把预算级次，分为中央预算和地方预算两类。其中中央预算负责中央固定收入和中央与地方共享收入中属于中央收入部分的预算管理；地方预算负责地方固定收入和中央与地方共享收入中属于地方收入部分的预算管理。

地方各级政府在上级政府规定属于本级所有的预算收入范围内，还要对地方预算固定收入和共享收入中地方分成的部分，再按各级政府划分为省、地、市、县级预算固定收入，乡、镇级预算固定收入和地方各级之间的共享收入。

（四）国家预算的构成

国家预算也就是政府收支预算，一般来说，有一级政府即有一级财政收支活动主体，也就应有一级预算。在现代社会，大多数国家都实行多级预算，从而产生了国家预算的级次和组成的问题。我国国家预算组成体系是按照一级政权设立一级预算的原则建立的。

我国预算法明确规定：国家实行一级政府一级预算，共五级预算：

第一级：中央级预算；

第二级：省、自治区级预算；

第三级：直辖市级预算；

第四级：县、自治区不设区的市、辖区级预算；

第五级：乡、民族乡、镇级预算。

1. 中央预算。中央预算是中央政府的年度财政收支计划。国家预算的重要组成部分。它规定中央财政各项收入来源和数量、中央财政支出的各项用途和数量，反映中央的方针政策。中央预算的收支范围。中央预算支出由中央本级支出和补助地方支出组成，主要包括国防、外交、援外支出、中央级行政管理费、文教卫生事业费、中央统筹的基本建设投资，以及中央本级负担的公检法支出、中央财政对地方的税收返还等。中央预算收入在不同的预算管理体制下有不同的规定。我国的分税制规定，中央预算收入主要由中央固定收入、共享收入的中央收入部分、地方上缴收入等组成。

2. 地方预算。地方预算是各级地方政府的年度财政收支计划。国家预算的重要组成部分。地方预算的构成与其政权构成相一致，我国地方预算由省（自治区、直辖市）、省辖市（自治州、直辖市辖区）、县（自治县、市、旗）、乡（镇）4级组成。地方预算支出根据地方政府的职能划分。主要包括：地方行政管理费、公检法支出、地方统筹的基本建设投资、支农支出、地方文教卫生事业费支出、地方上解支出等。地方预算收入主要由地方固定收入，共享收入的地方收入部分，中央对地方的返还收入、补助收入等。

3. 总预算。各级政府将本级政府和下级政府的年度财政收支计划汇总编成的预算。又称财政总预算。

中国设立国家、省（自治区、直辖市）、省辖市（自治州、直辖市辖区）、县（自治县、市、旗）、乡（民族乡、镇）五级总预算。每级总预算都是本级政府预算和下级政府总预算的汇总。如省（自治区、直辖市）总预算是由省直属各部门（含直属单位）预算和省辖市（自治州、直辖市辖区）总预算组成；国家总预算由中央各部门（含直属单位）预算和省（自治区、直辖市）总预算组成。

4. 部门单位预算。

(1) 部门预算是事业发展计划的综合反映，是加强单位宏观调控能力、改善资金使用状况的有效手段，是涉及单位管理的各个方面、集预测与决策一体的综合性工作。部门预算的编制是由政府各个部门编制，反映政府各部门所有收入和支出情况的政府预算。部门预算的实施，严格了预算管理，增加了政府工作的透明度，是防止腐败的重要手段和预防措施之一，是当前财政改革的重要内容。

(2) 单位预算是国家预算的基本组成部分。是各级政府的直属机关就其本身及所属行政、事业单位的年度经费收支所汇编的预算。

根据经费领拨关系和行政隶属关系，将单位预算划分为一级、二级和基层三级。

①一级单位预算，是直接从同级财政部门领取预算资金和对所属单位分配、转拨预算资金的单位预算，亦称主管部门预算。

②二级单位预算，是从一级单位预算领取预算资金，又向所属单位分配转拨预算资金的单位预算。

③基层单位预算，是仅与上级单位或财政部门发生领取预算资金关系的单位预算。有些主管部门虽然直接从财政部门领取预算资金，但下面无所属单位预算的，也视同基层单位预算。

单位预算的管理形式分为：第一，全额预算管理，即把单位的各项预算收入和支出全部纳入国家预算，支出由国家预算拨款，收入上缴财政；第二，差额预算管理，即国家核定单位收支预算，支大于收的差额由财政补助；第三，自收自支预算管理，即单位用自己组织的预算收入抵顶全部事业支出，同财政没有直接缴拨款关系。

三、预算管理的职权

预算管理职权是指确定和支配国家预算的权力和对于国家预算的编制、审查、批准、执行、调整、监督权力的总称。

按照预算管理职权主体的层次不同可以分为中央预算管理职权和地方预算管理职权。中央预算管理职权包括：全国人民代表大会的预算管理职权、全国人民代表大会常务委员会的预算管理职权、国务院的预算管理职权、国务院财政部门的预算管理职权、中央各部门的预算管理职权和中央各单位的预算管理职权。地方预算管理职权包括：地方各级权力机关的预算管理职权、地方各级政府的预算管理职权、地方各级政府财政部门的预算管理职权、地方各预算部门的预算管理职权和地方各预算单位的预算管理职权。根据《预算法》的规定，预算管理职权的划分有以下具体内容：

(一) 各级人民代表大会的职权

1. 全国人民代表大会的职权。全国人民代表大会审查中央和地方预算草案及中央和地方预算执行情况的报告；批准中央预算和中央预算执行情况的报告；改变或者撤销全国人民代表大会常务委员会关于预算、决算的不适当的决议。全国人民代表大会常务委员会监督中央和地方预算的执行；审查和批准中央预算的调整方案；审查和批准中央决算；撤销国务院制定的同宪法、法律相抵触的关于预算、决算的行政法规、决定和命令；撤销省、自治区、直辖市人民代表大会及其常务委员会制定的同宪法、法律和行政法规相抵触的关于预算、决算的地方性法规和决议。

2. 县级以上地方各级人民代表大会的职权。县级以上地方各级人民代表大会审查本级总预算草案及本级总预算执行情况的报告；批准本级预算和本级预算执行情况的报告；改变或者撤销本级人民代表大会常务委员会关于预算、决算的不适当的决议；撤销本级政府关于预算、决算的不适当的决定和命令。县级以上地方各级人民代表大会常务委员会监督本级总预算的执行；审查和批准本级预算的调整方案；审查和批准本级政府决算（简称本级决算）；撤销本级政府和下一级人民代表大会及其常务委员会关于预算、决算的不适当的决定、命令和决议。

3. 乡、民族乡、镇的人民代表大会的职权。设立预算的乡、民族乡、镇的人民代表大会审查和批准本级预算和本级预算执行情况的报告；监督本级预算的执行；审查和批准本级预算的调整方案；审查和批准本级决算；撤销本级政府关于预算、决算的不适当的决定和命令。

（二）各级财政部门的职权

1. 国务院财政部门的职权。

（1）国务院编制中央预算、决算草案；向全国人民代表大会作关于中央和地方预算草案的报告；将省、自治区、直辖市政府报送备案的预算汇总后报全国人民代表大会常务委员会备案；组织中央和地方预算的执行；决定中央预算预备费的动用；编制中央预算调整方案；监督中央各部门和地方政府的预算执行；改变或者撤销中央各部门和地方政府关于预算、决算的不适当的决定、命令；向全国人民代表大会、全国人民代表大会常务委员会报告中央和地方预算的执行情况。

（2）国务院财政部门具体编制中央预算、决算草案；具体组织中央和地方预算的执行；提出中央预算预备费动用方案；具体编制中央预算的调整方案；定期向国务院报告中央和地方预算的执行情况。

2. 地方各级政府财政部门的职权。

（1）县级以上地方各级政府编制本级预算、决算草案；向本级人民代表大会作关于本级总预算草案的报告；将下一级政府报送备案的预算汇总后报本级人民代表大会常务委员会备案；组织本级总预算的执行；决定本级预算预备费的动用；编制本级预算的调整方案；监督本级各部门和下级政府的预算执行；改变或者撤销本级各部门和下级政府关于预算、决算的不适当的决定、命令；向本级人民代表大会、本级人民代表大会常务委员会报告本级总预算的执行情况。乡、民族乡、镇政府编制本级预算、决算草案；向本级人民代表大会作关于本级预算草案的报告；组织本级预算的执行；决定本级预算预备费的动用；编制本级预算的调整方案；向本级人民代表大会报告本级预算的执行情况。

（2）地方各级政府财政部门具体编制本级预算、决算草案；具体组织本级总预算的执行；提出本级预算预备费动用方案；具体编制本级预算的调整方案；定期向本级政府和上一级政府财政部门报告本级总预算的执行情况。

（三）各部门、各单位的职权

1. 各部门的职权。各部门编制本部门预算、决算草案；组织和监督本部门预算的执行；定期向本级政府财政部门报告预算的执行情况。

2. 各单位的职权。各单位编制本单位预算、决算草案；按照国家规定上缴预算收入，安排预算支出，并接受国家有关部门的监督。

四、预算收入与预算支出

（一）预算收入

预算收入指在预算年度内通过一定的形式和程序，有计划地筹措到的归国家支配的资金，它是实现国家职能的财力保证。我国国家预算收入反映了各领域、部门、单位及劳动者为巩固人民民主政权和社会主义社会各项事业的蓬勃发展所相应承担的义务，为人民行使其权利和享受各种利益提供必要的物质条件。我国预算收入的基本形式包括：国家预算收入，包括各种税收收入、社会保险基金收入、非税收入、贷款转贷回收本金收入、债务收入、转移性收入等。

（二）预算支出

预算支出是在预算年度内，根据实现国家职能的需要，按照法定的形式和程序，通过财政分配手段，对筹集和取得的预算收入进行有计划的再分配。安排国家预算支出必需做到统筹兼顾、合理安排，正确处理积累和消费之间的比例关系，注重经济效益和社会效益等。按照支出功能分类可分为：一般公共服务、外交、国防、公共安全、教育、科学技术、文化体育与传媒、社会保障和就业、社会保险基金支出、医疗卫生、环境保护、城乡社区事务、农林水事务、交通运输、工业商业金融等事务、其他支出、转移性支出。

（三）政府收支分类

政府收支分类，就是按照一定的原则、方法对政府收入和支出项目进行类别和层次划分，以便客观、全面、准确地反映政府活动。政府收支分类是一项财政基础性工作，涉及许多管理层面和管理部门。它对科学合理地编制预算、组织预算执行，对政府宏观决策，人大和社会各界有效实施财政监督等，都具有十分重要的意义。改革后的政府收支分类体系由“收入分类”、“支出功能分类”、“支出经济分类”三部分构成。

1. 收入分类。主要反映政府收入的来源和性质，根据目前我国政府收入构成情况，结合国际通行的分类方法，按经济性质将政府收入分为类、款、项、目四级。其中，类、款两级科目设置情况如下：

（1）税收收入。分设 23 款：增值税、消费税、营业税、企业所得税、企业所得税退税、个人所得税、资源税、固定资产投资方向调节税、城市维护建设税、房产税、印花税、城镇土地使用税、土地增值税、车船使用和牌照税、船舶吨税、车辆购置税（费）、屠宰税、筵席税、关税、农业（烟叶）特产税、耕地占用税、契税、其他税收收入。

（2）社会保险基金收入。分设 6 款：基本养老保险基金收入、失业保险基金收入、基本医疗保险基金收入、工伤保险基金收入、生育保险基金收入、其他社会保险基金收入。

（3）非税收入。分设 8 款：政府性基金收入、专项收入、彩票公益金收入、行政事业性收费收入、罚没收入、国有资本经营收入、国有资源（资产）有偿使用收入、其他收入。

（4）贷款转贷回收本金收入。分设 4 款：国内贷款回收本金收入、国外贷款回收本金收入、国内转贷回收本金收入、国外转贷回收本金收入。

（5）债务收入。分设 2 款：国内债务收入、国外债务收入。

（6）转移性收入。分设 10 款：返还性收入、财力性转移支付收入、专项转移支付收入、基金预算转移收入、彩票公益金转移收入、社会保险基金补助收入、预算外转移收入、单位间转移收入、上年结余收入、调入资金。

2. 支出功能分类。主要反映政府活动的不同功能和政策目标，根据社会主义市场经济条件下政府职能活动情况及国际通行做法，将政府支出分为类、款、项三级。其中，类、款两级科目设置情况如下：

(1) 一般公共服务。分设33款：人大事务、政协事务、政府办公厅（室）及相关机构事务、发展与改革事务、统计信息事务、财政事务、税收事务、审计事务、海关事务、人事事务、纪检监察事务、人口与计划生育事务、商贸事务、知识产权事务、工商行政管理事务、食品和药品监督管理事务、质量技术监督与检验检疫事务、国土资源事务、海洋管理事务、测绘事务、地震事务、气象事务、民族事务、宗教事务、港澳台侨事务、档案事务、共产党事务、民主党派及工商联事务、群众团体事务、彩票发行事务、国债事务、债券投资、其他一般公共服务支出。

(2) 外交。分设8款：外交管理事务、驻外机构、对外援助、国际组织、对外合作与交流、对外宣传、边界勘界联检、其他外交支出。

(3) 国防。分设3款：现役部队及国防后备力量、国防动员、其他国防支出。

(4) 公共安全。分设10款：武装警察、公安、国家安全、检察、法院、司法、监狱、劳教、国家保密、其他公共安全支出。

(5) 教育。分设10款：教育管理事务、普通教育、职业教育、成人教育、广播电视教育、留学教育、特殊教育、教师进修及干部继续教育、教育附加及教育基金支出、其他教育支出。

(6) 科学技术。分设9款：科学技术管理事务、基础研究、应用研究、技术研究与开发、科技条件与服务、社会科学、科学技术普及、科技交流与合作、其他科学技术支出。

(7) 文化体育与传媒。分设6款：文化、文物、体育、广播影视、新闻出版、其他文化体育与传媒支出。

(8) 社会保障和就业。分设16款：社会保障和就业管理事务、民政管理事务、补充全国社会保障基金、行政事业单位离退休、企业关闭破产补助、就业补助、抚恤、退役安置、社会福利、残疾人事业、城市居民最低生活保障、其他城镇社会救济、农村社会救济、自然灾害生活救助、红十字事业、其他社会保障和就业支出。

(9) 社会保险基金支出。分设6款：基本养老保险基金支出、失业保险基金支出、基本医疗保险基金支出、工伤保险基金支出、生育保险基金支出、其他社会保险基金支出。

(10) 医疗卫生。分设10款：医疗卫生管理事务、医疗服务、社区卫生服务、医疗保障、疾病预防控制、卫生监督、妇幼保健、农村卫生、中医药、其他医疗卫生支出。

(11) 环境保护。分设10款：环境保护管理事务、环境监测与监察、污染防治、自然生态保护、天然林保护、退耕还林、风沙荒漠治理、退牧还草、已垦草原退耕还草、其他环境保护支出。

(12) 城乡社区事务。分设10款：城乡社区管理事务、城乡社区规划与管理、城乡社区公共设施、城乡社区住宅、城乡社区环境卫生、建设市场管理与监督、政府住房基金支出、土地有偿使用支出、城镇公用事业附加支出、其他城乡社区事务支出。

(13) 农林水事务。分设7款：农业、林业、水利、南水北调、扶贫、农业综合开发、其他农林水事务支出。

(14) 交通运输。分设4款：公路水路运输、铁路运输、民用航空运输、其他交通运输支出。

（15）工业商业金融等事务。分设16款：采掘业、制造业、建筑业、电力、信息产业、旅游业、涉外发展、粮油事务、商业流通事务、物资储备、金融业、烟草事务、安全生产、国有资产监管、中小企业事务、其他工业商业金融等事务支出。

（16）其他支出。分设3款：预备费、年初预留、其他支出。

（17）转移性支出。分设11款：返还性支出、财力性转移支付、专项转移支付、基金预算转移支付、彩票公益金转移支付、财政对社会保险基金的补助、预算外转移支出、预算单位间转移支出、补充还贷准备金、调出资金、年终结余。

3. 支出经济分类。支出经济分类主要反映政府支出的经济性质和具体用途。支出经济分类设类、款两级，科目设置情况如下：

（1）工资福利支出。分设11款：基本工资、津（补）贴、奖金、住房公积金、提租补贴、购房补贴、福利费、社会保障缴费、伙食费、伙食补助费、其他工资福利支出。

（2）商品和服务支出。分设29款：办公费、印刷费、咨询费、手续费、水费、电费、邮电费、取暖费、物业管理费、交通费、差旅费、出国费、维修（护）费、租赁费、会议费、培训费、招待费、专用材料费、装备购置费、工程建设费、作战费、军用油料费、军队其他运行维护费、被装购置费、专用燃料费、劳务费、委托业务费、工会经费、其他商品和服务支出。

（3）对个人和家庭的补助。分设11款：离休费、退休费、退职（役）费、抚恤金、生活补助、救济费、医疗费、助学金、奖励金、生产补贴、其他对个人和家庭的补助支出。

（4）对企事业单位的补贴。分设4款：企业政策性补贴、事业单位补贴、财政贴息、其他对企事业单位的补贴支出。

（5）转移性支出。分设4款：不同级政府间转移性支出、同级政府间转移性支出、不同级预算单位间转移性支出、同级预算单位间转移性支出。

（6）赠与。下设2款：对国内的赠与、对国外的赠与。

（7）债务利息支出。分设6款：国库券付息、向国家银行借款付息、其他国内借款付息、向国外政府借款付息、向国际组织借款付息、其他国外借款付息。

（8）债务还本支出。下设2款：国内债务还本、国外债务还本。

（9）基本建设支出。分设9款：房屋建筑物购建、办公设备购置、专用设备购置、交通工具购置、基础设施建设、大型修缮、信息网络购建、物资储备、其他基本建设支出。

（10）其他资本性支出。分设9款：房屋建筑物购建、办公设备购置、专用设备购置、交通工具购置、基础设施建设、大型修缮、信息网络购建、物资储备、其他资本性支出。

（11）贷款转贷及产权参股。分设7款：国内贷款、国外贷款、国内转贷、国外转贷、产权参股、债券投资、其他贷款转贷及产权参股支出。

（12）其他支出。分设5款：预备费、预留、补充全国社会保障基金、未划分的项目支出、其他支出。

五、预算组织程序

（一）预算的编制

1. 预算编制职责和程序。

（1）预算编制职责。

①财政部门和本级各部门、单位在本级部门预算编制过程中应认真履行各自的职责。

②财政部门统一管理本级部门预算编制工作，负责审核编制本级各部门、单位预算草案，批复本级部门预算，依法接受本级人民代表大会及其常委会审查监督。财政部门预算编制办公室具体负责本级部门预算布置、审核、汇总、批复等预算编制管理工作。

③本级各部门、各单位负责审核所属单位预算收支建议计划，汇总编制本部门年度预算收支建议计划，按照财政部门批复的预算及时下达所属预算单位的年度预算，依法接受本级人民代表大会及其常委会审查监督，接受本级财政部门及有关部门监督检查。本级各部门、单位统筹布置、审核、汇总、编制、上报本部门、单位预算。

（2）部门预算编制程序。本级财政部门于每年本级人民代表大会会议举行前30日内，提交本级部门预算草案和相关资料；于每年本级人民代表大会闭幕后30日内部署下一年度预算编制工作。具体编制程序：

①省级部门预算编制实行“三上三下”编制程序。

第一，“一上”阶段。部门上报预算基础信息和项目清理结果。各部门根据省财政厅下发的部门预算基础信息初始数据，更新省级部门预算基础信息，并将审核、汇总的部门预算基础信息报送省财政厅；清理本预算年度已批复的项目支出，并将清理结果报送省财政厅。

第二，“一下”阶段。省财政厅下达预算编报限额。省财政厅根据审核后的部门预算基础信息和预算供给政策编制各部门、单位基本支出预算，结合初步测算的省级财力，核定部门预算编报限额，下达各部门。同时，对部门报来的项目清理结果进行审核，确认部门实行滚动管理的持续项目和延续项目，作为各部门报送下一年度项目支出预算的基础。

第三，“二上”阶段。部门上报预算建议草案。各部门对省财政厅下达的基本支出预算进行核对并及时反馈意见。编制本部门组织收入预算。根据省财政厅下达的编报限额和滚动转入下年预算的持续项目和延续项目，编制项目支出预算。按省财政厅统一制定的部门预算草案文本格式，编制部门综合财政收支预算建议草案，并按规定的时间要求报送省财政厅。

第四，“二下”阶段。省财政厅下达部门预算控制数。省财政厅对部门上报的预算建议草案进行审核，结合省级财力等因素平衡后，确定部门预算控制数，下达各部门。

第五，“三上”阶段。部门反馈预算安排意见。各部门根据财政厅下达的预算控制数，对省财政厅初步确定的预算草案，认真核实收支项目，补充编制政府采购预算，修改部门预算草案文本，按时向省财政厅反馈意见。

第六，“三下”阶段。省财政厅正式批复部门预算。省财政厅对各部门反馈意见进行审核、汇总、平衡，形成省级部门预算草案报省政府审定。省人民代表大会批准省级预算草案后，省财政厅应当自省人民代表大会批准之日起30日内批复省级各部门预算，省直各部门应当自省财政厅批复本部门预算之日起15日内，批复所属各单位预算。

省财政厅和省直各部门、单位要按照部门预算编制程序和时间安排，按时完成预算编制、审核、汇总、上报工作，按照法定时间向省人民代表大会财政经济委员会报送省级部门预算草案。

②县级部门预算编制实行“两上两下”的程序。

第一，“一上”阶段。当年11月前，各预算单位根据预算编报通知，编制本单位预算草案，报主管部门审核汇总，形成部门预算“一上”草案，报县财政部门审核。

第二，“一下”阶段。当年11月前，财政部门根据单位上报的预算草案，对基础数据、预计的各项收入以及支出需求进行审核，综合平衡后，下达各部门预算控制数。

第三，“二上”阶段。当年12月前，各预算单位根据下达的预算控制数，相应调整本单位的收支预算，并报本级财政部门。

第四，“二下”阶段。财政部门对“二上”方案审核后，报县（市）政府审定。审核汇总后的本级政府预算草案经本级人代会审核批准后，30日内批复各部门预算。各部门在收到部门预算批复后，15日批复各所属单位的预算。

2. 预算编制原则。

（1）依法理财原则。部门预算的编制应符合《中华人民共和国预算法》等法律法规的规定，在法律赋予部门的职能范围内进行。

（2）公共财政原则。部门预算的编制应依据公共财政的基本职能，按照“一是吃饭；二要建设”的原则，优先保障基本支出；分清轻重缓急，量入为出，统筹安排项目支出。调整优化支出结构，加大对社会公共事业的投入。

（3）综合预算原则。部门预算编制实行全口径预算，预算内外资金、其他资金、政府性基金、社保基金及彩票资金等各项收支统一管理、统筹安排。

（4）公开透明原则。部门预算应按照预算供给政策公开、编制方法合理、编审程序规范、定额体系健全、支出内容细化的要求编制，实现预算资金分配的公开、透明。

（5）科学合理原则。部门预算编制应合理划分基本支出和项目支出，建立健全预算定额标准体系和预算项目库。基本支出预算按预算供给政策据实编制，项目支出预算实行项目评审论证和滚动管理，按轻重缓急排序编制。

3. 预算年度。财政年度又称预算年度。国家预算的有效起止期限，通常为1年。

4. 预算草案的编制依据。预算草案是指各级政府、各部门、各单位编制的未经法定程序审查和批准的预算收支计划。中央预算和地方各级政府预算，应当参考上一年预算执行情况和本年度收支预测进行编制。

（1）各级政府编制年度预算草案的依据：

①法律、法规。

②国民经济和社会发展计划、财政中长期计划以及有关的财政经济政策。

③本级政府的预算管理职权和财政管理体制确定的预算收支范围。

④上一年度预算执行情况和本年度预算收支变化因素。

⑤上级政府对编制本年度预算草案的指示和要求。

（2）各部门、各单位编制年度预算草案的依据：

①法律、法规。

②本级政府的指示和要求以及本级政府财政部门的部署。

③本部门、本单位的职责、任务和事业发展计划。

④本部门、本单位的定员定额标准。

⑤本部门、本单位上一年度预算执行情况和本年度预算收支变化因素。

5. 预算草案的编制内容。

（1）中央预算的编制内容：

①本级预算收入和支出。

②上一年度结余用于本年度安排的支出。

③返还或者补助地方的支出。

④地方上解的收入。

中央财政本年度举借的国内外债务和还本付息数额应当在本级预算中单独列示。

（2）地方各级政府预算的编制内容：

①本级预算收入和支出。

②上一年度结余用于本年度安排的支出。

③上级返还或者补助的收入。

④返还或者补助下级的支出。

⑤上解上级的支出。

⑥下级上解的收入。

（3）预算编制具体内容：

①部门收入预算的编制。部门收入是预算单位从不同来源取得收入的总称，是各部门切实履行其职能的财政保证。具体包括一般预算拨款收入、单位依法组织或委托征收的非税收入、社会保险基金收入和其他收入。部门的各类收入要按照不同来源分别编制预算，汇总后形成部门收入预算。

各部门要根据国家和有关收入政策规定，全面考虑影响预算年度收入的增减变化因素，参照往年收入完成情况，据实编制各种收入（不包括一般预算拨款收入）预算。收入预算要按照收入种类核定到项目。收入预算的编制要实事求是，严禁虚报瞒报。

第一，税收收入预算的编制。根据税源情况及预算年度影响预算收入各项因素变化情况，测算编制收入预算。编制税收收入预算要贯彻依法治税的原则，以实际税源预测为基础，按照分税制财政体制规定，分税种测算收入计划。

税收收入计划要与国民经济发展计划基本相适应，防止出现人为压低或虚增收入现象。

第二，非税收入和政府基金收入预算的编制。非税收入（包括一般预算内非税收入、财政预算外收入）和政府基金收入预算的编制。

各部门要根据国家有关政策规定，参照往年收入完成情况，据实测算各种收入建议计划。同时，根据有关政策审核部门上报的收入建议计划，确定各项收入计划。非税收入和基金收入计划的编制要坚持实事求是，防止虚报瞒报。

第三，部门其他收入预算的编制。参照历年收入完成情况，根据预算年度收入增减变动因素，据实测算。财政部门预算业务科室审核确定部门报送的其他收入建议计划。

财政部门要根据财政体制及本级收入计划情况，测算中央补助收入和本级财政上解收入，汇总编制本级总收入预算。

②部门支出预算编制。部门支出预算包括基本支出预算和项目支出预算。基本支出预算按照人员支出预算和定额公用支出预算。本级部门预算支出采用零基预算、标准定额预算、绩效预算等方法编制。零基预算是指各类支出预算打破“基数”制约，按照预算年度所有因素和事项的轻重缓急程度，重新测算确定。所有支出项目根据年度财力情况和有关政策、标准核定。政策到期项目和上年度安排的一次性项目要予以剔除，法律明确规定有增长要求的农业、教育、科技等项支出要依法核定。各项预算支出按照下列办法核定：

第一，人员支出预算编制。人员支出预算由财政部门按国家、省、市统一规定的人员工资、津贴补贴政策和预算供给政策据实核定到人。各部门、单位对财政部门编制的人员支出预算必须认真核实确认。

基本工资、津贴、奖金及离退休费等工资性项目，按国家规定的统一标准审核到每一个人。对部门自行出台的政策，财政不予承认。不属于财政供给范围的个人经费，财政不予负担。福利费、社会保险缴费、抚恤金、救济费、医疗费、住房公积金、助学金等个人性支出，根据国家有关政策，按部门工资项目的一定比例或相关因素审核编列到部门。

第二，定额公用支出预算编制。定额公用支出预算分别按公用经费综合定额和单项定额，由财政部门根据单位性质、人员编制、实有人数、办公条件、资产状况等基础信息，按照标准定额分类分项核定。各部门、单位对财政部门编制的定额公用支出预算必须认真核实确认。

部门专项公用经费预算的编制。专项公用经费实行项目预算管理，根据往年情况、部门需要和财力可能，按规定的格式和要求据实编报，财政部门审核安排。

第三，项目支出预算编制。项目支出预算实行评审论证制度和绩效考评制度，采取项目库管理方式，按照统筹兼顾，保证重点，优化结构，讲究效益的原则，一年一定，滚动编制。

项目支出预算的评审论证制度，要遵循绩效原则，建立科学、规范、民主、透明的论证和决策机制。各部门、单位要建立部门、单位项目库，财政部门要建立财政项目库，项目库实行开放、滚动式管理。各部门、各单位项目按规定程序论证审核后，纳入部门项目库，财政部门将审核符合条件的，纳入财政项目库。

财政部门按照国家有关法律法规和本级党委、政府确定的工作重点，结合部门工作任务、事业发展目标和年度财力状况，从财政项目库中择优选取项目，安排本级年度项目支出预算。

第四，部门其他支出预算的编制。按照综合预算办法，根据部门其他收入情况及支出预算需要编制。

③政府采购预算的编制。本级各部门、单位对拟在预算年度使用财政性资金采购符合政府采购目录和限额标准的货物、工程和服务的支出项目，都要编制政府采购预算。

④政府性基金、社保基金、彩票资金支出预算的编制。基金支出预算按照国家规定的用途、支出功能分类科目，编制到“项”级功能科目和具体支出项目，并按照支出经济分类的要求，细化具体经济内容，其中社会保险基金收支预算由财政部门统一编制。

⑤功能预算的编制。部门预算草案文本对部门基本概况、一般预算收支总体情况、政府性基金（含社会保险基金和彩票资金）收支总体情况分别列示。各部门、单位要重点说明项目支出预算的安排情况。

财政部门根据财政体制，编制市财政对中央财政的上解支出和对市财政的补助支出预算，汇总编制本级总支出预算。本级预算要收支平衡，不列赤字。

（二）预算的审批

1. 国务院在全国人民代表大会举行会议时，向大会作关于中央和地方预算草案的报告；地方各级政府在本级人民代表大会举行会议时，向大会作关于本级总预算草案的报告。

2. 中央预算由全国人民代表大会审查和批准；地方各级政府预算由本级人民代表大会审查和批准。

3. 乡、民族乡、镇政府应当及时将经本级人民代表大会批准的本级预算报上一级政府备案。县级以上地方各级政府应当及时将经本级人民代表大会批准的本级预算及下一级政府报送备案的预算汇总，报上一级政府备案。

县级以上地方各级政府将下一级政府依照前款规定报送备案的预算汇总后，报本级人民代表大会常务委员会备案。国务院将省、自治区、直辖市政府依照前款规定报送备案的预算汇总后，报全国人民代表大会常务委员会备案。

4. 国务院和县级以上地方各级政府对下一级政府依照上述规定报送备案的预算，认为有同法律、行政法规相抵触或者有其他不适当之处，需要撤销批准预算的决议的，应当提请本级人民代表大会常务委员会审议决定。

5. 各级政府预算经本级人民代表大会批准后，本级政府财政部门应当及时向本级各部门批复预算。各部门应当及时向所属各单位批复预算。

（三）预算的执行

各级预算由本级政府组织执行，具体工作由本级政府财政部门负责。预算年度开始后，各级政府预算草案在本级人民代表大会批准前，本级政府可以先按照上一年同期的预算支出数额安排支出；预算经本级人民代表大会批准后，按照批准的预算执行。

1. 政府财政部门负责预算执行的具体工作，主要任务是：

（1）研究落实财政税收政策的措施，支持经济和社会的健康发展。

（2）制定组织预算收入和管理预算支出的制度和办法。

（3）督促各预算收入征收部门、各预算缴款单位完成预算收入任务。

（4）根据年度支出预算和季度用款计划，合理调度、拨付预算资金，监督检查各部门、各单位管好用好预算资金，节减开支，提高效率。

（5）指导和监督各部门、各单位建立健全财务制度和会计核算体系，按照规定使用预算资金。

（6）编报、汇总分期的预算收支执行数字，分析预算收支执行情况，定期向本级政府和上一级政府财政部门报告预算执行情况，并提出增收节支的建议。

（7）协调预算收入征收部门、国库和其他有关部门的业务工作。

2. 预算收入的执行。

（1）预算收入征收部门，必须依照法律、行政法规的规定，及时、足额征收应征的预算收入。不得违反法律、行政法规规定，擅自减征、免征或者缓征应征的预算收入，不得截留、占用或者挪用预算收入。

各级财政、税务、海关等预算收入征收部门，必须依照有关法律、行政法规和财政部的有关规定，积极组织预算收入，按照财政管理体制的规定及时将预算收入缴入中央国库和地方国库；未经财政部批准，不得将预算收入存入在国库外设立的过渡性账户。各项预算收入的减征、免征或者缓征，必须按照有关法律、行政法规和财政部的有关规定办理。任何单位和个人不得擅自决定减征、免征、缓征应征的预算收入。

（2）有预算收入上缴任务的部门和单位，必须依照法律、行政法规和国务院财政部门的规定，将应当上缴的预算资金及时、足额地上缴国家金库，不得截留、占用、挪用或者拖欠。

（3）国务院各部门制定的规章，凡涉及减免应缴预算收入，设立和改变收费项目，罚没财物处理，企业成本、费用开支标准和范围，国有资产处置、收益分配，会计核算以及行政事业经费开支标准的，必须符合国家统一的规定。

（4）地方政府依据法定权限制定的规章和规定的行政措施，不得涉及减免中央预算收入、中央和地方预算共享收入，不得影响中央预算收入、中央和地方预算共享收入的征收；违反规定的，有关预算收入征收部门有权拒绝执行，并应当向上级预算收入征收部门和财政部报告。

3. 预算支出的执行。政府财政部门必须依照法律、行政法规和国务院财政部门的规定，及时、足额地拨付预算支出资金，加强对预算支出的管理和监督。各级政府、各部门、各单位的支出必须按照预算执行。

（1）预算拨款应遵循的原则。政府财政部门应当加强对预算拨款的管理，并遵循下列原则：

①按照预算拨款，即按照批准的年度预算和用款计划拨款，不得办理无预算、无用款计划、超预算、超计划的拨款，不得擅自改变支出用途。

②按照规定的预算级次和程序拨款，即根据用款单位的申请，按照用款单位的预算级次和审定的用款计划，按期核拨，不得越级办理预算拨款。

③按照进度拨款，即根据各用款单位的实际用款进度和国库库款情况拨付资金。

（2）预算支出的管理。政府、各部门、各单位应当加强对预算支出的管理，严格执行预算和财政制度，不得擅自扩大支出范围、提高开支标准；严格按照预算规定的支出用途使用资金；建立健全财务制度和会计核算体系，按照标准考核、监督，提高资金使用效益。

4. 国库管理要求。国库是办理预算收入的收纳、划分、留解和库款支拨的专门机构。国库分为中央国库和地方国库。中央国库业务由中国人民银行经理。未设中国人民银行分支机构的地区，由中国人民银行商财政部后，委托有关银行办理。地方国库业务由中国人民银行分支机构经理。未设中国人民银行分支机构的地区，由上级中国人民银行分支机构商有关的地方政府财政部门后，委托有关银行办理。具备条件的乡、民族乡、镇，应当设立国库。具体条件和标准由省、自治区、直辖市政府财政部门确定。

（1）中央国库业务应当接受财政部的指导和监督，对中央财政负责。地方国库业务应当接受本级政府财政部门的指导和监督，对地方财政负责。省、自治区、直辖市制定的地方国库业务规程应当报财政部和中国人民银行备案。

（2）各级国库应当依照有关法律、行政法规和财政部、中国人民银行的有关规定，加强对国库业务的管理，及时准确地办理预算收入的收纳、划分、留解和预算支出的拨付。各级国库和有关银行必须遵守国家有关预算收入缴库的规定，不得延解、占压应当缴入国库的预算收入和国库库款。

（3）各级国库必须凭本级政府财政部门签发的拨款凭证于当日办理库款拨付，并将款项及时转入用款单位的存款账户。

各级国库和有关银行不得占压财政部门拨付的预算资金。

5. 预算执行监督检查。政府财政部门有权对本级各部门及其所属各单位的预算执行进行监督检查，对各部门预算收支的情况和效果进行考核。

政府财政部门有权对本级各预算收入征收部门征收预算收入的情况进行监督检查，对擅自减征、免征、缓征及退还预算收入的，责令改正。

（四）预算的调整

预算调整是指经全国人民代表大会批准的中央预算和经地方各级人民代表大会批准的本级预算，在执行中因特殊情况需要增加支出或者减少收入，使原批准的收支平衡的预算的总支出超过总收入，或者使原批准的预算中举借债务的数额增加的部分变更。

1. 各级政府对于必须进行的预算调整，应当编制预算调整方案。中央预算的调整方案必须提请全国人民代表大会常务委员会审查和批准。县级以上地方各级政府预算的调整方案必须提请本级人民代表大会常务委员会审查和批准；乡、民族乡、镇政府预算的调整方案必须提请本级人民代表大会审查和批准。未经批准，不得调整预算。

2. 未经批准调整预算，各级政府不得作出任何使原批准的收支平衡的预算的总支出超过总收入或者使原批准的预算中举借债务的数额增加的决定。

对违反规定作出的决定，本级人民代表大会、本级人民代表大会常务委员会或者上级政府应当责令其改变或者撤销。

3. 在预算执行中，因上级政府返还或者给予补助而引起的预算收支变化，不属于预算调整。接受返还或者补助款项的县级以上地方各级政府应当向本级人民代表大会常务委员会报告有关情况；接受返还或者补助款项的乡、民族乡、镇政府应当向本级人民代表大会报告有关情况。

接受上级返还或者补助的地方政府，应当按照上级政府规定的用途使用款项，不得擅自改变用途。政府有关部门以本级预算安排的资金拨付给下级政府有关部门的专款，必须经本级政府财政部门同意并办理预算划转手续。

4. 各部门、各单位的预算支出应当按照预算科目执行。不同预算科目间的预算资金需要调剂使用的，必须按照国务院财政部门的规定报经批准。同时必须按照本级政府财政部门批复的预算科目和数额执行，不得挪用；确需作出调整的，必须经本级政府财政部门同意。

5. 地方各级政府预算的调整方案经批准后，由本级政府报上一级政府备案。

六、决算

（一）决算概念

决算是指按照法定程序编制的，用以反映预算执行结果的会计报告。决算反映预算收支的最终结果，是政府的经济活动在财政上的集中体现，是整个预算程序的总结和终结。财政决算是预算管理的最终环节，是经法定程序批准的年度预算执行情况及结果总结性的书面文件。尚未经法定程序批准的称决算草案，决算草案由各级政府、各部门、各单位，在每一预算年度终了后按照国务院规定的时间编制。

我国决算分为中央决算和地方各级政府决算。每一个预算年度终了后，各级人民政府、各部门、各单位都要编制决算草案。政府各部门所属的行政、企业事业单位，按其主管部门部署编制本单位决算草案；各部门在审核汇总所属各单位决算草案基础上，连同部门本身的决算收支数字，汇编成本部门决算草案；县级以上各级财政部门作为各级财政决算的编制本级政府决算草案；财政部根据审定后的中央部门的决算草案汇总编制中央决算草案。按照《中华人民共和国预算法》的规定，各级财政部门不再汇编包括本级政府决算和下一级政府决算在内的汇总决算草案，但是经过权力机关批准了本级决算必须报上一级政府备案。参加组织预算执行、经办预算资金收纳和拨款的机构，也要及时编制年报或决算，这些年报或决算都是各级财政决算的组成部分。

（二）财政决算的编制

为了保障决算的质量和编制工作的顺利进行，财政部在每个预算年度终了前（一般在第四季度），根据当年的财政方针政策，财政、财务制度和编制决算的原则以及需要结算的事项等，制定决算的编制办法，制发统一的决算表格。

县级以上地方政府财政部门根据财政部的部署，编制本级政府各部门和下级政府决算草案的原则、要求、方法和报送期限，制发本级政府各部门决算、下级政府决算及其他有关决算的报表格式。

地方政府财政部门根据上级政府财政部门的部署，制定本行政区域决算草案和本级各部门决算草案的具体编制办法。

各部门根据本级政府财政部门的部署，制定所属各单位决算草案的具体编制办法。

1. 制定决算编审办法。主要是拟定下达本年度财政决算编审办法，其内容一般要包括以下几个方面：

（1）抓紧年前增收节支和做好平衡预算工作，预防年终突击花钱，虚列支出，不按制度规定预退、预提财政收入，压低财政收入基数或对应收的财政收入，年内不入库、留到下年征收等问题。

（2）提出组织年终清理和年度对账工作的要求，即财政总会计上下级之间、与单位预算会计之间、与国库之间的年度预算、追加追减、补助、上解、暂存、暂付等往来款项，以及国库的预算收入划分报解等数字，必须核对清楚，并清理历年的借款，办理必要的手续。

（3）根据年度预算执行的具体情况，提出包括对企业、基本建设、事业行政单位和基层财政的财务决算审查重点和对决算问题的处理原则。

（4）提出决算编审工作的组织领导要求，即各级财政、财务主管部门要在当地政府和本部门的统一领导下，加强决算的组织领导，及时督促检查。

（5）提出当年决算编审工作一些具体问题的处理原则，如除正常的财政体制结算外，还要对各年预算执行的特殊事项，作出具体规定。

（6）规定决算报表报送的期限和份数，以便各级财政机关按时逐级汇总上报。

2. 制发统一的决算表格。为便于全国统一汇总，财政部根据国家预算管理的要求和总预算会计制度的基本精神，对国家决算报表的种类、格式、内容和填报口径作出统一的规定。财政决算表格按适用范围分为财政总决算表格和单位决算表格两种。其中，财政总决算表格反映财政预算收支情况和资金活动情况，预算单位决算表格反映各个事业行政单位执行年度经费支出预算的情况、各项定员定额和事业成果的执行情况以及单位资金活动情况和结果。财政决算表格按反映的内容可分为财政收支决算表、预算收支调整表、财政决算年终资金活动情况表、支出结余结转下年使用情况表以及其他各种分析成果表等。现行财政总预算会计制度要求的财政决算报表有 14 种。

（三）基层决算编制

国家决算采用层层汇编的办法先由执行预算的基层单位决算编起，由各级财政部门汇编成本级决算。

1. 单位决算的编制。单位决算表分资金活动表、支出明细表和基本数字表。数字主要有：

（1）预算数字，用于考核单位预算执行情况和事业执行情况。

（2）会计数字，反映单位预算执行结果的决算数。

（3）基本数字，反映事业行政单位的机构数、人员数以及事业规模数。基层单位决算草案编成后，按规定程序报上级单位。上级单位对其审核后，汇入本单位决算报上级主管部门。主管部门对其审核后，连同本身的决算汇编成本部门决算草案，并附有详细说明，定期限报同级财政部门。

2. 财政总决算的编制。财政总决算由基层乡（镇）财政机关开始编制，逐级汇总。县（市）财政决算分为乡（镇）级和县（市）两部分，两部分数字汇总后，即编制成县（市）财政总决算。如此层层逐级汇总，形成国家总决算。各级财政总决算各表的数字主要有：

（1）预算数，包括“当年预算数”和“调整预算数”，其中“调整预算数”在当年预算数的基础上调整上级财政专项下达的收支追加追减指标：上年结转使用数、动用地方财政结余、动支预备费和科目调剂等自行安排的全年预算数。

（2）决算数，各级财政总决算编制的本级决算收入数。

3. 财政总决算各表编成后，还要根据财政决算收支数字，结合税收年报、各种财务决算、国民经济和社会发展计划完成情况以及平时掌握的有关材料，编写财政决算说明书，形成财政决算。财政决算说明书一般应包括以下内容：

（1）收入方面，结合年度预算安排和国民经济计划完成情况，分析重点企业、行业成本费用水平、资金运用和经济效益等情况；分析工资、物价调整国家重大经济措施出台后对预算收入的影响等。

（2）支出方面，结合各项事业计划、基本建设计划完成情况，各项定员定额执行情况，分析各项主要支出的结余或超支的主要原因，分析一年来预算资金投入的主要方向和事业成果及其存在问题。

（3）结余方面，分析全年总预算收支结余情况，各项专款结余和需要结转下年使用的资金占滚存结余的比重，分析下级财政结余和本级财政结余的增减变化情况以及决算收支平衡中存在的主要问题以及其他需要说明的问题、意见和建议等。

（四）财政决算的审查

为保证国家决算的质量，对决算报表的各个环节都必须加强审查。决算审查工作与决算报表汇编工作通常是交叉进行的。审查的方法有书面审查、就地审查和派人到上级机关汇报审查三种，其中书面审查是最主要的审查方法。审查的形式有单位自查、联审互查和上级重点审查三种。审查的内容有政策性审查和技术性审查两方面。其中，政策性审查主要有对各单位和各级财政机关贯彻执行国家各项方针政策、财政制度、财经纪律情况等方面进行审查；技术性审查则主要对决算报表的数字关系和完整性方面进行审查，并重点审查以下五个方面的问题：

1. 预算收入方面的审查。

（1）属于本年的预算收入是否按照国家政策、预算管理体制和有关缴款办法，及时足额地缴入各级国库，编入当年决算；是否存在截留挪用国库收入、预算内外渠道是否划分清楚，有无将预算收入转为预算外收入的现象。

（2）各级总预算之间的分成收入划分是否正确，应上解上级的收入和国家收入之间有无混淆情况，固定比例与收入交库比例是否正确等。

(3) 收入退库是否符合国家规定范围，财政机关自办退库是否有上级批文，应当退库的收入是否已核定退库，有无应退未退或预退、预提等情况。

(4) 年终决算收入数是否与12月份预算会计报表中全年累计数相符等等。

2. 预算支出方面的审查。

(1) 列入本年决算支出是否符合规定的年度，有无将本年预拨下年度经费列入本年决算支出的现象。

(2) 总决算支出是否按规定的列报口径列报。

(3) 预算内外资金渠道产否划分清楚，有无将应列预算外的支出挤入预算内报销的问题。

(4) 预算支出数是否编列齐全，有无漏报现象。

(5) 年终决算支出数与12月份会计报表所列全年累计支出数是否相符。

3. 预算结余方面的审查。

(1) 结转下年继续使用的资金是否符合规定，结转项目是否符合“决算编审办法”规定的范围。

(2) 审查决算结余或赤字的真实性，有无假赤字真平衡真赤字的现象。

4. 数字关系方面的审查。

(1) 决算报表之间的有关数字是否一致。

(2) 上下年度有关数字是否一致。

(3) 上下级财政总决算之间、财政总决算与单位决算之间有关上解、补助、暂收、暂付往来和拨款项目数字是否一致。

(4) 财政总决算报表的有关数字与其他有关部门的财务决算、税收年报和国库年报等有关数字是否一致。

5. 其他有关方面的审查。

(1) 按规定编报的各种决算报表是否填报齐全，有无缺损、漏报，有内容无数字的报表应将空白表附上。

(2) 上报的决算各栏的栏次、科目、项目填列是否正确、完整、计算口径是否符合规定。

(3) 有无决算说明书，编写决算说明书是否符合要求。

(4) 决算是否经过法定程序审核签章，报送时间是否超过规定期限等。

(五) 编制上报

财政总决算编成后，经同级人民政府审定盖章后报上级财政机关，逐级上报到财政部；财政部再连同中央级总决算一并汇编成国家决算草案，报国务院审定。

财政部汇编中央决算草案报国务院审定，国务院提请全国人民代表大会审查批准。这一工作通常是与下一年度的预算草案审批同时进行的。如果在召开全国人民代表大会时，正式的中央决算草案尚未编成，可先提交年度预算执行情况的报告，待决算草案编成后，再提交全国人民代表大会常务委员会审批。国家预算批准后，国务院根据全国人民代表大会或常务委员会决议，批复中央各部门决算。地方各级政府决算由地方财政部门报送同级人民政府审定后，提请同级人民代表大会审查批准。

各级政府决算经批准后，财政部门应当向本级各部门批复决算。

七、预决算的监督

（一）监督范围

1. 全国人民代表大会及其常务委员会对中央和地方预算、决算进行监督。

2. 县级以上地方各级人民代表大会及其常务委员会对本级和下级政府预算、决算进行监督。

3. 乡、民族乡、镇人民代表大会对本级预算、决算进行监督。

（二）监督权限

1. 各级人民代表大会和县级以上各级人民代表大会常务委员会有权就预算、决算中的重大事项或者特定问题组织调查，有关的政府、部门、单位和个人应当如实反映情况和提供必要的材料。

2. 各级人民代表大会和县级以上各级人民代表大会常务委员会举行会议时，人民代表大会代表或者常务委员会组成人员，依照法律规定程序就预算、决算中的有关问题提出询问或者质询，受询问或者受质询的有关的政府或者财政部门必须及时给予答复。

3. 各级政府应当在每一预算年度内至少两次向本级人民代表大会或者其常务委员会作预算执行情况的报告。

4. 各级政府监督下级政府的预算执行；下级政府应当定期向上一级政府报告预算执行情况。

5. 各级政府财政部门负责监督检查本级各部门及其所属各单位预算的执行；并向本级政府和上一级政府财政部门报告预算执行情况。

6. 各级政府审计部门对本级各部门、各单位和下级政府的预算执行、决算实行审计监督。

（三）监督要求

1. 县级以上各级政府应当接受本级人民代表大会及其常务委员会对预算执行情况和决算的监督，乡级人民政府应当接受本级人民代表大会对预算执行情况和决算的监督；按照本级人民代表大会或其常务委员会的要求，报告预算执行情况；认真研究处理本级人民代表大会代表或者常务委员会组成人员有关改进预算管理的建议、批评和意见，并及时答复。

2. 各级政府应当加强对下级政府预算执行的监督，对下级政府在预算执行中违反法律、行政法规和国家方针政策的行为，依法予以制止和纠正；对本级预算执行中出现的问题，及时采取处理措施。

下级政府应当接受上级政府对预算执行的监督；根据上级政府的要求，及时提供资料，如实反映情况，不得隐瞒、虚报；严格执行上级政府作出的有关决定，并将执行结果及时上报。

3. 各部门及其所属各单位应当接受本级财政部门有关预算的监督检查；按照本级财政部门的要求，如实提供有关预算资料；执行本级财政部门提出的检查意见。

4. 各级审计机关应当依照《中华人民共和国审计法》以及有关法律、行政法规的规定，对本级预算执行情况，对本级各部门和下级政府预算的执行情况和决算，进行审计监督。

第二节　政府采购法律制度

一、政府采购法律制度的构成

政府采购法律制度是一个完整的体系，即除了政府采购基本法外，还应有与之相配套的招标投标法、合同法、产品质量法、反不正当竞争法、有关政府采购的部门规章、地方性法规及地方政府规章等。

（一）政府采购法

政府采购法是政府采购法律制度中最重要的内容，是政府采购的最主要依据。具体内容应包括：总则、采购方式及程序、监督、履约、纠纷的解决、法律责任和附则等内容。总则部分应明确规定本法的宗旨、适用范围、政府采购的基本原则、政府采购的主要管理部门及其职责。采购方式及程序部分应规定采购的主要方式、其他方式及其程序。主要方式应采取招标投标方式，因为这种方式能够充分体现公开、公平、公正原则，招标投标是一种有组织的、公开的、规范的竞争。监督部分应规定质疑和投诉，主要内容是作为公众、检察、监督机构有权对采购项目、合同条件、投标人资格、评标标准、采购从业人员资格、采购管理和经办人员行为规范等提出质疑和投诉，以充分体现公开原则，节约财政资金。履约部分主要规定采购人员代表政府和投标人订立合同后，签约双方应如何履行合同，履行的原则、规则等。纠纷的解决主要是规定在履约过程中发生纠纷后，是诉讼还是仲裁解决，或是采取一般合同纠纷的解决方式——或裁或审。法律责任部分既应包括招标投标中的法律责任，又应该包括履约过程中的法律责任；既应规定招标方的责任，又应规定投标方的责任；既应规定单位的责任，又应规定直接责任人员和负直接责任的主管人员的责任。

招标投标是政府采购中最富有竞争的一种采购方式，能给采购者带来价格低、质量高的工程、货物和服务，有利于节约国有资金，提高采购质量。《中华人民共和国招标投标法》（以下简称《招标投标法》）已于2000年1月1日起实施，这部法律是我国第一部关于政府采购方面的专门法律，特别是从事政府采购的主要方式有了法律依据，是政府采购法律体系中不可缺少的配套法律。

合同是政府采购的法律形式，合同法也就成为政府采购法律体系中非常重要的组成部分。但是政府采购的订立过程与一般合同的订立过程不同，它不像一般合同那样完全是双方当事人自由意思的表示，而是一个完全公开的过程，受公众及有关部门监督检察的过程，也是一个招标投标的竞争过程。因此，《中华人民共和国合同法》（以下简称《合同法》）作为政府采购法律体系的组成部分，应是政府采购基本法的补充，当政府采购基本法没有规定时，适用合同法的规定。

产品质量是政府采购质量的重要标志。被采购产品质量过硬，被采购服务优质上乘，被采购方信誉可靠，才能实现政府采购的经济、高效目标，才能达到节约财政开支，合理利用财政资金的目的。因此，产品质量法也应是政府采购法律体系的一个重要组成部分。

反不正当竞争法中有关“政府及其所属部门不得滥用行政权力，限定他人购买其指定的经管者的商品”，“经营者不得采用财物或其他手段进行贿赂以销售或购买商品”等规定，其目的是为了鼓励竞争，制止不正当竞争。而政府采购的目的就是通过政府采购促进正当竞争，制止不正当竞争。因此，反不正当竞争法也是政府采购法律体系的重要组成部分。

（二）政府采购部门规章

部门规章，是指国务院各部、各委员会、中国人民银行、审计署和具有行政管理职能的直属机构，根据法律和国务院的行政法规、决定、命令，在本部门的职权范围内依照《规章制定程序条例》制定的规章。

（三）政府采购地方性法规和政府规章

地方性法规是由省级和较大的市的人大及其常委会根据本行政区域具体情况和实际需要，在不同宪法、法律和行政法规相抵触的前提下制定的。而有权制定和变动地方政府规章的主体，是省、自治区、直辖市、较大的市（省、自治区政府所在地的市、经济特区政府所在地的市和经国务院批准的较大的市）的人民政府。

地方政府规章，是指省、自治区、直辖市和较大的市的人民政府根据法律、行政法规和本省、自治区、直辖市的地方性法规，依照《规章制定程序条例》制定的规章。

二、政府采购的概念

政府采购是指各级国家机关、事业单位和团体组织，使用财政性资金采购依法制定的集中采购目录以内的或者采购限额标准以上的货物、工程和服务的行为。

采购是指以合同方式有偿取得货物、工程和服务的行为，包括购买、租赁、委托、雇用等。货物是指各种形态和种类的物品，包括原材料、燃料、设备、产品等。工程是指建设工程，包括建筑物和构筑物的新建、改建、扩建、装修、拆除、修缮等。服务是指除货物和工程以外的其他政府采购对象。实施政府采购，意义重大，从微观方面看，一是降低了采购成本，节约了采购资金，提高财政资金的使用效率；二是规范了具体单个采购人的行为，强化了支出管理。从宏观方面看，政府可以通过政府采购政策的目的性和导向性，实现对社会生产和消费的宏观调控和示范作用。从社会方面看，一是加强系统的廉政建设；二是促进社会的持续发展；三是推动并实现政府消费行为市场化。

（一）政府采购的主体范围

政府采购主体包括采购机关和供应商。采购机关分为集中采购机关和非集中采购机关。集中采购机关是指负责政府集中采购事务的机构，如政府采购中心；非集中采购机关是指负责执行达不到集中采购标准的其他事物的机构，如单位或系统内分散采购机构。

（二）政府采购的资金范围

国家机关、事业单位和社会团体使用财政性资金购买货物、服务和工程的活动，都应当实行政府采购制度。

财政性资金包括财政预算资金和预算外资金。财政预算资金是指国家财政以各种形式划拨的资金；预算外资金是指单位通过各种行政事业性收费、政府采购性基金、政府间捐赠资金等获得的收入，不包括单位各种其他事业收入。但既有财政性资金又有部门其他资金的配套采购项目，或者有财政拨款或财政补助收入的事业单位和社会团体，也要实行政府采购制度。

（三）政府集中采购目录和政府采购限额标准

1. 部门集中采购项目。项目原则上应当实行部门集中采购。部门集中采购由部门自行组织，可以委托集中采购机构采购，也可以委托社会采购代理机构采购，其中涉及集中采购机构采购的项目，必须委托集中采购机构组织采购。

（1）货物类。救灾物资、防汛物资、抗旱物资、农用物资、储备物资、医疗设备和器械、计划生育设备、交通管理监控设备、港口设备、农用机械设备、气象专用仪器设备、人工影响天气作业设备、测绘专业仪器设备、消防设备、警用设备和用品、专用教学设备、广播电视和影像设备及专业摄影器材、文艺设备、体育设备、海关专用物资设备、税务专用物资装备、边界勘界和联检专用设备、质检专用仪器设备、金融系统专用设备及有价单证和凭证、救助船舶和直升机、执法船艇、检察诉讼设备、法庭内部装备、特种车辆（指事先在车内装有固定专用仪器设备，从事监测、消防、医疗、电视转播、雷达等专业工作的车辆）、缉私船、地震专用仪器设备、水利专用仪器设备（水保、水文专用仪器设备）。

（2）工程类。部门确定的本系统单位公用房建设及修缮和装修工程。

（3）服务类。本部门或本系统信息管理系统开发及维护项目，部门确定的其他有特殊要求的专用服务项目。

2. 分散采购限额标准。除集中采购机构采购项目和部门集中采购项目外，各部门自行采购单项或批量达到50万元以上的货物和服务的项目、60万元以上的工程项目应执行《中华人民共和国政府采购法》（以下简称《政府采购法》）和《招标投标法》有关规定。

3. 政府采购货物和服务公开招标数额标准。政府采购货物或服务的项目，单项或批量采购金额一次性达到120万元以上的，必须采用公开招标方式。政府采购工程公开招标数额标准按照国务院有关规定执行，200万元以上的工程项目应采用公开招标方式。

（四）政府采购的对象范围

政府采购的对象有货物、工程和服务三大类。货物是指各种形态和种类的物品，包括原材料、燃料、设备、产品等。工程是指建设工程，包括建筑物和构筑物的新建、改建、装修、拆除、修缮等。服务是指除货物和工程以外的其他政府采购对象。

三、政府采购的原则

（一）公开透明原则

政府采购要公开发布采购信息，公开开标，公开中标结果，使供应商获得同等的信息。为了保证信息的公开，《政府采购法》第十一条规定，政府采购的信息应当在政府采购监督管理部门指定的媒体上及时向社会公开发布。第六十三条还规定，政府采购项目的采购标准应当公开。采购人在采购活动完成后，应当将采购结果予以公布。

（二）公平竞争原则

公平竞争要求在竞争的前提下公平地开展政府采购活动，首先是要将竞争机制引入采购活动中，使政府采购物有所值；其次是竞争必须公平，不能设置不正当的条件妨碍充分竞争。所以，政府采购法规定政府采购以公开招标为主要方式。

（三）公正原则

平等对待供应商，使其享有同等的权利并履行相应的义务，不歧视任何一方。采购人不得以不合理的条件对供应商实行差别待遇或者歧视待遇。评标时按事先公布的标准对待所有的供应商。

（四）诚实信用原则

这是民商法的一般原则，是市场经济的基本要求，政府采购引入市场竞争机制，供应商在竞争过程中应当诚实信用。

四、政府采购的功能

建设资源节约型、环境友好型社会，促进自主创新产品发展，是国家发展的重要目标，是贯彻落实科学发展观，构建社会主义和谐社会的重大举措，是推进经济结构调整，转变增长方式，确保国家经济可持续发展的必然要求。政府采购作为一种财政政策工具，是支持节能、环保和自主创新产业的有效手段。强化政府采购的政策功能作用，是建立科学政府采购制度的客观要求。

（一）节约财政支出，提高采购资金的使用效益

在市场化导向中提高财政资金的使用效益。招标投标是一种面向市场、鼓励竞争的运作方式。可以把市场范围设定为宽广的国内统一市场甚至国际市场。通过来自多方面的生产者的公平而充分的竞争，使政府取得价廉、物美、质高的商品与劳务供给。政府的消费品从性质上说归属于公共产品范畴，或者是为形成公共产品而所需的投入。但公共产品的生产并不一定完全由政府部门、国有企业进行。市场经济国家公共产品的一个可观的份额，往往来自私人部门的生产，而政府招标可成为一座很好的桥梁，把私人部门或非政府部门的产出置换为公共产品，同时也对公共产品的供给或投入，注入了健康的竞争因素，促成那些最具竞争力的厂家对政府“薄利多销”，从而降低政府行政成本，提高财政资金使用效益。我国过去没有实行统一的政府采购，而是把资金完全拨付到各个预算单位手中，分散采购。今后如果能转为市场经济的通行做法，开展公开、统一、规范的政府采购，则一方面可以起到培育、规范统一市场的作用；另一方面可以挖掘巨大的资金效益潜力，从而“少花钱多办事”。这也将是缓解财政困难和压力的有效途径之一。

（二）强化宏观调控

我国政府采购是顺应市场经济、为构建公共财政体系而实施的一种制度，它是公共财政的一个重要组成部分。政府采购在现代经济条件下，已不仅仅是一种简单的商品交易关系，更兼具政策导向和宏观调控功能。政府作为一个国家最大的消费者，其政府采购额一般占国内生产总值的10%。由此可见，政府采购政策不仅影响供应商等生产和经销企业的生产和经营效益，而且影响整个国民经济的宏观运行，通过政府采购宏观调控功能作用的发挥，一方面在经济过热时，政府可以减少采购规模，实行紧缩性的财政政策；另一方面在内需不足时，政府可以通过增加采购规模，刺激萧条的经济。即通过增加或减少采购数量，来刺激或抑制市场需求，从而调节经济总量的平衡。

因此，政府采购作为公共财政和社会总需求的重要组成部分，不仅在正常的经济生活中，对加强宏观调控、刺激市场需求发挥着重大功能，而且在全球金融危机形势下，对拉动内需、调节经济总量的平衡，同样发挥着其他手段和措施所不可比拟的特殊作用。

（三）活跃市场经济

政府采购是政府与供应商之间进行的交易。由于政府是市场中的最大消费者，而且政府采购遵循公开、公平、公正的原则，在竞标过程中执行严密、透明的“优胜劣汰”机制，

所有这些都会调动供应商参与政府采购的积极性，而且能够促使供应商不断提高产品质量、降低生产成本或者改善售后服务，以使自己能够赢得政府这一最大的消费者。由于供应商（厂商）是市场中最活跃的因素，所以，供应商竞争能力的提高又能够带动整个国内市场经济的繁荣昌盛。从国际竞争的角度看，政府采购又有助于供应商（厂商）迈出国门、走向国际市场，提高我国产品在国际市场上的竞争能力，并早日进入国际政府采购市场。

（四）推进反腐倡廉

政府廉政建设，即国家通过立法来实现对行政权力的监督制约，尽可能消灭权力寻租现象，建立起清廉高效的一系列政府机构。众所周知，权力滥用与失衡是腐败滋生的温床，若能实现对权力的全方位制衡，那么腐败现象出现的几率则会少之又少。罗尔斯也指出，只要存在一种总能保证达到这种结果的程序，其结果必然是公正的。现代国家纷纷通过制定政府采购法来克服传统采购弊端，从而有效防止了公共领域腐败，推进了政府廉政建设。

1. 政府采购法实现了对政府自身的约束。现代国家干预经济之初衷多半是从社会整体利益出发，尽可能地最优化配置资源，以弥补市场自身缺憾，从而维护和促进社会经济结构同运行的协调。但政府的行政管理活动在没有完备制度约束情况下，是极容易背离最初行为目的，出现“政府失灵”的。第一，由于政府采购往往会令行政权力和经济活动直接相结合，政府行为在经济中的主导作用自然不断强化，从而使经济活动在商业色彩之外还蒙上了浓厚的政治权力寻租意味。这时倘若仅倚仗采购主体自律而外部法制约束缺失的话，腐败现象则会逐渐演变为一种必然；第二，由于政府采购出于各方面因素考虑，很少借助完全公开化的市场运作，那么其在同单个供应商直接洽谈中，就可能会导致信息的不对称。即政府很难对各种同类产品进行甄别比较，他们可依赖的便只能是自己之一贯经验或者主观好恶判断。在这种自由裁量权过大的情况下，权钱交易难以避免。故通过制定完备的政府采购法，明确采购者的权力行使范围和责任追究机制，便能实现对政府自身的约束，进而制衡行政权力。

2. 政府采购法实现了对供应商的约束。由于商业活动就本质而言是一种最大化逐利性的经济行为，当供应商发觉政府采购决策权往往集中在少数行政官员手中，且他们的自由裁量范围又很大的情况下，供应商便更倾向于通过取悦或贿赂这些官员而非市场竞争来获得合同，因为手握大权的行政官员毕竟是少数。在通常情况下，供应商取悦或贿赂他们所耗费的经济成本自然要远低于其通过自身努力提高产品质量去打败众多竞争对手之开支。不过正所谓“羊毛出在羊身上”，供应商用来影响行政官员决策所发生的费用，作为一类外溢成本，只要他们日后获得了采购合同，便早晚会通过提高产品价格或降低产品质量等方式予以收回。那么，最终受害的依然是国家与社会公共利益。有鉴于此，通过制定完备的政府采购法，明确规定各种公开透明的采购竞争制度，便能最大化约束供应商行为，从另一侧制衡行政权力。

（五）保护民族产业

保护民族产业。我国在加入世界贸易组织时，并没有加入世界贸易组织的《政府采购协议》，这意味着我国政府采购市场没有对外开放。因此，政府采购原则上应该采购本国产品，担负起保护民族产业的重要职责。尤其是在我国加入世界贸易组织后，面临大量进口产品对民族产业特别是对汽车、信息等高技术产业形成冲击和压力的情况下，保留政府采购市场暂不对外开放，显然具有重要意义。可以以法律和政策的方式，规定政府采购应该采购本国产品、支持民族产业发展，以实现保护民族产业的目标。即便今后我国加入了《政府采购协议》，仍然会有大量在协议条款之外的政府采购项目。对于这部分采购，同样需要实施保护本国产品的政策措施。

五、政府采购的执行模式

我国政府采购的组织实施实行集中采购和分散采购相结合。

（一）集中采购

从国际上看，集中采购通常具有特定含义，即指集中采购机构开展的采购活动，但考虑到中国国情，集中采购的含义得到了拓展。根据《政府采购法》的规定，我国的集中采购分为政府集中采购和部门集中采购两种形式。开展部门集中采购，可以避免过度集中，发挥部门对专业项目的采购优势，调动各部门开展政府采购的积极性。

（二）分散采购

根据《政府采购法》的规定，未纳入集中采购目录的采购项目，采购人可以自行采购。

六、政府采购当事人

（一）采购人

采购人是指依法进行政府采购的国家机关、事业单位、团体组织。国家机关、事业单位、团体组织在使用财政性资金采购货物、工程和服务时，是政府采购法律关系中的采购人。在政府采购中采购人的地位是特定的，采购人可以自行采购，也可以委托采购，但纳入集中采购目录以内的必须委托集中采购机构代理采购。

（二）供应商

供应商是指向采购人提供货物、工程或者服务的法人、其他经济组织或者自然人。法人是依法设立，具有独立承担民事责任能力的经济组织。其他经济组织是指不具备法人资格的个人独资企业、合伙企业等。

1. 供应商参加政府采购活动应当具备的条件：

（1）具有独立承担民事责任的能力。

（2）具有良好的商业信誉和健全的财务会计制度。

（3）具有履行合同所必需的设备和专业技术能力。

（4）有依法缴纳税收和社会保障资金的良好记录。

（5）参加政府采购活动前三年内，在经营活动中没有重大违法记录。

（6）法律、行政法规规定的其他条件。

此外，采购人可以根据采购项目的特殊要求，规定供应商的特定条件，如要求供应商具备相关的资质条件。

2. 供应商的资格预审。供应商可以自由进入政府采购市场，采购人不得以不合理的条件对供应商实行差别待遇或者歧视待遇，真正体现公平、公正的原则。所以，对供应商不实行市场准入制度。但对供应商参加具体的政府采购项目，采购人有权根据《政府采购法》规定的供应商条件和采购项目对供应商的特定要求，对供应商的资格进行审查。

审查的方式和主要内容是，要求供应商提供相关文件和材料的原件和复印件，如法人营业执照或营业执照、资质证明文件、财务报表、纳税凭证、业绩情况等。

3. 联合采购。两个以上的供应商可以组成一个联合体，以一个供应商的身份共同参加某项目的政府采购。参加联合体的供应商均应当具备《政府采购法》所规定的条件，联合体应当向采购人提交联合协议，联合协议载明联合体各方承担的工作和义务。联合体各方应当共同与采购人签订政府采购合同，联合体各方就合同约定的事项对采购人承担连带责任。

（三）采购代理机构

采购代理机构是受采购人的委托采购货物、工程和服务的机构。这里的采购代理机构是广义的采购代理机构，包括集中采购机构和采购代理机构。

1. 集中采购机构。集中采购机构是由设区的市、自治州以上的人民政府根据本级政府采购项目组织集中采购的需要而设立的。集中采购机构是非营利事业法人。

《政府采购法》第十八条规定，采购人采购纳入集中采购目录的政府采购项目，必须委托集中采购机构代理采购。由此可见，集中采购机构的采购权是法律规定的，其代理权并非基于采购人的委托授权。根据第七十四条规定，采购人对应当实行集中采购的政府采购项目，不委托集中采购机构实行集中采购，将承担相应的法律后果。集中采购机构除根据法律规定采购纳入集中采购目录的政府采购项目外，还可以接受采购人的委托采购未纳入集中采购目录的政府采购项目。

《政府采购法》第十七条规定，集中采购机构进行政府采购活动，应当符合采购价格低于市场平均价格、采购效率更高、采购质量优良和服务良好的要求。实践证明集中采购机构的依法运作，是能实现上述目标的。

2. 采购代理机构。《政府采购法》第十九条规定的采购代理机构是狭义的采购代理机构，是代理政府采购的社会中介机构，其代理政府采购的资格由国务院或者省级人民政府有关部门认定。经资格认定的政府采购代理机构，其设立应当符合法定条件，性质上属于盈利性的经济组织。采购人与采购代理机构的委托代理关系适用代理法的一般原理，采购代理机构是代理人，采购人是被代理人，采购代理机构在采购人的委托授权范围采购货物、工程和服务，其法律后果由采购人承担。采购人与采购代理机构属于委托代理关系，所以，采购人依法委托采购代理机构办理采购事宜，应当有采购人与采购代理机构签订委托代理协议，依法确定委托代理的事项，约定双方的权利义务。

采购人采购未纳入集中采购目录的政府采购项目，属于分散采购，采购人可以自行采购，也可以委托集中采购机构或者具有政府采购代理资格的采购代理机构采购。这里的委托属于意定代理，体现当事人意思自治的原则，所以，《政府采购法》规定，采购人有权自行选择采购代理机构，任何单位和个人不得以任何方式为采购人指定采购代理机构。

七、政府采购方式

《政府采购法》第二十六条规定政府采购的方式有六种：公开招标、邀请招标、竞争性谈判、单一来源采购、询价、国务院政府采购监督管理部门认定的其他采购方式。

（一）公开招标

政府采购引入竞争机制，市场竞争最充分的手段是招标和拍卖，政府采购追求公开透明、公平竞争，所以，公开招标应当作为政府采购的主要方式。

《政府采购法》第四条规定，政府采购工程进行招标投标的，适用《招标投标法》，这是为了保持我国的法制统一。我国《招标投标法》是规范招标投标的专门法，该法第二条明确规定，在中华人民共和国境内进行的招标投标活动，适用《政府采购法》。

1. 适用招标投标法的范围。不仅政府采购工程进行招标投标的，适用招标投标法，而且，政府采购货物、服务进行招标投标的，也可以适用招标投标法。

2. 适用政府采购法的范围。政府采购货物、工程和服务适用招标投标法，但政府采购法有不同规定的应当适用《政府采购法》。《招标投标法》仅规范了政府采购过程中的招标投标行为，而《政府采购法》规范政府采购的全过程。从各国立法经验来看，大多数国家都只有政府采购法而没有招标投标法，规范招标投标行为是政府采购法的有机组成部分。因此，就广义而言，《招标投标法》是政府采购法的组成部分。我国目前招标投标法和政府采购法并存的局面是我国特定的立法背景所造成的。

3. 公开招标方式的具体数额标准。对于应当采用公开招标方式的，其具体的数额标准，由国务院或省级地方人民政府规定，因特殊情况需要采用公开招标以外的采购，应当在采购活动开始前获得政府采购监督管理部门的批准。采购人不得将应当以公开招标方式采购的货物或服务化整为零或者以其他方式规避公开招标采购。

（二）邀请招标

1. 政府采购货物或者服务，采用邀请招标条件。政府采购货物或者服务，采用邀请招标的，应当具备以下条件：

（1）该货物或者服务具有特殊性，只能从有限范围的供应商处采购的。

（2）采用公开招标方式的费用占政府采购项目总价值的比例过大的，采取邀请招标的，采购人应当从符合相应资格条件的供应商中，通过随机方式选择3家以上的供应商，并向其发出投标邀请书。

2. 政府采购法废标的法定情形。

（1）符合专业条件的供应商或者对招标文件实质响应的供应商不足3家的。

（2）出现影响采购公正的违法、违规行为的。

（3）投标人的报价均超过了采购预算，采购人不能支付的。

（4）因重大变故，采购任务取消的。废标后，除采购任务被取消情形外，应当重新组织招标。需要采取其他采购方式的，应当经政府采购监督管理部门的批准。

（三）竞争性谈判方式采购

1. 采用竞争性谈判方式采购的法定情形。

（1）重新招标未能成立的。

（2）技术复杂或者性质特殊，不能确定详细规格或者具体要求的。

（3）采用招标所需时间不能满足用户紧急需求的。

（4）不能事先计算价格总额的。

2. 采用竞争性谈判方式采购的程序。

（1）成立谈判小组。谈判小组由采购人的代表和有关专家共3人以上的单数组成，其中专家的人数不得少于成员总数的2/3。

（2）制定谈判文件。谈判文件应当明确谈判程序、谈判内容、合同草案的条款以及评定成交的标准等事项。

3. 确定邀请参加谈判的供应商名单。谈判小组从符合相应资格条件的供应商名单中确定不少于3家的供应商参加谈判，并向其提供谈判文件。

4. 谈判。谈判小组所有成员集中与单一供应商分别进行谈判。在谈判中，谈判的任何一方不得透露与谈判有关的其他供应商的技术资料、价格和其他信息。谈判文件有实质性变动的，谈判小组应当以书面形式通知所有参加谈判的供应商。

5. 确定成交供应商。谈判结束后，谈判小组应当要求所有参加谈判的供应商在规定时间内进行最后报价，采购人从谈判小组提出的成交候选人中根据符合采购需求、质量和服务相等且报价最低的原则确定成交供应商，并将结果通知所有参加谈判的未成交的供应商。

（四）单一来源方式采购

采用单一来源方式采购的法定情形：

1. 只能从唯一供应商处采购的。

2. 发生了不可预见的紧急情况不能从其他供应商处采购的。

3. 必须保证原有采购项目一致性或者服务配套的要求，需要继续从原供应商处添购，且添购资金总额不超过原合同采购金额 10% 的。

采取单一来源方式采购的，采购人与供应商应当遵循《政府采购法》规定的原则，在保证采购项目质量和采购人和供应商双方商定合理价格的基础上进行采购。

（五）询价

1. 采购的货物规格、标准统一、现货货源充足且价格变化幅度小的政府采购项目，可以采用询价方式采购。

2. 采取询价方式采购的，应当遵循下列程序：

（1）成立询价小组。询价小组由采购人的代表和有关专家共 3 人以上的单数组成，其中专家的人数不得少于成员总数的 2/3。询价小组应当对采购项目的价格构成和评定成交的标准等事项作出规定。

（2）确定被询价的供应商名单。询价小组根据采购需求，从符合相应资格条件的供应商名单中确定不少于 3 家的供应商，并向其发出询价通知书让其报价。

（3）询价。询价小组要求被询价的供应商一次报出不得更改的价格。

（4）确定成交供应商。采购人根据符合采购需求、质量和服务相等且报价最低的原则确定成交供应商，并将结果通知所有被询价的未成交的供应商。

（六）其他采购方式

国务院政府采购监督管理部门认定的其他采购方式。这是弹性条款，政府采购的方式应当符合政府采购实践的要求。如《上海市政府采购管理办法》规定的定点采购，中央单位采用的协议供货制度，在实践中都取得良好的效果。所以，授权国务院政府采购监督管理部门认定其他的采购方式是必要的，但新的政府采购方法在程序上应当由国务院政府采购监督管理部门认定。

八、政府采购的监督检查

（一）监管部门的监督检查

《政府采购法》第十三条规定，各级人民政府财政部门是负责政府采购监督管理的部门，依法履行对政府采购活动的监督检查职责。财政部门是政府采购专门的监督检查部门，监督检查的对象是政府采购活动的全过程和包括集中采购机构在内的所有当事人及参与人。

1. 监督检查的主要内容：

（1）有关政府采购的法律、行政法规和规章的执行情况。

（2）采购范围、采购方式和采购程序的执行情况。

（3）政府采购人员的职业素质和专业技能。

2. 监督管理部门与集中采购机构分离。政府采购监督管理部门不得设置集中采购机构，不得参与政府采购项目的采购活动。采购代理机构与行政机关不得存在隶属关系或者其他利益关系，这样可以确保监督管理的有效性。

3. 对集中采购机构的考核。政府采购监督管理部门应当对集中采购机构的采购价格、节约资金效果、服务质量、信誉状况、有无违法行为等事项进行考核，并定期如实公布考核结果。

（二）集中采购机构监督管理

集中采购机构是政府采购的执行机构，应当建立健全内部监督管理制度。集中采购机构的监督管理体现在内部的机构设置，形成相互监督，相互制约的机制。

1. 采购活动的决策和执行程序分开。政府采购活动的决策程序和执行程序是不同的程序，两者应当明确，并形成相互监督、相互制约的机制。集中采购机构的政府采购活动的决策主要内容有，制订政府采购活动的规章制度，操作规程，政府采购活动的方式、范围、程序，政府采购活动人员的组成等。

2. 办理采购的人员与负责采购合同审核、验收人员的分离。经办采购的人员是组织招标、谈判和询价等采购行为的具体操作人员，主要的职责是依法确定供应商并签订采购合同。政府采购合同订立之后，是政府采购合同的履行阶段，合同的订立是否合法有效，合同是否完全实际履行，就需要有专门人员对经办采购的人员所签订的合同依法审核，在合同履行过程中或合同履行之后进行验收。所以，采购人员与合同的审核、验收人员的权限应当明确，并相互分离。

3. 政府采购人员的任职资格。政府采购关系到国家利益和社会公共利益，责任重大，且专业性强，所以，集中采购机构的采购人员应当具有相关职业素质和专业技能。政府采购监督管理部门可以制定政府采购人员的职业道德和执业纪律规范，规定政府采购专业岗位任职要求。从事政府采购的工作人员严格遵守职业道德和执业纪律规范，并符合专业岗位的任职要求。集中采购机构对其工作人员应当加强教育和培训，教育培训的内容包括政府采购法和相关法律、专业知识、商品知识等。对采购人员的专业水平、工作实绩和职业道德状况定期进行考核。采购人员经考核不合格的，不得继续任职。

4. 依法独立行使采购权。采购人和采购代理机构必须按照政府采购法规定的采购方式和采购程序进行采购。任何单位和个人不得违反政府采购法的规定，要求采购人或者采购工作人员向其指定的供应商进行采购。

（三）其他部门的监督检查

依照法律、行政法规的规定对政府采购负有行政监督职责的政府有关部门，应当按照其职责分工，加强对政府采购活动的监督。

1. 审计机关的审计监督。审计机关对政府采购监督管理部门、政府采购各当事人有关政府采购活动依法进行审计监督，政府采购监督管理部门、政府采购各当事人应当接受审计机关的审计监督。

2. 监察机关的监察。监察机关对参与政府采购活动的国家机关、国家公务员和国家行政机关任命的其他人员实施监察。

3. 社会监督。政府采购被誉为“阳光采购”，应当接受社会监督，任何单位和个人对政府采购活动中的违法行为，都有权控告和检举，有关部门、机关应当依照各自职责及时处理。

（四）政府采购法律责任

法律责任是指法律关系的主体违反法律的规定所承担的法律后果。政府采购法律责任的主体包括采购人、采购代理机构、供应商、政府采购监督管理部门。法律责任的种类包括行政责任、民事责任和刑事责任三种。

1. 采购人、采购代理机构的法律责任。

（1）采购人、采购代理机构行政法律责任。采购人、采购代理机构有下列情形之一的，由政府采购监督管理部门责令限期改正，给予警告，可以并处罚款，对直接负责的主管人员和其他直接责任人员，由其行政主管部门或者有关机关给予处分，并予以通报：

①应当采用公开招标方式而擅自采用其他方式采购的。

②擅自提高采购标准的。

③委托不具备政府采购业务代理资格的机构办理采购事务的。

④以不合理的条件对供应商实行差别待遇或者歧视待遇的。

⑤在招标采购过程中与投标人进行协商谈判的。

⑥中标、成交通知书发出后不与中标、成交供应商签订采购合同的。

⑦拒绝有关部门依法实施监督检查的。

（2）采购人、采购代理机构的刑事法律责任或行政法律责任。

①采购人、采购代理机构及其工作人员有下列情形之一，构成犯罪的，依法追究刑事责任；尚不构成犯罪的，处以罚款，有违法所得的，并处没收违法所得，属于国家机关工作人员的，依法给予行政处分：

第一，与供应商或者采购代理机构恶意串通的；

第二，在采购过程中接受贿赂或者获取其他不正当利益的；

第三，在有关部门依法实施的监督检查中提供虚假情况的；

第四，开标前泄露标底的。

②采购人、采购代理机构有上述违法行为之一影响中标、成交结果或者可能影响中标、成交结果的，按下列情况分别处理：

第一，未确定中标、成交供应商的，终止采购活动；

第二，中标、成交供应商已经确定但采购合同尚未履行的，撤销合同，从合格的中标、成交候选人中另行确定中标、成交供应商；

第三，采购合同已经履行的，给采购人、供应商造成损失的，由责任人承担赔偿责任；

第四，采购人、采购代理机构因违法给供应商造成损失的，应当承担民事责任。

③采购人、采购代理机构违反政府采购法规定隐匿、销毁应当保存的采购文件或者伪造、变造采购文件的，由政府采购监督管理部门处以 2 万元以上 10 万元以下的罚款，对其直接负责的主管人员和其他直接责任人员依法给予处分；构成犯罪的，依法追究刑事责任。

（3）采购人的行政法律责任。

①采购人对应当实行集中采购的政府采购项目，不委托集中采购机构实行集中采购的，

由政府采购监督管理部门责令改正；拒不改正的，停止按预算向其支付资金，由其上级行政主管部门或者有关机关依法给予其直接负责的主管人员和其他直接责任人员处分。

②采购人未依法公布政府采购项目的采购标准和采购结果的，责令改正，对直接负责的主管人员依法给予处分。

2. 采购代理机构的法律责任。采购代理机构在代理政府采购业务中有违法行为的，按照有关法律规定处以罚款，可以依法取消其进行相关业务的资格，构成犯罪的，依法追究刑事责任。

3. 供应商的行政法律责任和刑事法律责任。供应商有下列情形之一的，处以采购金额千分之五以上千分之十以下的罚款，列入不良行为记录名单，在一至三年内禁止参加政府采购活动，有违法所得的，并处没收违法所得，情节严重的，由工商行政管理机关吊销营业执照；构成犯罪的，依法追究刑事责任：

（1）提供虚假材料谋取中标、成交的。

（2）采取不正当手段诋毁、排挤其他供应商的。

（3）与采购人、其他供应商或者采购代理机构恶意串通的。

（4）向采购人、采购代理机构行贿或者提供其他不正当利益的。

（5）在招标采购过程中与采购人进行协商谈判的。

（6）拒绝有关部门监督检查或者提供虚假情况的。

供应商有前款第（1）至（5）项情形之一的，中标、成交无效。给采购人、采购代理机构造成损失的承担民事责任。

4. 政府采购监督管理部门的法律责任。

（1）政府采购监督管理部门的工作人员在实施监督检查中违反本法规定滥用职权，玩忽职守，徇私舞弊的，依法给予行政处分；构成犯罪的，依法追究刑事责任。

（2）政府采购监督管理部门对供应商的投诉逾期未作处理的，给予直接负责的主管人员和其他直接责任人员行政处分。

（3）政府采购监督管理部门对集中采购机构业绩的考核，有虚假陈述，隐瞒真实情况的，或者不作定期考核和公布考核结果的，应当及时纠正，由其上级机关或者监察机关对其负责人进行通报，并对直接负责的人员依法给予行政处分。

5. 其他单位或者个人的法律责任。任何单位或者个人阻挠和限制供应商进入本地区或者本行业政府采购市场的，责令限期改正；拒不改正的，由该单位、个人的上级行政主管部门或者有关机关给予单位责任人或者个人处分。

第三节　国库集中支付制度

国库集中支付就是改变现行财政性资金层层拨付程序，由财政部门通过建立国库单一账户体系，科学、合理地编制部门预算，按月编制预算单位用款计划，根据资金性质及用途，采用财政直接支付或财政授权支付方式，将财政性资金直接支付到收款人或用款单位账户。

一、国库集中支付制度

（一）国库概念

国库是指国家金库，是财政代表政府控制预算执行，保管政府资产和负债的一系列的管理职能。

（二）财政国库集中支付制度概念

财政国库集中支付制度是指财政部门在经办国库支付业务的银行开设国库单一账户，所有财政性的收入直接缴入国库单一账户，所有财政性支出均由国库单一账户直接支付到商品或劳务提供者的财政预算管理模式，又称之为现代财政国库管理制度。

二、国库单一账户体系

（一）国库单一账户体系的概念

国库单一账户是以财政部门国库存款户为核心的各类财政性资金账户的集合。所有财政性的资金收支活动均在该体系下实现资金运作。一般包括5类账户：国库单一账户、财政零余额账户、预算单位零余额账户、预算外资金户、特设专户等。

（二）国库单一账户体系的构成

国库单一账户体系主要由国库单一账户、财政零余额账户、预算单位零余额账户、预算外资金户、特设专户组成。

1. 国库单一账户。国库单一账户是财政部门在中国人民银行开设的，用于记录、核算和反映纳入预算管理的财政收入和支出，并与财政部门零余额账户进行清算，实现支付。所有财政资金在支付行为实际发生前均保存在国库单一账户内。

2. 财政零余额账户。财政零余额账户是指财政部门在代理银行开设的账户，用于财政直接支付与国库存款户的清算。财政直接支付业务发生时先从财政零余额账户垫付资金，当天从国库存款户划回已垫付的资金。该户只能转账，且每天的收支平衡，余额为零。它与国库单一账户相互配合，构成财政资金支付过程的基本账户。

3. 预算单位零余额账户。预算单位零余额账户是指由财政部门为预算单位在代理银行开设的用于办理财政授权支付业务的一个基本账户，用于记录、核算和反映预算单位的小额零星支出，并与国库单一账户进行清算。财政授权支付业务发生时先从该账户垫付资金，当天从国库存款户划回已垫付的资金。该户既可转账又可提现，且每天的收支平衡，余额为零。设立此类账户主要是方便预算单位日常发生的一些零星分散、数额小、支付频繁的支出。

4. 预算外资金户。预算外资金财政专户是财政部门在代理银行开设的，用于记录、核算和反映预算外资金收入和支出，并对预算外资金日常收支进行清算。在国库单一账户体系内专门设置预算外资金专户，主要是考虑目前预算外资金来源较复杂，还有相当规模的财政性资金未纳入预算管理，难于一下子全部纳入国库单一账户，仍需要设置财政专户进行管理。但是，随着改革的不断深化，预算外资金也将逐步纳入国库单一账户管理。

5. 特设专户。特设专户是经国务院和省级人民政府批准或授权财政部门开设的特殊过渡性专户，用于记录、核算和反映预算单位的特殊专项支出活动，并用于与国库单一账户清算。由于现阶段政策性支出项目还比较多，对某些需要通过政策性银行封闭运行的资金支出，还需要设置特殊专户管理，如粮食风险基金、社会保障基金、住房基金等。

三、财政收入收缴方式和程序

（一）收缴方式

国库单一账户体系下，财政性资金收入收缴方式从现行的就地缴库、集中缴库和自收汇缴三种方式，改为实行直接缴库和集中汇缴。

1. 直接缴库是由缴款人或缴款代理人提出申请，经征收机关审核无误后，通过缴款人开户银行将款项直接缴入国库单一账户或财政专户。属预算外资金的，则直接缴入预算外资金财政专户，不再设立各类过渡性账户。

2. 集中汇缴是由征收机关将收入汇总缴入国库单一账户或财政专户，明确集中汇缴要当日进入国库单一账户。属预算外资金的，则直接缴入预算外资金财政专户，也不再通过过渡性账户收缴。实行集中汇缴方式的收入，主要包括小额零散税收和非税收入中的现金缴款。

（二）收缴程序

1. 直接缴库程序。

（1）直接缴库的税收收入，由纳税人或税务代理人提出纳税申报，经征收机关审核无误后，由纳税人通过开户银行将税款缴入国库单一账户。

（2）直接征缴的非税收入，由缴款义务人按照有关规定，持执收单位开具的《非税收入缴款通知单》到银行缴款，直接将款项缴入预算外资金财政专户。

缴款义务人凭回单到执收单位办理有关手续。

（3）直接缴库的其他收入，比照上述程序缴入国库单一账户或预算外资金财政专户。

2. 集中汇缴程序。小额零散税收和法律另有规定的应缴收入，由征收机关在收缴收入的当日汇总缴入国库单一账户。

四、财政支出支付方式和程序

（一）支付方式

财政性资金支付方式分为：财政直接支付、财政授权支付。

1. 财政直接支付是由财政部门根据预算单位的申请，经审核无误后，开出财政直接支付凭证，通过国库单一账户体系，直接将财政资金支付到商品或劳务供应者即最终收款人或用款单位账户上，减少所有中间环节。支出范围包括：统发工资、大宗采购、基建支出、其他专项等大额支出项目。

2. 财政授权支付是指预算单位根据财政授权的额度，自行开具财政授权支付凭证，通过国库单一账户体系将资金支付到收款人账户或提取必需的单位备用金。支出范围：除直接支付项目外的办公用品支出和一些零星支出等。

（二）支付程序

1. 财政直接支付程序。

（1）支付程序。财政直接支付由基层预算单位申请，一级预算单位审核汇总，按下列程序办理：

①基层预算单位依据批复的《分月用款计划》，按规定要求填写《财政直接支付申请书（预算内、外）》（不得超计划申请用款），逐级审核上报至一级预算单位。

②一级预算单位审核汇总基层预算单位的《财政直接支付申请书（预算内、外）》后，报财政国库支付执行机构；其中政府集中采购《支付申请书》是由政府采购中心或预算单位根据政府采购合同的约定、验收单等填写后，报财政国库支付执行机构。

③财政国库支付执行机构对一级预算单位提出的《财政直接支付申请书（预算内、外）》审核确认后，开具《财政直接支付凭证》，加盖印章后送代理银行。

④代理银行依据《财政直接支付凭证》，通过财政零余额账户和预算外资金支付专户及时将资金直接拨付到收款人或用款单位账户。

⑤代理银行根据《财政直接支付凭证》办理支付后，开具《财政直接支付入账通知书（预算内、外）》给一级预算单位和用款的基层预算单位，作为收到和付出款项的核算凭证。

⑥财政国库支付执行机构根据代理银行《财政直接支付汇总清算单（预算内、外）》和签章的支付凭证回单，记录各用款单位的支出明细账，并编制《财政支出日、月报表（预算内、外）》送财政国库管理机构记账。

（2）注意事项。

①基本建设支出中尚未实行政府采购的建筑安装工程、设备采购、工程监理、土地出让金、新增建设用地有偿使用费和工程质量保证金等的支付，由建设单位依据《分月用款计划》和有关支付凭证（购货合同或中标供货合同等）的复印件，填写《财政直接支付申请书（预算内、外）》，按有关规定及程序办理财政直接支付。

②财政直接支付的资金，因凭证要素填写错误而在支付之前退票的，由财政部门核实原因后，按上述程序重新办理支付手续。

③因收款单位的账户名称或账号填写错误等原因而发生资金退回财政部门零余额账户或预算外支付专户的，代理银行在当日将资金退回国库单一账户或预算外资金支付专户并通知财政国库支付执行机构，由人民银行国库部门或财政国库支付执行机构恢复相应的财政直接支付额度。对需要支付的资金，重新办理支付手续。

2. 财政授权支付程序。

（1）支付程序。

①预算单位根据《授权支付清单》，使用财政授权支付资金时，填写财政部门统一制发的《财政授权支付凭证》送代理银行。

②代理银行对预算单位提出的《财政授权支付凭证》审核，审核确认后根据《财政授权支付凭证》提出的结算方式，采用支票、汇票、提取现金等形式，通过该单位零余额账户及时将预算内、外资金支付到收款人或用款单位账户。

③财政国库支付执行机构根据《财政授权支付汇总清算单（预算外）》，将预算外资金及时清算给代理银行，并根据代理银行《财政授权支付汇总清算单（预算内、外）》登记各用款单位明细账，同时编制《财政支出日、月报表（预算内、外）》送财政国库管理机构记账。

（2）注意事项。

①财政授权支付资金，因凭证要素填写错误而在支付之前退票的，由预算单位核实原因后重新通知代理银行办理支付。

②财政授权支付资金由代理行支付后，因收款单位的账户名称或账号填写错误等原因而发生资金退回单位预算内、外零余额账户的，代理银行在当日将资金退回国库单一账户或预算外资金支付专户并通知预算单位，按原渠道恢复预算单位零余额账户财政授权支付资金额度。对需要支付的资金，重新办理支付手续。

③预算单位使用财政授权支付资金时，按规定填写《财政授权支付凭证》，要求字迹清楚、完整，不得涂改，并加盖印章后送代理银行。代理银行须对预算单位财政授权支付凭证要素等内容进行下列审核：

第一，财政授权支付包括预算单位财政授权支付和提取现金等结算业务，可以向本单位按账户管理规定保留的相应账户划拨工会经费、住房公积金、个人所得税、房租及提租补贴等，适用于未纳入工资支出、政府采购支出、工程采购支出管理的其他支出和零星支出，以及提取现金。

第二，根据财政国库支付执行机构下达的《财政授权支付额度通知单》，代理银行受理预算单位财政授权支付业务时，审核其预算科目、用途等栏填列是否完整，签名、印鉴章等手续是否正确，转账或提现的方式是否允许等。如预算单位提取现金的，还要审核其是否符合《现金管理暂行条例》的要求。

第三，代理银行对预算单位超出财政授权支付额度所开具的《财政授权支付凭证》，不予受理。

第五章

会计职业道德

【本章内容简介】 本章主要讲述了以下四方面内容：（1）会计职业道德概念、会计职业道德功能、会计职业道德与会计法律制度；（2）爱岗敬业、诚实守信、廉洁自律、客观公正、坚持准则、提高技能、参与管理和强化服务含义及要求；（3）会计职业道德教育、会计职业道德修养；（4）财政部门的组织推动、会计职业组织的行业自律、社会各界齐抓共管等。

【主要题型及分值】 按照历年考试要求及考试大纲的安排，本章预计分值为20分左右，为全书重点章节。

第一节 会计职业道德概述

一、会计职业道德概念

职业道德是指在一定职业活动中应遵循的、体现一定职业特征的、调整一定职业关系的职业行为准则和规范。

职业道德的概念有广义和狭义之分。广义的职业道德是指从业人员在职业活动中应该遵循的行为准则，涵盖了从业人员与服务对象、职业与职工、职业与职业之间的关系。狭义的职业道德是指在一定职业活动中应遵循的、体现一定职业特征的、调整一定职业关系的职业行为准则和规范。

（一）会计职业道德是调整会计职业活动中各种利益关系的手段

会计工作的性质决定了在会计职业活动中要处理方方面面的经济关系，包括单位与单位、单位与国家、单位与投资者、单位与债权人、单位与职工、单位内部各部门之间及单位与社会公众之间等经济关系，这些经济关系的实质是经济利益关系。在我国社会主义市场经济建设中，当各经济主体的利益与国家利益、社会公众利益发生冲突的时候，会计职业道德不允许通过损害国家和社会公众利益而获取违法利益，但允许个人和各经济主体获取合法的自身利益。会计职业道德可以配合国家法律制度，调整职业关系中的经济利益关系，维护正常的经济秩序。

（二）会计职业道德具有相对稳定性

会计是一种专业技术性很强的职业。在其对单位经济事项进行确认、计量、记录和报告中，会计标准的设计、会计政策的制定、会计方法的选择，都必须遵循其内在的客观经济规律和要求。由于人们面对的是共同的客观经济规律，因此，会计职业道德在社会经济关系不断的变迁中，始终保持自己的相对稳定性。在会计职业活动中诚实守信、客观公正等是对会计人员的普遍要求。没有任何一个社会制度能够容忍虚假会计信息，也没有任何一个经济主体会允许会计人员私自向外界提供或者泄露单位的商业秘密。

（三）会计职业道德具有广泛的社会性

会计职业道德的社会性是由会计职业活动所生成的产品决定的。特别是在所有权和经营权分离的情况下，会计不仅要为政府机构、企业管理层、金融机构等提供符合质量要求的会计信息，而且要为投资者、债权人及社会公众服务，因其服务对象涉及面很广，提供的会计信息是公共产品，所以会计职业道德的优劣将影响国家和社会公众利益。像银广夏、郑百文、蓝田股份等会计造假丑闻就是典型例子，由于会计造假致使广大股东遭受了巨大的损失，严重干扰了社会经济的正常秩序。可见，会计信息质量直接影响着社会经济的发展和社会经济秩序的健康运行，会计职业道德必然受社会关注，具有广泛的社会性。

二、会计职业道德作用和意义

（一）会计职业道德作用

会计职业道德的作用，主要体现在以下几个方面：

1. 会计职业道德是规范会计行为的基础。动机是行为的先导，有什么样的动机就有什么样的行为。会计职业道德对会计的行为动机提出了相应的要求，如诚实守信、客观公正等，引导、规劝、约束会计人员树立正确的职业观念，建立良好的职业品行，从而达到规范会计行为的目的。

2. 会计职业道德是实现会计目标的重要保证。从会计职业关系角度讲，会计目标就是会计职业关系中的各个服务对象真实、可靠的会计信息。由于会计职业活动既是技术性的处理过程，同时又涉及到对多种经济利益关系的调整。会计目标能否顺利实现，既取决于会计从业者专业技能水平，也取决于会计从业者能否严格履行职业行为准则。如果会计从业者故意或非故意地提供了不真实、不可靠的会计信息，就会导致服务对象的决策失误，甚至导致社会经济秩序混乱。因此，依靠会计职业道德规范约束会计从业者的职业行为，是实现会计目标的重要保证。

3. 会计职业道德是对会计法律制度的重要补充。在现实生活中，人们的很多行为很难由法律作出规定。例如，会计法律只能对会计人员不得违法的行为作出规定，不宜对他们如何爱岗敬业、诚实守信、提高技能等提出具体要求，但是，如果会计人员缺乏爱岗敬业的热情和态度，缺乏诚实守信的做人准则，没有必要的职业技能，则很难保证会计信息达到真实、完整的法定要求。很显然，会计职业道德是其他会计法律制度所不能替代的。会计职业道德是对会计法律规范的重要补充。

（二）会计职业道德意义

1. 加强会计职业道德建设，能有效地提高会计人员的职业道德水平。会计人员必须遵守《会计法》所规定的各项制度，这是强制的、无条件的，同时得自觉履行会计职业道德原则。会计人员要培养高尚的品德，不仅需要努力认真地学习专业文化知识，提高对现代会计的认识，而且要自觉反省自己，以正确的会计职业道德观念战胜错误的会计职业道德观念。一个好的会计职业道德行为反复地进行就能形成在会计管理工作中习惯性的行为方式，也就形成了良好的会计职业道德品质。

2. 加强会计职业道德建设，是培养高素质人才的重要措施。会计人员必须具备德、能、勤、公、廉、俭六个方面的素质。一方面，要及时了解并熟悉国家制定的各项财务法规、方针、政策，严格贯彻执行和遵守经济法、会计法、证券法、税法、审计法等相关法律制度，强化法律意识，提高自身修养；另一方面，还应掌握时事政策知识、财政税务知识、企业管理知识、电脑操作知识等相关知识。高素质的会计人员应当具有实事求是的作风，严肃认真、一丝不苟的作风，行为端庄、生活严谨的作风，讲求实效、雷厉风行的作风，艰苦朴素、大公无私的作风，平易近人、以诚待人的作风。

3. 加强会计职业道德建设，有利于反腐倡廉，有助于形成全社会的清正廉洁之风。现实生活中，诸多的贪污、行贿受贿、大吃大喝、铺张浪费，都要经过会计人员之手。当然，这些现象的主要责任人可能不在会计人员，但与我们的会计人员屈从压力，不坚持原则大有关系。消除腐败，有赖于各种制度的健全和完善。会计人员必须坚持原则，用《会计法》来保护自己的正当权益；同时，必须用会计职业道德规范来武装自己的头脑，使之能用会计职业道德来规范、指导自己的行为，逐渐形成会计职业道德责任心和荣誉感，正确使用自己的会计权力，忠实地履行自己的会计义务。

三、会计职业道德与会计法律制度

会计行为规范是会计工作的基本活动准则。会计工作是经济管理工作的重要基础。加强经济管理，必须严格地用会计行为规范来调整会计单位、单位负责人、会计机构负责人、会计人员以及会计中介机构与人员的会计行为。

会计行为规范，包括会计技术规范、会计习惯规范、会计法律规范和会计职业道德规范。会计技术规范、会计习惯规范主要是从会计工作的技术层面、会计人员的业务素质方面，调整会计行为。然而，会计法律规范是会计行为的最高行为规范，在社会经济活动中起基础性作用。会计职业道德规范是会计工作的基本原理。会计法律和道德规范作为上层建筑的组成部分，都是维护经济社会秩序、规范人们在会计工作方面的思想和行为的重要手段。它们在会计工作中，相互联系、相互结合、相互补充。这些会计行为规范，在会计工作中从不同方面协调地发挥着各自的重要作用。

（一）会计职业道德与会计法律制度的关系

会计职业道德是会计法律制度正常运行的社会和思想基础，会计法律制度是促进会计职业道德规范形成和遵守的制度保障。两者有着共同的目标、相同的调整对象，承担着同样的职责，在作用上相互补充；在内容上相互渗透、相互重叠；在地位上相互转化、相互吸收；

在实施上相互作用、相互促进。两者的联系主要表现在：

1. 两者在作用上相互补充、相互依托。基本的会计行为必须运用会计法律制度强制遵守，但不需要或不宜用会计法律制度进行规范的行为，可通过会计职业道德规范来实现。

2. 两者在内容上相互渗透、相互重叠。会计法律制度中含有会计职业道德规范的内容，会计职业道德规范中也包含会计法律制度的某些条款。

3. 两者在地位上相互转化、相互吸收。最初的会计职业道德逐渐被吸收到会计法律制度中，会计法律制度是会计职业道德的最低要求。

4. 两者在实施上相互作用、相互促进。会计职业道德是会计法律制度正常运行的社会和思想基础，会计法律制度是促进会计职业道德规范形成和遵守的制度保障。

（二）会计职业道德与会计法律制度的区别

1. 性质不同。会计法律制度通过国家机器强制执行，具有很强的他律性；会计职业道德主要依靠会计从业人员的自觉性，具有很强的自律性。

2. 作用范围不同。会计法律制度侧重于调整会计人员的外在行为和结果的合法化；会计职业道德则不仅要求调整会计人员的外在行为，还要调整会计人员内在的精神世界。

3. 实现形式不同。会计法律制度是通过一定的程序由国家立法机关或行政管理机关制定的，其表现形式是具体的、明确的、正式形成文字的成文规定；会计职业道德出自于会计人员的职业生活和职业实践，其表现形式既有明确的成文规定，也有不成文的规范，存在于人们的意识和信念之中，并无具体的表现形式，它依靠社会舆论、道德教育、传统习俗和道德评价来实现。

4. 实施保障机制不同。会计法律制度由国家强制力保障实施；会计职业道德既有国家法律的相应要求，又需要会计人员的自觉遵守。

（三）会计行为的法治与德治

1. 会计行为的法治与德治含义。会计行为的法治是从治行为的角度来规范会计行为，执行的标准就是会计法律法规，规范明确，便于操作。而德治从治心的角度来规范会计人员的内心世界和行为，执行的标准有点空洞，不便于操作。

2. 会计行为的法治与德治区别和联系。法治和德治虽然具有一致性，但两者始终是两种不同的治理国家和社会的方式，两者不能混淆。其区别可以从法律和道德的区别中看出，即两者产生的条件不同，表现形式不同，实施方式不同，调整范围不同。

（1）会计行为的法治与德治区别。无论道德和法律，都既调整人们的外部行为，也调整人们的内心活动。但法律侧重于调整人们的外部活动，由国家强制力保证实施，是他律；道德侧重于调整人们的内心活动，一般体现为社会舆论的谴责，是自律。

法律由国家制定和实施，道德则通过人的内心信念、信仰及社会舆论来实现；法律具有确定的、强制性的制裁力，道德的惩罚方式则主要依据公共舆论、不赞成和摒弃于某一特定的社会团体之外；法律着眼于行为，而道德着眼于意志和感情；法律规则的效力具有普遍性和绝对性，道德准则因人、因环境而异。

（2）会计行为的法治与德治联系。法律实施的过程是个机械过程，它必须以道德作为基础。会计法律法规的贯彻实施，只有通过广大会计人员将自身的道德修养、人格魅力体现在会计工作中，依靠教育、引导、培养和熏陶，辅之以相应的会计制度和法规约束，努力培育与社会主义市场经济相适应的会计职业道德规范，大力倡导社会文明新风尚，逐渐形成和确立以会计职业道德为内容的会计工作新机制，使一些公共道德规范上升为法律规范，再转化为人们的道德行为，使法律与道德的精神协调起来。只有这样，会计法治建设才会成为可能，才能推动社会经济稳定有序发展和会计工作的不断进步。

3. 加快会计法治和会计德治的协调发展，维护市场经济秩序。在市场经济条件下，既要加强会计法制建设，也要加强会计职业道德教育，要通过法律推动和影响道德的发展，通过道德推动法律的制定和完善，两者要相辅相成，协调发展。这既是以法治国与以德治国重要思想的体现，也是会计工作的指导思想和客观要求，是会计工作的生命力所在。因此，一要建立健全内部会计控制制度和内部会计监督制度，完善财务管理与会计核算办法，切实做到依法理财；二要重视和加强财会人员职业道德教育，提升财会人员职业道德操守，努力做到以德理财；三要为会计人员依法理财创造良好的社会环境和工作氛围，单位负责人要以身作则，支持和保护会计人员正确履行职责，确保企业财会工作依法顺利开展。

第二节 会计职业道德规范的主要内容

一、爱岗敬业

（一）爱岗敬业的含义

爱岗敬业是为人民服务和集体主义精神的具体体现，是社会主义职业道德一切基本规范的基础和核心。爱岗就是热爱自己的工作岗位，热爱本职工作，是指职业工作者以正确的态度对待各种职业劳动，努力培养热爱自己所从事的工作的幸福感、荣誉感。敬业就是用一种严肃的态度对待自己的工作，勤勤恳恳、兢兢业业，忠于职守，尽职尽责，为实现职业上的奋斗目标而不懈努力。

（二）爱岗敬业的基本要求

会计人员只有正确地认识会计本质，明确会计在经济管理工作中的地位和重要性，树立职业荣誉感，才有可能去爱岗敬业。这是做到爱岗敬业的前提，也是基本要求。

1. 热爱会计工作，敬重会计职业。会计人员应该热爱自己的本职工作，安心于本职岗位，稳定、持久地在会计天地中耕耘，恪尽职守地做好本职工作。敬业就是会计人员应该充分认识本职工作在社会经济活动中的地位和作用，认识本职工作的社会意义和道德价值，具有会计职业的荣誉感和自豪感，在职业活动中具有高度的劳动热情和创造性，以强烈的事业心、责任感，从事会计工作。

2. 严肃认真，一丝不苟。会计人员在自己的工作岗位上要认真负责，尽心尽力，遵守职业道德，要勤勤恳恳，不断地钻研学习，一丝不苟，精益求精，才有可能为社会为国家做出崇高而伟大的奉献。这种奉献精神就是敬业。

3. 忠于职守，尽职尽责。忠于职守具体表现为会计人员对自己应承担的责任和义务所表现出的一种责任感和义务感，这种责任感和义务感包含两方面的内容：一是社会或他人对会计人员规定的责任；二是会计人员对社会或他人所负的道义责任。

二、诚实守信

（一）诚实守信的含义

诚实守信是做人的基本准则，也是职业道德的精髓。诚实就是实事求是地待人做事，不弄虚作假；守信就是讲信用、重信誉、信守诺言，不搞坑蒙欺诈，不搞假冒伪劣。

（二）诚实守信的基本要求

1. 言行和内心思想一致，做老实人、说老实话、办老实事，不搞虚假。

2. 实事求是，如实反映。就是有一说一，有二说二，表里如一，言行一致，不弄虚作假、不欺上瞒下。

3. 保守秘密，不为利益所诱惑。

4. 执业谨慎，信誉至上。就是工作上扎实、稳妥、小慎，遵守自己所作出的承诺，讲信用，重信用，信守诺言。

三、廉洁自律

（一）廉洁自律的含义

廉洁自律是会计人员的基本品质，包括廉洁奉公和严明自律两个方面。廉洁奉公是会计职业道德的基本原则，其一般意义是洁身自好，为公众谋事，做到不贪污钱财，不收受贿赂，保持清白；严明自律是会计职业道德的更高层次，是会计职业道德的最高阶段、最高境界，也是会计职业道德建设的最高目标，是会计人员靠内心道德感和职业良心来实现会计道德上自我完善的追求，是一种自愿、自觉、自发的境界。廉洁自律是会计职业道德的前提，也是会计职业道德的内在要求，自律的核心就是用道德观念自觉地抵制自己的不良欲望。一个能自律的人，能保持清醒的头脑，把持住自我，不迷失方向，否则将迷失方向，走向犯罪。惩治腐败，打击会计职业活动中的各种违法活动和违反职业道德的行为，除了要靠法制手段，建立坚强和完善的法律外，会计人员严格自律，防微杜渐，构筑思想道德防线，也是防止腐败和非职业道德行为的有效手段。

（二）廉洁自律的基本要求

1. 树立正确的人生观和价值观。廉洁自律，首先要求会计人员必须加强世界观的改造，树立正确的人生观和价值观。人生观是人们对人生的目的和意义的总的观点和看法。价值观是指人们对于价值的根本观点和看法，它是世界观的一个重要组成部分，包括对价值的本质、功能、创造、认识、实现等有关价值的一系列问题的基本观点和看法。会计人员应以马克思主义、毛泽东思想、邓小平理论、“三个代表”重要思想为指导，树立科学的人生观和价值观，自觉抵制享乐主义、个人主义、拜金主义等错误的思想，这是在会计工作中做到廉洁自律的思想基础。

2. 公私分明，不贪不占。公私分明就是指严格划分公家与私人的利益界线，公是公，私是私。如果公私分明，做到一尘不染，就能够廉洁奉公，就能够做到不违法、不违纪。

3. 遵纪守法，尽职尽责。遵纪守法，正确处理会计职业权利与职业义务的关系，增强抵制行业不正之风的能力，是会计人员廉洁自律的又一个基本要求。会计人员的权利和义务在《中华人民共和国会计法》中作出了明确规定。会计人员不仅要遵纪守法，不违法乱纪、以权谋私，做到廉洁自律；而且要敢于、善于运用法律所赋予的权利，尽职尽责，勇于承担职业责任，履行职业义务，保证廉洁自律。

四、客观公正

（一）客观公正的含义

客观公正是会计职业道德规范的灵魂。所谓客观是指会计人员在处理会计事务时，必须以实际发生的交易或事项为依据，如实反映单位的财务状况，不掺杂个人主观意愿，不为单位领导的意见所左右；所谓公正是指会计人员应该具备正直诚实的品质，不偏不倚的对待有关利益各方，做到一碗水端平。客观公正是会计职业意志的具体体现。公正的本质则体现为合理性，对一些特殊会计事项的处理必须坚持公正合理的原则，这不仅是职业道德规范的要求，也是财会人员个人品德的体现。要做到客观公正，必须要保持会计人员从业的独立性，还要保持公正的从业心态。

（二）客观公正的基本要求

1. 依法办事。依法治国的核心是严格依法办事。只有实现依法办事，才能体现法律至上。只有在法律面前人人平等，才能实现依法而治，达到依法治国的目的，体现“法治”精神。因此，一方面，会计人员应当按照会计法律、法规和国家统一会计制度规定的程序和要求进行会计工作，保证所提供的会计信息合法、真实、准确、及时、完整；另一方面，依法办事要求会计人员必须树立自己职业的形象和人格的尊严，敢于抵制歪风邪气，同一切违法乱纪的行为作斗争。

2. 实事求是，不偏不倚。会计信息的正确与否，不仅关系到微观决策，而且关系到宏观决策。做好会计工作，不仅要有过硬的技术本领，也同样需要实事求是的精神和不偏不倚的态度。否则，就会把知识和技能用错地方，甚至参与弄虚作假或者通同作弊。

3. 保持独立性。独立性是指实质上的独立和形式上的独立。实质上的独立是指注册会计师在发表意见时其专业判断不受影响，公正执业，保持客观和专业怀疑；形式上的独立是指会计师事务所或鉴证小组避免出现这样重大的情形，使得拥有充分相关信息的理性第三方推断其公正性、客观性或专业怀疑受到损害。

五、坚持准则

（一）坚持准则的含义

坚持准则是指会计人员在处理业务过程中，要严格按照会计法律制度办事，不为主观或他人意志所左右，始终坚持按法律、法规和国家统一的会计制度的要求进行会计核算，实施会计监督。

（二）坚持准则的基本要求

1. 熟悉准则。熟悉准则是指会计人员应了解和掌握《中华人民共和国会计法》和国家统一的会计制度及与会计相关的法律制度，这是遵循准则、坚持准则的前提。

2. 遵循准则。遵循准则即严格按照国家统一的会计制度及与会计相关的法律制度执行。

3. 坚持准则。敢于和违法行为作斗争，维护国家、集体、个人利益。

六、提高技能

（一）提高技能的含义

技能是指会计人员应当具有一定的专业胜任能力。随着经济和社会的快速发展，会计工作对从业人员的业务素质和技能的要求也越来越高，提高技能、精通业务是会计人员胜任会计工作的基本条件。所以，会计人员必须具有胜任不同层次会计工作的专业技术能力，取得相应的专业技术资格。同时，必须知晓国家的财经法律、法规制度。会计工作是一项专业性、技术性很强的工作，其内涵十分丰富，知识面也相当宽广，随着社会主义市场经济体制的建立，改革开放的不断深入，经济生活中出现了许多过去不曾遇到的新问题，必然使会计面临许多全新课题，会计理论、会计知识都以前所未有的速度更新。因此，会计人员必须在实践中不断地学习，认真钻研业务技能，精通现代科学技术，熟练掌握会计电算化管理技术，以适应会计工作发展的需要。

（二）提高技能的基本要求

1. 会计工作是专业性和技术性很强的工作，只有具有一定的专业知识和技能，才能胜任会计工作。提高技能就是指会计人员通过学习、培训和实践等途径，持续提高职业技能，以达到和维持足够的专业胜任能力的一项活动。因此，会计人员应当具有增强提高专业技能的自觉性和紧迫性，刻苦钻研，不断进取，不断提高会计专业技能的意识和愿望。

2. 要有勤学苦练的精神和科学的学习方法，通过增强学习、加强实践、恪守职业道德，才能更好地提高会计人员的职业技能。

七、参与管理

（一）参与管理的含义

参与管理简单地讲就是积极参加管理活动，主动提出合理化建议，为管理者当参谋，为管理活动服务。

（二）参与管理的基本要求

1. 努力钻研业务，熟悉财经法规和相关制度，提高业务技能，为参与管理打下基础。

2. 熟悉服务对象的经营活动和业务流程，使参与管理的决策更具针对性和有效性。

八、强化服务

（一）强化服务的含义

强化服务就是要求会计人员具有文明的服务态度、强烈的服务意识和优良的服务质量。会计服务主要包括三个方面的内容：一是政策服务，即财会人员因熟悉财经法规，可以向单位领导和内部其他部门提供财经政策咨询服务；二是资金服务，财会人员负责资金的管理，对资金合理调度、科学运筹和监督是保证一个单位各项工作顺利开展的关键之一；三是管理服务，财会部门是一个单位从事财务管理的中心环节，有效的财务管理，通过会计核算的支撑可以最大限度地促进行政事业单位增收节支，提高资金使用效率。

（二）强化服务的基本要求

1. 强化服务意识。会计人员要做到文明服务，必须牢固树立服务意识，为管理者服务、为所有者服务、为社会公众服务、为人民服务观念，悉心钻研会计服务知识，建立会计服务机制，健全会计服务制度，不断改进会计服务手段，努力提高服务水准和技能。

2. 要提高服务质量，促进企业降本增效，提升市场竞争力与占用率，努力维护会计职业的良好社会形象。

第三节 会计职业道德教育与修养

一、会计职业道德教育

（一）会计职业道德教育的含义

会计职业道德教育，是会计职业道德活动的重要形式，是使外在的会计职业道德规范得以转化为会计人员内在品质和行为的有效途径。其基本内涵是根据会计工作的特点，用社会主义道德对会计人员灌输和施加影响，使会计职业道德规范和优秀会计职业道德传统深入人心，提高会计人员在会计工作中的道德水平。会计职业道德教育是一种外在的影响和督促，是会计工作的管理部门、会计职业管理机构、单位负责人等对会计人员进行职业教育的一种外在要求。

（二）会计职业道德教育的内容

1. 职业道德观念教育。就是在社会上广泛宣传会计职业道德基本常识，使广大会计人员懂得什么是会计职业道德，并利用广播电视、报刊杂志等媒介，表彰坚持原则、德才兼备的会计人员，鞭笞违法、违纪的会计行为。从而提高会计职业道德水平，使会计职业健康发展。

2. 会计职业道德规范教育。就是指对会计人员开展以会计职业道德规范为内容的教育。会计职业道德规范的主要内容包括爱岗敬业、诚实守信、廉洁自律、客观公正、坚持准则、提高技能、参与管理和强化服务等。这是会计职业道德教育的核心内容，应贯穿于会计职业道德教育的始终。

3. 会计职业道德警示教育。就是指通过开展对违法、违纪的会计行为典型案例的讨论和剖析，给会计人员以启发和警示，从而可以提高会计人员的法律意识和会计职业道德观念，提高会计人员辨别是非的能力。

（三）会计职业道德教育途径

1. 岗前职业道德教育。岗前职业道德教育是指对将要从事会计职业的人员进行的道德教育。包括会计专业学历教育及获取会计从业资格中的职业道德教育。教育的侧重点应放在职业观念、职业情感及职业规范等方面。

2. 会计学历教育中的职业道德教育。在我国，大专院校是培养各类专门人才的基地，其会计类专业就读的学生，是会计队伍的预备人员，他们当中的大部分将走入会计队伍，从事会计工作。在会计学历教育的阶段是他们的会计职业情感、道德观念和是非善恶判断标准初步形成的时期，所以，会计专业类大专院校是会计职业道德教育的重要阵地，是会计人员岗前道德教育的主要场所，在会计职业道德教育中具有基础性地位。

3. 获取会计从业资格中的职业道德教育。在我国，根据财政部门的有关规定，从事会计工作必须持证上岗。对于要从事会计工作的从业人员来说，必须通过考试取得会计从业资格。为了使希望从事会计职业的人员在进入会计岗位时具备一定的会计职业道德，财政部在会计从业资格考试科目中增加了《财经法规与会计职业道德》。

4. 岗位职业道德继续教育。继续教育是指从业人员在完成某一阶段的专业学习后，重新接受一定形式的，有组织的，知识更新的教育和培训活动。继续教育是强化会计职业道德教育的有效形式，继续教育中的职业道德教育要具有针对性和侧重点。

5. 形势教育。教育的重点是要贯彻以德治国的重要思想和“诚信为本，操守为重，坚持准则，不做假账”的指示精神，进一步全面、系统地加强会计职业道德培训，提高广大会计人员的政治水平和思想道德意识。

6. 品德教育。教育的重点是引导会计人员自觉地用会计职业道德规范指导和约束自身的行为，提高职业道德自律能力，最终形成良好的、稳定的道德品行。

7. 法制教育。教育的重点是引导会计人员熟悉并了解不同历史时期的会计法律、法规政策，学会运用法律的手段处理会计事务。

二、会计职业道德修养

（一）会计职业道德修养的含义

会计职业道德修养是指会计人员在会计职业活动中，按照会计职业道德的基本要求，在自身道德品质方面进行的自我教育、自我改造、自我锻炼、自我提高，从而达到一定的职业道德境界。

职业道德修养的最终目的，在于把职业道德原则和规范逐步地转化为自己的职业道德品质，从而将职业实践中对职业道德的意识情感和信念上升为职业道德习惯，使其贯穿于职业活动的始终。

（二）会计职业道德修养的环节

1. 形成正确的会计职业道德认知。通过一定手段和方式系统地传播、阐释财会人员职业道德规范，通过营造浓烈的舆论氛围，最大限度地给从业人员及社会各界以职业道德观念与行为的影响，使其逐步渗透到会计人员的思想深处，从而净化其内心世界，改善认知标准，确立符合道德规范的世界观、人生观和价值观，形成正确的会计职业道德认知。同时，通过自我教育和社会教育来强化个人会计职业道德修养。

2. 培养高尚的会计职业道德情感。培养会计职业道德情感，帮助和引导树立高尚的会计职业道德观念。是指热爱会计工作，敬重会计职业。只有这种情感才能坚持诚实守信，客观公正，依法理财；才能不断学习和提高自律能力，随着市场经济的发展和经济全球化进程的加快，会计的专业性和技术性日趋复杂，一名合格的会计人员应使自己的知识不断更新。会计职业道德和会计职业情感是相互作用的，遵守会计职业道德客观要求会计人员熟悉和掌握相关的法律法规，不断学习提高会计职业技能。如果会计人员不熟悉准则、没有较高的会计技能，再好的道德品行，如何能够做到遵循准则、坚持准则，如何做到客观公正……会计职业道德建设是一项系统的社会工程，是一个长期的过程，不可能一蹴而就。只有根据会计职业道德建设的自身特征，从宏观和微观，即会计职业道德建设的多方主体共同努力，持之以恒，方能在全社会形成“诚信为本、操守为重、坚持准则、不做假账、参与管理、强化服务”的会计职业道德风尚。

3. 树立坚定的会计职业道德信念。只有形成了坚定的会计职业道德信念，会计人员的职业道德知识、情操和意志才具有稳定性和一贯性，会计人员的职业道德行为才具有坚定性。会计人员一旦牢固地树立了会计职业道德信念，就能以持之以恒的精神和对工作精益求精的态度，始终不渝地遵守会计职业道德规则，履行自己的职责和义务。

4. 养成良好的会计职业道德行为。会计职业道德行为是衡量会计人员职业道德品质好坏、职业道德水平高低的客观依据。会计职业道德修养的最重要环节，就是要把会计职业道德原则和规范贯彻落实到会计职业道德行为中去。会计职业道德行为习惯的养成，离不开职业技能的学习与提高。只有具备了精湛的职业技能，会计人员的职业道德知识、情操、意志和信念才有用武之地，并发挥良好的经济与社会效益。

（三）会计职业道德修养的方法

1. 独立。会计职业道德修养的最高境界在于做到独立。即在一个人单独处事、无人监督的情况下，也应该自觉地按照道德准则去办事，有句话说的好，领导在场与不在场都要一个样，就是在独立工作时间要有崇高的思想境界。

2. 控制。就是指用正当的手段获得物质利益。会计人员做到控制自己，要把国家、社会公众和集体利益放在首位，在追求自身利益的时候，不损害国家和他人利益。

3. 谨慎。就是指在微处、小处自律，从微处小处着眼，积小善成大德。

4. 反省。就是认真自省，通过自我反思、自我解剖、自我总结而发扬长处，克服短处，不断地自我升华、自我超越。

第四节　会计职业道德建设

一、财政部门的组织推动

（一）采用多种形式开展会计职业道德宣传教育

财政部门会计管理机构和会计从业资格管理部门应当结合本地区的实际情况，有计划、有步骤地开展会计职业道德宣传教育工作，要制定切实可行的宣传教育方案和规划，明确任务，落实责任；要采取灵活多样的宣传形式，充分利用广播、电视、网络、报刊、杂志等媒体，广泛宣传会计职业道德先进典型，弘扬正气，树立诚实守信等会计新风尚；要通过座谈会、研讨会、演讲会、论坛、知识竞赛、有奖征文等活动，研讨和宣传加强会计职业道德建设的必要性和具体措施，引导广大会计人员积极参与会计职业道德建设，同时发挥思想文化阵地在职业道德建设中的作用，营造会计职业道德建设的氛围。

（二）会计职业道德建设与会计从业资格证书注册登记管理相结合

《会计法》、《会计从业资格管理办法》和《会计基础工作规范》均规定会计人员必须遵守会计职业道德，而且会计人员遵守会计职业道德的情况还是会计从业资格证书注册登记管理的重要内容。检查的方式包括：

1. 考核评价方式。即将会计职业道德分为若干项目，通过一定的组织形式和组织程序，对会计人员的道德行为进行百分制考核。考核的形式有自检、互检、明检、暗检等。

2. 建立持证人员诚信档案。通过会计人员信息管理系统，将会计人员执行会计法规制度和会计职业道德的情况，以及受到的奖惩情况记录在案，形成会计人员的诚信档案，不仅作为财政部门监管会计人员的依据，也可以向用人单位和社会公众开放，从而督促、约束、激励会计人员严格自律，认真执行会计职业道德规范。

（三）会计职业道德建设与会计专业技术资格考评、聘用相结合

我国《会计专业技术资格考试暂行规定》及其实施办法规定，报考初级资格、中级资格的人员，应“坚持原则，具备良好的职业道德品质”。经审查发现有不遵循会计职业道德记录的报考人员，考试管理机构应取消其报名资格；高级会计师的考评不仅关注申报人员的学历条件、工作成绩及专业水平，会计职业道德考评也是一个重要内容，考评的主要方式有：一是在考试时增加职业道德方面的内容；二是在评审方面要对申报人的会计职业道德情况严格审查；三是规定一些关于会计职业道德规范的否决条款。

（四）会计职业道德建设与《会计法》执法检查相结合

财政部门作为《会计法》的执法主体，可以依法对社会各单位执行会计法律制度情况及会计信息质量进行不同形式的检查或抽查。通过检查，一方面督促各单位严格执行会计法律法规；另一方面也是对各单位会计人员遵守会计职业道德情况的检查和检验。检查中发现的会计人员违反《会计法》的行为，同时也一定是违反会计职业道德的行为，会计人员不仅要承担《会计法》规定的法律责任，受到相应的行政处罚或刑事处罚，同时还必须接受相应的道德制裁。道德制裁可以采取在会计行业范围内通报批评、指令其参加一定学时的继续教育课程、暂停从业资格、在行业内部的公开刊物上曝光等。法律惩罚和道德惩罚两者并行不悖、不可替代，应同时并举。

（五）会计职业道德建设与会计人员表彰奖励制度相结合

《会计法》规定：“对认真执行本法，忠于职守，坚持原则，做出显著成绩的会计人员，给予精神的或者物质的奖励。”因此，会计职业道德规范的贯彻与实施，既要对违反会计职业道德的行为进行惩戒，同时又要对自觉遵守会计职业道德规范的先进单位和先进个人进行表彰。对会计人员的表彰奖励应注意将物质奖励和精神激励有机结合起来，具体可以采用给予一定数额奖金、晋升工资、授予荣誉称号（先进财会工作集体、先进会计工作者）、颁发荣誉证书等方式，并通过公开刊物等大众媒体予以广泛宣传。

二、会计职业组织的行业自律

对于尚未违反会计法律制度，但违反会计职业道德的行为，在会计行业自律组织比较健全的情况下，可以由职业团体通过自律性监管，根据情节轻重程度采取通报批评、罚款、支付费用、取消其会员资格、警告、退回向客户收取的费用、参加后续教育等方式，对违反会计职业道德规范的行为进行相应的惩罚。

会计人员违反职业道德，情节严重的，由财政部门吊销其会计从业资格证书。《会计从业资格管理办法》规定：

1. 参加会计从业资格考试舞弊的，由会计从业资格管理机构取消其该科目的考试成绩；情节严重的，取消其全部考试成绩。

2. 用假学历、假证书等手段得以免试考试科目并取得会计从业资格证书的，由会计从业资格管理部门撤销其会计从业资格。

3. 持证人员未按照本办法规定办理注册、调转登记的，会计从业资格管理机构责令其限期改正；逾期不改正的，予以公告。

4. 持证人员有《会计法》第四十二条、第四十三条、第四十四条所列违法违纪情形之一的，由会计从业资格管理机构按照《会计法》的规定予以处理并向社会公告。

三、社会各界齐抓共管

（一）各尽其责，齐抓共管

社会各界各尽其责，相互配合，齐抓共管。加强会计职业道德建设，既是提高广大会计人员素质的一项基础性工作，又是一项复杂的社会系统工程；不仅是某一个单位、某一个部门的任务，也是各地区、各部门、各单位的共同责任。因此，加强会计职业道德建设，不仅各级党组织要管，各级机关、群众组织等也要管。只有重视和加强各级组织、广大群众和新闻媒体的监督作用，齐抓共管，形成合力，才能有效地搞好会计职业道德建设，更好地提高广大会计人员的思想道德素质。

（二）社会舆论监督，形成良好的社会氛围

良好会计职业道德风尚的树立，离不开社会舆论的支持和监督。强化舆论监督，有利于在全社会形成诚实守信的氛围。要在全社会会计人员中倡导诚信为荣，失信为耻的职业道德意识，引导会计人员加强职业修养。通过会计职业道德建设中正反典型的宣传，弘扬正气，打击歪风。

第六章

学习方法与应试指南

第一节 考试规定与要求

一、会计从业资格证书范围

在国家机关、社会团体、公司、企业、事业单位和其他组织从事下列会计工作的人员必须取得会计从业资格：

1. 总会计师。
2. 会计机构负责人（会计主管人员）。
3. 出纳。
4. 稽核。
5. 资本、基金核算。
6. 收入、支出、债权债务核算。
7. 工资、成本费用、财务成果核算。
8. 财产物资的收发、增减核算。
9. 总账。
10. 财务会计报告编制。
11. 会计机构内会计档案管理。

二、会计从业资格证书获取

参加《财经法规与会计职业道德》、《会计基础》、《初级会计电算化（或者珠算五级）》三门科目的考试，并取得合格成绩。在考试成绩合格单有效期内，向县级以上地方财政部门申请领取会计从业资格证书。

三、会计从业资格考试各科目的考试成绩合格单时效

《财经法规与会计职业道德》、《会计基础》成绩合格的，由当地会计从业资格管理机构核发考试成绩合格单，合格成绩自考试之日起一年内有效。

初级会计电算化成绩合格的，由当地会计从业资格管理机构核发由省财政厅统一印制的初级会计电算化合格证书，该证书长期有效。

珠算科目须参加各级珠算协会组织的等级鉴定，并取得五级以上（含五级）鉴定证书，该证书长期有效。

四、会计从业资格考试与免试

中专以上会计类专业毕业的人员2年内不可以直接换会计从业资格证书，应根据财政部2005年3月1日颁发《会计从业资格管理办法》的规定，所有会计从业资格证书的申请人都必须参加考试。但符合以下条件的可免试两门：具备国家教育行政主管部门认可的中专以上（含中专，下同）会计类专业学历（或学位）的人员，自毕业之日起2年内（含2年），可免试会计基础、初级会计电算化（或者珠算五级），只参加财经法规与会计职业道德一门科目的考试。

会计类专业包括：

1. 会计学。
2. 会计电算化。
3. 注册会计师专门化。
4. 审计学。
5. 财务管理。
6. 理财学。

五、会计从业资格证书的申领

1. 凡有工作单位的人员，原则上按工作单位属地原则办理。具体规定如下：除另有规定外，县级以上（含县级，下同）地方财政部门负责本行政区域内的会计从业资格管理（铁道部系统、中国人民武装警察部队、中国人民解放军系统的会计从业资格管理除外）。

中央驻地方单位，其驻地方市区的省级管理机构由省财政厅负责管理，其他单位由所在市财政部门负责管理。

省直属单位，其驻省市区单位由省财政厅负责管理，其他单位由所在市财政部门负责管理。

2. 临时人员、聘用人员，由单位所在地财政部门负责管理。

3. 与任何单位不存在编制关系或聘任关系的人员，由常驻户口或临时户口所在地财政部门负责管理。

六、申请办理会计从业资格证书程序

申请会计从业资格证书时，应当填写《中华人民共和国会计从业资格证书申请表》，并持下列材料：

1. 有效期内的财经法规与会计职业道德考试成绩合格单、会计基础考试成绩合格单。

2. 初级会计电算化合格证书或珠算五级以上（含五级）鉴定证书。

3. 有效身份证件原件。

4. 近期同一底片一寸免冠证件照三张。

符合免试两门条件，且财经法规与会计职业道德考试成绩合格的申请人，还需持学历或学位证书原件（香港特别行政区、澳门特别行政区、台湾地区居民及外国居民的学历或学位须经中华人民共和国教育行政主管部门认可）。

七、会计从业资格证书时效

（一）注册登记

持证人员从事会计工作，应当自从事会计工作之日起90日内，填写注册登记表，并持会计从业资格证书和所在单位出具的从事会计工作的证明到会计从业资格管理机构办理注册登记。

发证和注册在同一个会计从业资格管理机构的，到发证机构办理注册登记手续；发证与注册不在同一会计从业资格管理机构的，由持证人员到原发证机构办理会计从业资格档案调转手续，并填写调转登记表，由原发证机构签署意见。持证人员持调转登记表、会计从业资格证书和所在单位出具的从事会计工作的证明，向单位所在地财政部门办理注册登记。

持证人员离开会计工作岗位超过6个月的，应当填写注册登记表，并持会计从业资格证书和IC卡，向注册登记的会计从业资格管理机构备案。

（二）会计继续教育

会计人员继续教育是指取得会计从业资格的人员持续接受一定形式的、有组织的理论知识、专业技能和职业道德的教育和培训活动，优化知识结构，不断提高和保持其专业胜任能力和职业道德水平。

1. 会计人员继续教育的特点。

（1）针对性，即针对不同对象确定不同的教育内容，采取不同的教育方式，解决实际问题；

（2）适应性，即联系实际工作需要，学以致用；

（3）灵活性，即继续教育培训内容、方法、形式等方面具有灵活性。

2. 会计人员继续教育的内容。会计人员继续教育的内容主要包括：会计理论、政策法规、业务知识、技能训练和职业道德等。

3. 会计人员继续教育的形式和学时要求。会计人员继续教育的形式以接受培训为主，在职自学是会计人员继续教育的重要补充。持证人员应当接受继续教育，提高业务素质和会计职业道德水平。

持证人员每年参加继续教育不得少于24小时。持证人员在省内可异地参加会计人员继续教育。但必须在现注册登记财政部门报备，并由教育实施地会计从业资格管理机构出具证明后，由现注册登记财政部门确认后予以登记。

（三）变更登记

持证人员的职称、学历、工作单位等信息发生变化时，应及时到注册登记的会计从业资格管理机构办理变更登记。

八、会计从业资格档案调转

持证人员在同一会计从业资格管理机构管辖范围内调转工作单位的，应当自离开原工作单位之日起 90 日内，填写调转登记表，持会计从业资格证书及调入单位开具的从事会计工作的证明，办理调转登记。

持证人员在不同会计从业资格管理机构管辖范围调转工作单位的，应当填写调转登记表，持会计从业资格证书，及时向原注册登记的会计从业资格管理机构办理调出手续；并自办理调出手续之日起 90 日内，持会计从业资格证书、调转登记表和调入单位开具的从事会计工作证明，向调入单位所在地区的会计从业资格管理机构办理调入手续。

第二节　主要学习方法

在学习中把握它的基本命题规律、熟悉会计考试各类题型的特点，掌握适合自己的学习方法及逐渐强化应试技巧成为非常必要的一环，要想提高学习方法可以从以下几个方面入手：

一、掌握学习重点和难点

（一）以教材为主线，把握教材要点、难点和重点之精髓

因为教材是应试复习的主要依据。要通读教材，其目的是了解教材体系，找出学习与复习的重点和难点，提出问题及疑点；逐章阅读指定教材，其目的是理解有关知识点，强化重点内容复习，突破难点。

（二）以大纲为辅助，把考试大纲和教材有机结合起来，把握命题范围和答案标准

考试大纲和教材是命题的重要依据，应全面、认真学习大纲和教材。一般来说，考试大纲和教材包含了命题范围和答案标准，考生必须按考试大纲和教材的相关内容回答试题中的问题，否则很难得到高分。会计考试的特点是覆盖面广、系统性强，因此考生要进行全面的、系统地学习，特别不能忽视基础知识。在看书时，要仔细做笔记，把重点、难点、疑点加以归纳总结，从而让厚书变薄，并理解其精华所在。对于考试必考的知识点，考生一定要深刻把握，能够举一反三，做到以不变应万变。

（三）合理安排工作与学习，把握全面、系统的知识面

学习教材需要一定的时间和精力的投入，考生应合理分配工作和学习的时间。强调对教材的学习面，是真正理解教材中的重要内容，并不是要求考生把教材的全部内容逐字逐句地背下来，学习教材主要是掌握教材内容的本质及不同章节的内在联系，能够从整体上全面、系统地掌握教材的内容，做到知识融会贯通。学习教材时，要循序渐进，对每个环节，认认真真地做好笔记。对每章节内容，哪些问题应该掌握，哪些内容只作为一般了解，哪些要点要熟练精通都要做到心中有数。

二、选择好学习方法

（一）分析往年考题，总结命题规律

在阅读教材的基础上，按章节和题型分析近几年考题。通过分析历年考题，了解考试命题的思路，把握考试的规律性，并确定明年复习的重点。但切忌无根据的猜题和押题。

《财经法规与会计职业道德》、《会计基础》两个科目的考试，题型全部为客观题，分为单选、多选、判断，考试时间为90分钟。

（二）讲究学习方法，提高学习效率

要善于总结规律，掌握问题的关键点，使复杂问题简单化。教材的很多章节都是根据准则、制度及相关法规编写的，其语言精练、严密、逻辑性强，提高了教材的档次。不过，这也在一定程度上给考生阅读教材和理解有关问题带来了一定的难度。因此，考生在学习教材时应注意掌握教材中重点和难点内容的关键点。

1. 从基础入手。在学习时，对于教材中的基本的概念、理论、账务处理、计算方法一定要彻底弄懂，注重对基础知识的学习，只有基础知识答扎实了，才能去做相关的难题。

2. 新旧比较入手。新旧大纲新增变化内容要作为重点对比方法去学习，主要通过对比方便广大考生学习理解和掌握会计从业资格考试大纲的内容，总结出《财经法规与会计职业道德考试大纲》的主要变化。

（1）对部分内容作了补充和细化以及根据新情况对部分内容作了重新论述。

（2）对第二章“支付结算法律制度”作了部分修订，将“银行汇票”改称“商业汇票”，增加了信用卡和汇兑的内容，对银行账户的管理作了修订。

（3）将原来的第三章“税收征收管理法律制度”改为“税收法律制度”，在保留原有的税收征收管理法律制度的同时，增加了税法概论、增值税、消费税、营业税、企业所得税、个人所得税等新内容。

（4）新增第四章“财政法规制度”，将预算法律制度、政府采购法律制度、国库集中收付制度等有关内容列入考试范围。

（5）对原第四章“会计职业道德”进行了大规模修订，除从新论述和修订了原有内容外，还增加了“会计职业道德教育与修养”。

3. 从总结要点入手。要善于总结每章的知识要点，每章的基本内容，在确保做大量题的基础上才能熟练掌握有关知识，考试时才能得心应手，最后就会取得好的成绩。

4. 从选教材入手。在学习时，要注意选好新教材，在认真学习新教材，结合旧教材，通过对比，你就能找出2010年和2009年教材的变化内容，这样就会增强记忆，学习起来不枯燥，就会有利于提高学习效率。

（三）加强练习，提高应试水平

在平时学习过程中，适当地做一些典型的习题是考试成功必不可少的一个环节。虽然本书基础知识较多，但涉及的内容十分广泛，仅仅依靠记忆和自身理解是远远不够的，通过做一些典型题目可以更好地掌握教材中的重点内容，逐渐总结出考试的重点与规律，发现自身学习中的薄弱环节，从而不断提高学习成绩。在这里，还要强调的是做一些典型的习题，如历年的考题。实事求是地说，历年考题最值得研究。当然，考生还应选择一本较好地题库进行练习，但资料不宜过多，多了容易眼花，反而不利于学习。选择这类辅导教材时可以关注教材的知名度、权威机构的推荐和授权、往年考生的推荐、对习题的分析程度等因素。进一步加强练习，做好题库里的习题，就能更好地掌握教材上的内容，更有利于提高应试水平。

三、避免学习误区

（一）走捷径

会计从业资格考试考题覆盖面宽，考生要全面掌握书本内容，打牢基础，不要忽视任何一个细节问题。但有的考生为了找捷径，只复习重点内容，对非重点内容和可能出小题的内容或不复习或下功夫不够。这样复习的结果，大大影响了考生的考试成绩的提高。因此，要注重热点，突出重点，体现知识更新，会计从业资格考试重点非常明确。政策问题、会计政策变更问题、会计差错更正问题、所得税会计问题和其他一些特殊业务的处理会成为会计考试的一些重点，在这些问题上要明确、熟练、融会贯通，同时与当年的新问题相结合。

（二）盲目押题

有的考生凭侥幸心理，没有根据地推测当年考试命题范围，或者寄希望于辅导老师在串讲时押题。这样盲目押题的结果往往事与愿违，容易名落孙山。

四、考前强化复习

在考前用几天的时间进行本科目的强化复习，目的是全面复习教材中的知识点，进行重点及难点的复习和练习，强化有关知识点的记忆。

（一）运用“对比总结法”进行复习

考试中的单选、多选和判断题类型的题目，这些题目主要是考大家对法律法规规定内容的掌握的准确性，其选项或表述中常常会有一些似是而非、容易混淆的问题。考试题目中所给的选项有时是一个或几个字的差别，如果我们不能理解、记住条文的规定，是很难进行选择的。因此要把相同或类似的进行总结对比进行记忆。这样记得就比较牢靠、比较准确，无论出单选、多选还是判断，答起题来都很有把握。

（二）采取“回忆法”进行复习

“回忆法”是指每天睡觉之前，躺在床上闭目回忆一下当天自己所学的内容，在脑海来向放电影的一样回顾一下，回想自己看了那些内容，如果能够回忆起来，说明你的记忆不错，能够暂时掌握了学习的内容。不能片面追求数量的完成，而忽视记忆效果的作法是不可取的。

（三）采用“滚动学习法”进行复习

大家都觉得学了前面忘了后面，因此今天学习的内容，在采用回忆法进行温固后，第二天学习之前要在进行复习巩固一下，每天都要这样，循序渐进。

（四）采用“互帮互助法”进行复习

参加考试的考生，大部分一个单位有几个，工作之余，大家不妨采取你问我答或我问你答的方式进行复习。能够提出的问题，说明你对这一问题已有一定的了解，并能借对方的回答加深自己的记忆；能够回答出问题，则验证了你对这一问题已经掌握，在以后看书之时这一内容就可一眼而过，而一旦答不出来，赶紧查书，有针对性地找答案。这种方法产生的记忆，比自己单独学习更有效。

总之，只要方法正确，再加上自己的努力学习，就一定会通过会计证考试，要保持良好的心态去面对学习面对考试。

第三节 应试技巧

一、了解考试流程和注意事项

（一）考生参加考试流程说明

1. 持本人有效身份证件和准考证，开考前提前 40 分钟到考点。

2. 在考场，按监考老师指引入场拍照。

3. 按老师指引到指定的机器等待考试。

4. 输入本人身份证，等待考试开始。

5. 考试开始后，以鼠标双击屏幕左侧考试题号，右侧上半部分显示考试题目，下半部分为答题区域，答题时点中所选选项即可。

6. 考生对不会答或想回头再答的题目，可点“考虑考虑”作标记。

7. 答题完毕，考生可按“交卷”按钮提交答卷，如果考试结束时间到，系统将自动收卷。

8. 考生得分在考生提交答卷后 1 分钟左右显示在屏幕上。

9. 考生退离教室。

（二）注意事项

1. 考生迟到 30 分钟后将不能参加考试。

2. 考生在开考 30 分钟后方可交卷离场。

3. 考试过程中，考生不得擅自移动或遮挡摄像头，不得携带移动硬盘或优盘。

4. 考生违反考场规则被处作弊的，2 年内将被禁止再次参加考试。

5. 考生如遇机器死机、网络中断等故障，不得自行处理，应举手示意请监考老师帮助解决。

6. 考生交卷后该场考试即结束，不能再继续答题。

7. 考生领取准考证后缺考，考试费不退。

8. 考生不能自行指定考试日期及场次。

9. 考生确认报名信息无误后，信息将不可更改。

10. 考试过程中将进行全程监控和录像。

二、熟悉考生操作及要求

（一）考生操作（以山东省规定要求为例）

1. 登陆山东会计人员继续教育网 http：//www. chinarx. com. cn 在网上予以报名。

2. 点击右边“会计从业资格考试——报名登陆窗口”。

3. 首次报名请点击“考生注册”按钮，在本系统注册您的用户名，此用户是您填写、修改本人信息，打印信息确认表，打印准考证的根据，务必牢记用户名和密码；修改信息请直接填写用户名和密码登陆。

4. 填写和修改个人信息：点击左上角基本信息，请将个人信息填写完整，并上传个人近期照片，选择报名点，然后保存。

5. 选择报考课程：请根据山东省财政厅从业资格考试相关规定和您的实际情况选择报考课程。

6. 信息填写完整后打印信息确认表，拿着本表去您网上报名时所选择的地点缴费确认；确认时请给报名点提供您登陆系统时所用的用户名。

7. 关于考试时间随时关注网站通知。

8. 准考证打印，请关注本站通知并登陆系统打印准备考。

9. 信息确认表和准考证照片必须打印清晰。

当然，考生在考前还应关注当地财政部门的新变化信息和相关具体要求。

（二）考试要求

在考试时，应保持良好的心态，战胜胆怯心理，认真填写答题，仔细阅读试卷，做题时，合理分配时间，由易到难，由简到繁，尽量做到会做的题一题不能错，该得的分一分不能丢。因此，考生只要树立信心，明确考试目标，按考试大纲的要求，全面复习、抓住重点，攻克难点，应试方法得当，就一定能够顺利通过考试。

三、掌握考试评判规定

（一）单项选择题评判规定

单项选择题（下列每小题备选答案中，只有一个符合题意的正确答案。请将选定的答案编号填入括号内。每小题 1 分，本类题共 40 分。多选、错选、不选均不得分）。

（二）多项选择题评判规定

多项选择题（下列每小题备选答案中，有两个或两个以上符合题意的正确答案。请将选定答案的编号填入括号内。每小题 1 分，本类题共 20 分。多选、少选、错选、不选均不得分）。

（三）不定项选择题评判规定

不定项选择题（下列各题，至少有一个正确答案。请将所选答案前面的英文字母填入括号内。本类题共 20 分，每小题 1 分。不选、少选、多选或错选均不得分）。

（四）判断题评判规定

判断题（请在每小题后面的括号内填入判断结果，认为正确的用“√”表示、错误的用“×”表示。每小题判断结果正确的得 1 分，判断结果错误、不判断的均不得分。本类题共 20 分，每小题 1 分）。

附一　财经法规与职业道德应试指南题库

《财经法规与职业道德》命题预测试卷（一）

题号	一	二	三	四	五	六	总分	统分人签字
得分								

得分	评卷人

一、单项选择题（每题1分，共30分）

1.《中华人民共和国会计法》规定，用电子计算机软件生成的会计资料必须符合(　　)的要求。

A. 企业会计工作规范　　B. 国家统一会计制度

C. 各地方相关法规　　D. 各项具体会计准则

2. 原始凭证出现金额错误，应由(　　)。

A. 经办人更正　　B. 会计人员更正

C. 原开具单位更正　　D. 原开具单位重新开具

3. 根据会计档案管理办法的规定，会计档案保管期限分为永久和定期两类。定期保管的会计档案，其最长期限是(　　)。

A. 5年　　B. 10年

C. 15年　　D. 25年

4. 根据《中华人民共和国会计法》的规定，行使会计工作管理职能的政府部门是(　　)。

A. 财政部门　　B. 税务部门

C. 审计部门　　D. 证券监管部门

5.《中华人民共和国会计法》规定，我国会计年度自(　　)。

A. 公历1月1日起至12月31日止

B. 农历1月1日起至12月30日止

C. 公历4月1日起至次年3月31日止

D. 公历10月1日起至次年9月30日止

6. 会计档案由单位会计机构负责整理归档并保管一定期限内，移交单位的会计档案管理部门或指定专人继续保管。该期限是指(　　)。

A. 1年　　B. 2年

C. 3年　　D. 6个月

7. 当存款人银行结算账户有法定变更事项的，应于(　　)日内书面通知开户银行并提供有关证明。

A. 2日　　B. 5日

C. 7日　　D. 10日

8. 以下哪类账户可用于支付工资及奖金的支付(　　)。

A. 基本存款账户　　B. 一般存款账户

C. 临时存款账户　　D. 专用存款账户

9. 银行汇票的付款人为(　　)。

A. 银行汇票的申请人　　B. 出票银行

C. 代理付款银行　　D. 申请人的开户银行

10. 根据《中华人民共和国票据法》的规定，下列各项中，不属于票据的基本当事人的是(　　)。

A. 出票人　　B. 付款人

C. 保证人　　D. 收款人

11. 会计职业道德除具有职业道德的一般特征外，还具有一定的强制性和(　　)特征。

A. 复杂性　　B. 较多关注公众利益

C. 教育性　　D. 独立性

12. 客观公正的基本要求包括(　　)。

A. 端正态度，依法办事，实事求是，保持独立性

B. 端正态度，坚持准则，实事求是，保持独立性

C. 公私分明，依法办事，实事求是，保持独立性

D. 端正态度，忠于职守，实事求是，保持独立性

13. 某公司资金紧张，需向银行贷款500万元。公司经理要求被返聘的张会计对公司提供给银行的会计报表进行技术处理。张会计很清楚公司目前的财务状况和偿债能力，做这种技术处理是很危险的，但在经理的反复开导下，张会计感恩于经理平时对自己的照顾，于是编制了一份经过技术处理后漂亮的会计报告，公司获得了银行的贷款。下列对张会计行为的认定中正确的是(　　)。

A. 张会计违反了爱岗敬业、客观公正的会计职业道德要求

B. 张会计违反了参与管理、坚持准则的会计职业道德要求

C. 张会计违反了客观公正、坚持准则的会计职业道德要求

D. 张会计违反了强化服务、客观公正的会计职业道德要求

14. “常在河边走，就是不湿鞋”这句话体现的会计职业道德是(　　)。

A. 参与管理　　B. 廉洁自律

C. 提高技能　　D. 强化服务

15. 公司为获得一项工程合同，拟向工程发包方的有关人员支付好处费8万元。公司市场部持公司董事长的批示到财务部领该笔款项。财务部经理谢某认为该项支出不符合有关规定，但考虑到公司主要领导已做了批示，遂同意拨付了款项。下列对谢某做法认定中正确的是(　　)。

A. 谢某违反了爱岗敬业的会计职业道德要求

B. 谢某违反了参与管理的会计职业道德要求

C. 谢某违反了客观公正的会计职业道德要求

D. 谢某违反了坚持准则的会计职业道德要求

16. 下列各项中，不属于会计岗位的是(　　)。

A. 出纳　　B. 档案管理

C. 仓库保管员　　D. 财产物资核算岗位

17. 《中华人民共和国会计法》规定，单位有关负责人应在财务会计报告上(　　)。

A. 签名　　B. 盖章

C. 签名或盖章　　D. 签名并盖章

18. 我国境内的外商投资企业，会计记录文字应符合以下规定(　　)。

A. 只能使用中文

B. 只能使用外文

C. 使用中文，同时可选择一种外文

D. 在中文和外文中选择一种

19. 我国境内业务收支以人民币以外的货币为主的单位，其(　　)应折算为人民币反映。

A. 填制的记账凭证　　B. 编报的财务会计报告

C. 取得的原始凭证　　D. 登记的账簿

20. 根据《中华人民共和国会计法》的规定，担任会计机构负责人的，除取得会计从业资格证书外，还应当具备一定的专业技术职务资格或一定年限的会计工作经历。该资格和年限为(　　)。

A. 会计师，3年　　B. 助理会计师，2年

C. 会计师，2年　　D. 助理会计师，3年

21. 《中华人民共和国会计法》规定，(　　)为单位会计行为的责任主体。

A. 总会计师　　B. 单位负责人

C. 会计人员　　D. 会计机构负责人

22. 单位内部会计监督，可通过(　　)在处理会计业务过程中进行。

A. 单位内部会计机构、会计人员　　B. 单位内部纪检人员

C. 单位负责人　　D. 上级单位领导

23. 依法定方式签发票据，并将票据交付给收款人的人称为(　　)。

A. 背书人　　B. 出票人

C. 收款人　　D. 付款人

24. 出票银行签发的，由其在见票时按照实际结算金额无条件支付给收款人或者持票人

的票据是(　　)。

A. 银行汇票　　B. 银行本票

C. 商业承兑汇票　　D. 银行承兑汇票

25. 根据我国《中华人民共和国税收征收管理法》的规定，企业向税务机关申报办理税务登记的时间是(　　)。

A. 自领取营业执照之日起 15 日内

B. 自领取营业执照之日起 30 日内

C. 自申请营业执照之日起 45 日内

D. 自申请营业执照之日起 60 日内

26. 纳税人已在工商行政管理机关办理变更登记的，应当自工商行政管理机关变更登记之日起(　　)日内，申报办理变更税务登记。

A. 30 日内　　B. 15 日内

C. 45 日内　　D. 60 日内

27. 税务登记不包括(　　)。

A. 开业登记　　B. 变更登记

C. 核定应纳税额　　D. 注销登记

28. 当存款人银行结算账户有法定变更事项的，应于(　　)内书面通知开户银行并提供有关证明。

A. 2 日　　B. 5 日

C. 7 日　　D. 10 日

29. 根据《银行账户管理办法》的规定，存款人对用于基本建设的资金，可以向其开户银行出具相应的证明并开立(　　)。

A. 临时存款账户　　B. 一般存款账户

C. 专用存款账户　　D. 基本存款账户

30. 在转让票据时，在票据背面签字或盖章并将票据交付给受让人的票据收款人或持有人的人称为(　　)。

A. 背书人　　B. 出票人

C. 收款人　　D. 付款人

得分	评卷人

二、多项选择题（每题 1 分，共 40 分）

1. 刑罚包括主刑和附加刑，以下各项中，属于主刑的是(　　)。

A. 管制　　B. 拘役

C. 无期徒刑　　D. 死刑

2. 我国目前的会计监督体系为(　　)。

A. 单位内部监督　　B. 以注册会计师为主体的社会监督

C. 以财政部门为主体的政府监督　　D. 舆论监督

3. 下列各项中属于会计法律制度的有(　　)。

A. 会计法　　B. 企业会计制度

C. 总会计师条例 D. 单位内部会计核算流程

4. 下列各项中，属于存款人申请开立基本存款账户证明文件的有(　　)。

A. 外地常设机构驻在地政府主管部门的批文

B. 当地工商行政机关核发的《营业执照》正本

C. 借款合同或借据

D. 个体工商户营业执照正本

5. 下列各项中，属于票据绝对记载事项的有(　　)。

A. 出票日期 B. 付款日期

C. 出票地 D. 金额

6. 下列各情形，税务机关有权核定应纳税额的有(　　)。

A. 纳税人按税法规定应当设置账簿但未设置账簿的

B. 纳税人设置账簿但账目混乱，难以查账的

C. 纳税人发生纳税义务，未按照规定的期限办理纳税申报，逾期仍不申报的

D. 纳税人成本资料、收入凭证、费用凭证残缺不全，难以查账的

7. 为了减少核定应纳税额的随意性，使核定的税额更接近纳税人实际情况和法定负担水平，税务机关按以下方式进行核定(　　)。

A. 参照当地同类行业或者类似行业中经营规模和收入水平相近的纳税人的收入额和利润率核定

B. 按照成本加合理费用和利润核定

C. 按照耗用的原材料、燃料、动力等推算或者核算核定

D. 按照其他合理的方法核定

8. 行业发票适用于(　　)。

A. 商业零售统一发票 B. 商业批发统一发票

C. 工业企业产品销售统一发票 D. 广告费用结算发票

9. 在会计核算中款项是指作为支付手段的货币资金，下列各项中属于款项的有(　　)。

A. 现金 B. 银行存款

C. 信用证存款 D. 备用金

10. 根据《中华人民共和国会计法》的规定，下列经济业务事项中，应当办理会计手续，进行会计核算的有(　　)。

A. 款项和有价证券的收付 B. 财物的收发、增减和使用

C. 财务成果的计算和处理 D. 债权债务的发生和结算

11. 各单位应定期将会计账簿记录与相应的会计凭证记录逐笔核对检查以下内容是否一致(　　)。

A. 时间 B. 编号

C. 经济业务内容 D. 金额和记账方向

12. 根据《中华人民共和国会计法》和企业会计报告条例的规定，下列各项中属于财务会计报告组成部分的是(　　)。

A. 会计报表 B. 会计报表附注

C. 财务情况说明书 D. 注册会计师出具的审计报告

13. 下列各项中属于会计档案的是(　　)。

A. 原始凭证　　B. 记账凭证

C. 会计账簿　　D. 财务会计报告

14. 下列各项中表述正确的有(　　)。

A. 票据中的中文大写金额数字应用正楷或行书填写

B. 票据中的中文大写金额数字前应标明“人民币”字样

C. 票据的出票日期可以使用小写填写

D. 票据中的中文大写金额数字到元为止的在元之后应写“整”字

15. 下列各项中，属于财政部门实施会计监督检查的内容有(　　)。

A. 从事会计工作的人员是否具备会计从业资格证书

B. 会计凭证、会计账簿、财务会计报告和其他会计资料是否真实、完整

C. 会计核算是否符合会计法和国家统一的会计制度的规定

D. 是否按照税法的规定按时足额纳税

16. 根据《会计专业职务试行条例》的规定，下列各项中属于会计专业职务的有(　　)。

A. 总会计师　　B. 高级会计师

C. 会计师　　D. 助理会计师和会计员

17. 根据《中华人民共和国会计法》的规定，下列各项中，单位出纳人员不得兼任的工作有(　　)。

A. 稽核　　B. 会计档案保管

C. 银行存款日记账登记工作　　D. 费用账目登记工作

18. 根据《中华人民共和国会计法》的规定下列行为中属于违法会计行为的有(　　)。

A. 随意变更会计处理方法的行为

B. 私设会计账簿的行为

C. 不依法设置会计账簿的行为

D. 任用不具有会计从业资格证书的人员从事会计工作的行为

19. 下列各项中，属于《中华人民共和国会计法》规定的行政处罚的形式有(　　)。

A. 罚款　　B. 行政拘留

C. 吊销会计从业资格证书　　D. 没收违法所得

20. 下列各项中，属于支付结算时应遵循的原则有(　　)。

A. 恪守信用、履约付款原则　　B. 谁的钱进谁的账原则

C. 谁的钱由谁支配原则　　D. 银行不垫款原则

21. 各单位应定期将会计账簿记录与相应的会计凭证记录逐笔核对，检查以下内容是否一致(　　)。

A. 时间　　B. 编号

C. 经济业务内容　　D. 金额和记账方向

22. 出纳人员不得兼管以下哪项工作(　　)。

A. 稽核　　B. 会计档案保管

C. 收入、支出、费用的登记工作　　D. 债权债务账目的登记工作

23. 下列有关会计工作交接的说法正确的是(　　)。

A. 临时离职需要接替的，会计机构负责人或单位负责人必须指定专人接替，并办理会计工作交接手续

B. 临时离职或者因病不能工作的会计人员恢复工作时，应当与接替或代理人员办理接替手续

C. 有价证券的数量要与会计账簿记录一致，有价证券面额与发行价不一致时，按照会计账簿余额交接

D. 公章、收据、空白支票、发票等必须交接清楚

24. 以下叙述中，正确的包括(　　)。

A. 票据是出票人依法签发的有价证券

B. 票据金额应由出票人自己支付或委托付款人支付

C. 票据行为只包括出票、背书和承兑

D. 票据签章是票据行为生效的重要条件

25. 根据税收征收管理法律制度的有关规定，下列各项中，属于纳税人在申报办理税务登记时，应出示的证件和资料有(　　)。

A. 工商营业执照或其他核准执业证件

B. 有关合同、章程和协议书

C. 组织机构统一代码证书

D. 公司出资证明书

26. 需要办理注销登记的情形包括(　　)。

A. 从事生产经营的纳税人解散

B. 从事生产经营的纳税人撤销

C. 纳税人被工商行政管理机关吊销营业执照

D. 从事生产经营的纳税人破产

27. 普通发票主要由(　　)使用。

A. 小规模纳税人　　B. 一般纳税人能开具专用发票的

C. 营业税纳税人　　D. 一般纳税人不能开具专用发票的

28. 行业发票适用于(　　)。

A. 商业零售统一发票　　B. 商业批发统一发票

C. 工业企业产品销售统一发票　　D. 广告费用结算发票

29. 专用发票适用于(　　)。

A. 商品房销售发票　　B. 商业批发统一发票

C. 工业企业产品销售统一发票　　D. 广告费用结算发票

30. 朱镕基同志在2001年视察北京国家会计学院时，为北京国家会计学院题词的内容包括(　　)。

A. 诚信为本　　B. 操守为重

C. 坚持准则　　D. 不做假账

31. 下列各项中，属于会计技能的有(　　)。

A. 提供会计信息能力　　B. 会计实务操作能力

C. 职业判断能力　　D. 沟通交流能力

32. 下列各项中，体现会计职业道德“客观公正”要求的有(　　)。

A. 真实可靠　　B. 如实反映

C. 实事求是　　D. 不偏不倚

33. 职业道德除了具有道德的一般特征之外，还具有(　　)特征。

A. 职业性　　B. 实践性

C. 继承性　　D. 多样性

34. 会计职业道德教育的形式有(　　)。

A. 接受教育　　B. 学历教育

C. 自我教育　　D. 继续教育

35. 下列存款人中，可以在异地开章有关银行结算账户的有(　　)。

A. 营业执照注册地与经营地不在同一行政区域需要开立专用存款账户的

B. 异地临时经营活动需要开立临时存款账户的

C. 自然人根据需要在异地开立个人银行结算账户的

D. 办理异地借款和其他结算需要开立一般存款账户的

36. 下列存款人中，需要向开户银行提出撤销银行结算账户的申请的有(　　)。

A. 被吊销营业执照　　B. 迁址需要变更开户银行

C. 到外地临时经营　　D. 宣告破产

37. 根据规定，下列情况下，存款人可以申请开立临时存款账户的有(　　)。

A. 外地临时机构

B. 基本建设基金

C. 在基本存款账户以外的银行取得借款

D. 临时经营活动需要

38. 刑罚包括主刑和附加刑，以下各项中，属于主刑的是(　　)。

A. 管制　　B. 拘役

C. 无期徒刑　　D. 死刑

39. 我国目前的会计监督体系为(　　)。

A. 单位内部监督　　B. 以注册会计师为主体的社会监督

C. 以财政部门为主体的政府监督　　D. 舆论监督

40. 下列各项中属于会计法律制度的有(　　)。

A. 会计法　　B. 企业会计制度

C. 总会计师条例　　D. 单位内部会计核算流程

得分	评卷人

三、判断题（每题1分，共30分）

1. 现金支票只能用于支取现金，不能办理转账结算。(　　)
2. 向不同的会计资料使用者提供的财务会计报告编制依据应当一致。(　　)
3. 保管期满但未结清的债权债务原始凭证，经单位负责人批准后可以销毁。(　　)
4. 票据出票日期使用小写的银行可以受理，但由此造成的损失由出票人承担。(　　)

5. 基本存款账户的存款人可以通过本账户办理转账结算和现金缴存，但不能办理现金支取。（　）

6. 票据丧失后可以采取挂失止付、公示催告、普通诉讼三种形式进行补救。（　）

7. 单位负责人对本单位会计工作和会计资料的真实性、完整性负责。（　）

8. 会计档案的保管期限分为永久和定期两类，保管期限从会计年度终了后的第二天算起。（　）

9. 从事生产经营的纳税人不得转借、转让发票；但根据需要可以代开。（　）

10. 委托代征是指按照税法规定，负有扣缴税款的法定义务人，在向纳税人支付款项时，从所支付的款项中直接扣收税款的方式。其目的是对零星分期、不易控制的税源实行源泉控制。（　）

11. 会计职业道德规范中的"坚持准则"，不仅指会计准则，而且包括会计法律、法规、国家统一的会计制度以及与会计工作相关的法律制度。（　）

12. 向不同的会计资料使用者提供的财务会计报告其编制依据应当一致。（　）

13. 会计人员遵守会计职业道德情况是会计人员晋升、晋级、聘任会计专业职务、表彰奖励的主要考核依据。（　）

14. 会计人员陈某认为，会计工作只是记记账、算算账，与单位经营决策关系不大，没有必要要求会计人员"参与管理"。（　）

15. 业务收支以人民币以外的货币为主的单位可以选定其中一种外币为记账本位币，并以选定的外币编报单位财务会计报告。（　）

16. 代理记账，是指企业委托有会计资格证书的人员的记账行为。（　）

17. 变造会计凭证是指用涂改、挖补等手段改变会计凭证真实内容的行为。（　）

18. 各单位制定的内部会计监督制度，是国家统一会计制度的组成部分。（　）

19. 会计档案的保管期限分为永久和定期两类，保管期限从会计年度终了后的第一天算起。（　）

20. 公司企业可以根据不同报表使用者的需要采取不同的编制基础、编制依据、编制原则和编制方法，分别编制并提供财务会计报告。（　）

21. 目前我国实行的三位一体的会计监督体系中以注册会计师为主体的监督属于国家监督。（　）

22. 记账人员与经济业务和事项的审批人员、经办人员、财产保管人员的职责权限应当明确，并相互分离、相互制约。（　）

23. 出纳人员不得兼任账目的登记工作。（　）

24. 会计从业资格证书实行注册登记制度。（　）

25. 在会计工作交接中，接替会计人员在交接时因疏忽没有发现所接收的会计资料在真实性、完整性方面存在问题，如果事后在这一方面发现的问题，那么则应由接替会计人员承担相应的法律责任。（　）

26. 会计人员如有侵占企业财产，私分国有财产和罚没财产行为应当按照会计法的有关规定给予处罚。（　）

27. 对金额、出票日期、收款人名称进行更改的票据，为无效票据。（　）

28. 票据出票日期使用小写填写的，开户银行可以受理，但由此造成的损失由出票人自

行承担。 ( )

29. 基本存款账户的存款人可以通过本账户办理转账结算和现金缴存，但不能办理现金支取。 ( )

30. 企业法人内部单位，只要是单独核算的，就可以申请开立基本存款账户。 ( )

《财经法规与职业道德》命题预测试卷（一）答案及解答

一、单项选择题（每题1分，共30分）

1. 【答案】B【解答】《中华人民共和国会计法》规定，用电子计算机软件生成的会计资料必须符合国家统一会计制度的要求。

2. 【答案】D【解答】根据《中华人民共和国会计法》的规定，原始凭证出现金额错误，应由原开具单位重新开具。

3. 【答案】D【解答】根据会计档案管理办法的规定，会计档案保管期限分为永久和定期两类。定期保管的会计档案分为3年、5年、10年、15年、25年。其最长期限是25年。

4. 【答案】A【解答】根据《中华人民共和国会计法》的规定，国务院财政部门主管全国的会计工作。地方各级人民政府财政部门管理本行政区域内的会计工作。

5. 【答案】A【解答】《中华人民共和国会计法》规定，我国会计年度自公历1月1日起至12月31日

6. 【答案】A【解答】会计档案由单位会计机构负责整理归档并保管1年内，移交单位的会计档案管理部门或指定专人继续保管。

7. 【答案】B【解答】当存款人银行结算账户有法定变更事项的，应于5日内书面通知开户银行并提供有关证明。

8. 【答案】A【解答】基本存款账户可用于支付工资及奖金的支付。

9. 【答案】B【解答】银行汇票的付款人为出票银行。

10. 【答案】C【解答】出票人、付款人、收款人属于票据的基本当事人，保证人属于票据的非基本当事人。

11. 【答案】B【解答】会计职业道德除具有职业道德的一般特征外，还具有一定的强制性和较多关注公众利益的特征。

12. 【答案】A【解答】客观公正的基本要求包括端正态度，依法办事，实事求是，保持独立性。

13. 【答案】C【解答】张会计违反了客观公正、坚持准则的会计职业道德要求。

14. 【答案】B【解答】“常在河边走，就是不湿鞋”这句话体现的会计职业道德是廉

洁自律。

15. 【答案】D【解答】谢某违反了坚持准则的会计职业道德要求。

16. 【答案】C【解答】仓库保管员不属于会计岗位。

17. 【答案】D【解答】单位有关负责人应在财务会计报告上签名并盖章。

18. 【答案】C【解答】我国境内的外商投资企业，会计记录文字应当使用中文，在使用中文的前提下，可以同时使用一种外文。

19. 【答案】B【解答】我国境内业务收支以人民币以外的货币为主的单位，其编报的财务会计报告应折算为人民币反映

20. 【答案】A【解答】担任会计机构负责人的，除取得会计从业资格证书外，还应当具备会计师的专业技术职务资格或从事会计工作3年以上的工作经历。

21. 【答案】B【解答】单位负责人是单位会计行为的责任主体。

22. 【答案】A【解答】单位内部会计监督，可通过单位内部会计机构、会计人员在处理会计业务过程中进行。

23. 【答案】B【解答】出票人是指依法定方式签发票据，并将票据交付给收款人的人。

24. 【答案】A【解答】银行汇票是指出票银行签发的，由其在见票时按照实际结算金额无条件支付给收款人或者持票人的票据。

25. 【答案】B【解答】根据我国《中华人民共和国税收征收管理法》的规定，企业向税务机关申报办理税务登记的时间是自领取营业执照之日起30日内。

26. 【答案】A【解答】纳税人已在工商行政管理机关办理变更登记的，应当自工商行政管理机关变更登记之日起30日内，申报办理变更税务登记。

27. 【答案】C【解答】税务登记包括开业登记、变更登记、注销登记等，但不包括核定应纳税额。

28. 【答案】B【解答】当存款人银行结算账户有法定变更事项的，应于5日内书面通知开户银行并提供有关证明。

29. 【答案】C【解答】根据《银行账户管理办法》的规定，存款人对用于基本建设的资金，可以向其开户银行出具相应的证明并开立专用存款账户。

30. 【答案】A【解答】背书人是指在转让票据时，在票据背面签字或盖章并将该票据交付给受让人得票据收款人或持有人的人。

二、多项选择题（每题2分，共40分）

1. 【答案】ABCD【解答】刑罚包括主刑和附加刑。主刑包括管制、拘役、有期徒刑、无期徒刑和死刑。以上答案都正确。

2. 【答案】ABC【解答】会计监督体系包括单位内部会计监督、政府监督和社会监督，不包括舆论监督。

3. 【答案】ABC【解答】单位内部会计核算流程属于单位内部的制度，不属于会计法律制度的范畴。

4. 【答案】ABD【解答】存款人申请开立基本存款账户不需要提交借款合同或借据。

5. 【答案】AD【解答】出票日期和金额属于绝对记载事项，付款日期属于相对记载事项。

6.【答案】ABCD【解答】ABCD 都属于核定应纳税额的情形。

7.【答案】ABCD【解答】ABCD 都属于税务机关核定应纳税额的方式。

8.【答案】ABC【解答】ABC 都属于行业发票。

9.【答案】ABCD【解答】在会计核算中款项是指作为支付手段货币资金，包括现金、银行存款、信用证存款、备用金等。

10.【答案】ABCD【解答】ABCD 都属于会计核算的内容。

11.【答案】ABCD【解答】各单位应定期将会计账簿记录与相应的会计凭证记录逐笔核对检查以下内容是否一致，包括时间、编号、内容、金额和记账方向等。

12.【答案】ABC【解答】财务会计报告包括会计报表、会计报表附注、财务情况说明书。

13.【答案】ABCD【解答】会计档案包括会计凭证、会计账簿、财务会计报告等。

14.【答案】ABD【解答】票据的出票日期必须使用中文大写。

15.【答案】ABC【解答】"是否按照税法的规定按时足额纳税"不属于财政部门实施会计检查的内容。

16.【答案】BCD【解答】总会计师不是专业技术职务。

17.【答案】ABD【解答】单位出纳人员不得兼任稽核、会计档案保管、收入、支出、费用债权、债务账目的登记工作。

18.【答案】ABCD【解答】ABCD 都属于违法会计行为。

19.【答案】AC【解答】行政拘留、没收违法所得不属于《中华人民共和国会计法》规定的行政处罚方式，但属于《中华人民共和国行政处罚法》规定的处罚方式。

20.【答案】ABCD【解答】支付结算时应遵循的原则有恪守信用、履约付款原则；谁的钱进谁的账、由谁支配原则；银行不垫款原则。

21.【答案】ABCD【解答】ABCD 都属于检查的内容。

22.【答案】ABCD【解答】ABCD 四项工作出纳人员都不得兼任。

23.【答案】ABCD【解答】在办理会计工作交接时，ABCD 的说法都是正确的。

24.【答案】ABD【解答】"票据行为只包括出票、背书和承兑"的说法不全面，还包括保证。

25.【答案】ABC【解答】纳税人办理税务登记时，不必需出具公司出资证明书。

26.【答案】ABCD【解答】纳税人解散、撤销、吊销营业执照、破产等都属于注销税务登记的情形。

27.【答案】ACD【解答】普通发票主要由小规模纳税人和营业税纳税人使用，一般纳税人不能开具专用发票的也使用普通发票。

28.【答案】ABC【解答】广告费用结算发票属于专用发票，不属于行业发票。

29.【答案】AD【解答】专用发票适用于商品房销售发票和广告费用结算发票。

30.【答案】ABCD【解答】朱镕基同志的题词是诚信为本、操守为重、坚持准则、不做假账。

31.【答案】ABCD【解答】以上四种能力都属于会计技能。

32.【答案】ABCD【解答】ABCD 都体现了客观公正的要求。

33.【答案】ABCD【解答】职业道德除了具有道德的一般特征之外，还具有职业性、实践性、继承性、多样性的特征。

34.【答案】AC【解答】会计职业道德教育的形式有自我教育和接受教育。

35.【答案】BCD【解答】营业执照注册地与经营地不在同一行政区域需要开立基本存款账户的，可以在异地开立银行结算账户。

36.【答案】ABD【解答】存款人到外地临时经营不需要向开户银行提出撤销银行结算账户的申请。

37.【答案】AD【解答】存款人有设立临时机构、异地临时经营活动的，可以申请开立临时存款账户。

38.【答案】ABCD【解答】ABCD都属于主刑。

39.【答案】ABC【解答】舆论监督不属于会计监督体系的内容。

40.【答案】ABC【解答】单位内部会计核算流程不属于会计法律制度的组成部分。

三、判断题（每题1分，共30分）

1.【答案】√【解答】根据《中华人民共和国票据法》的规定，现金支票只能用于支取现金，不能办理转账结算。

2.【答案】√【解答】根据《中华人民共和国会计法》的规定，向不同的会计资料使用者提供的财务会计报告编制依据应当一致。

3.【答案】×【解答】根据《中华人民共和国会计法》的规定，保管期满但未结清的债权债务原始凭证，不可以销毁。

4.【答案】×【解答】根据《中华人民共和国票据法》的规定，票据出票日期使用小写的银行不可以受理。

5.【答案】×【解答】基本存款账户的存款人可以通过本账户办理现金支取。

6.【答案】√【解答】根据《中华人民共和国票据法》的规定，票据丧失后可以采取挂失止付、公示催告、普通诉讼三种形式进行补救。

7.【答案】√【解答】根据《中华人民共和国会计法》的规定，单位负责人对本单位会计工作和会计资料的真实性、完整性负责。

8.【答案】×【解答】根据《中华人民共和国会计法》的规定，会计档案的保管期限分为永久和定期两类，保管期限从会计年度终了后的第一天算起。

9.【答案】×【解答】从事生产经营的纳税人不得转借、转让、代开发票。

10.【答案】×【解答】根据《中华人民共和国税收征收管理法》的规定，代扣代缴是指按照税法规定，负有扣缴税款的法定义务人，在向纳税人支付款项时，从所支付的款项中直接扣收税款的方式。其目的是对零星分期、不易控制的税源实行源泉控制。

11.【答案】√【解答】根据《中华人民共和国会计法》的规定，会计职业道德规范中的“坚持准则”，不仅指会计准则，而且包括会计法律、法规、国家统一的会计制度以及与会计工作相关的法律制度。

12.【答案】√【解答】根据《中华人民共和国会计法》的规定，向不同的会计资料使用者提供的财务会计报告其编制依据应当一致。

13.【答案】×【解答】会计人员遵守会计职业道德情况是会计人员晋升、晋级、聘任会计专业职务、表彰奖励的重要参考依据。

14. 【答案】 ×【解答】会计工作不只是记记账、算算账，与单位经营决策关系很大，如果没有会计人员的积极参与，企业的经营管理就会出现问题，决策就可能出现失误。会计人员特别是会计部门的负责人，必须强化自己参与管理、当好参谋的角色意识和责任意识。

15. 【答案】 ×【解答】根据《中华人民共和国会计法》的规定，业务收支以人民币以外的货币为主的单位可以选定其中一种外币为记账本位币，但编报单位财务会计报告应当折算为人民币。

16. 【答案】 ×【解答】根据《中华人民共和国会计法》的规定，代理记账，是指由社会中介机构代替独立核算单位代理记账、算账、报账业务。

17. 【答案】 √【解答】根据《中华人民共和国会计法》的规定，变造会计凭证是指用涂改、挖补等手段改变会计凭证真实内容的行为。

18. 【答案】 ×【解答】目前我国已形成了三位一体的会计监督体系，包括单位内部监督、以注册会计师为主体的社会监督和以政府财政部门为主体的政府监督。

19. 【答案】 √【解答】根据《中华人民共和国会计法》的规定，会计档案的保管期限分为永久和定期两类，保管期限从会计年度终了后的第一天算起。

20. 【答案】 ×【解答】根据《仓业财务报告条例》第 36 条规定：余业向有关各方提供的财务会计报告，其编制基础、编制依据、编制原则和编制方法必须一致。

21. 【答案】 ×【解答】目前我国实行的三位一体的会计监督体系中以注册会计师为主体的监督属于社会监督。

22. 【答案】 √【解答】根据《中华人民共和国会计法》的规定，记账人员与经济业务和事项的审批人员、经办人员、财产保管人员的职责权限应当明确，并相互分离、相互制约。

23. 【答案】 ×【解答】根据《中华人民共和国会计法》的规定，会计工作岗位可以一人一岗、一人多岗或者一岗多人，但出纳人员不得兼管稽核、会计档案保管和收入、费用、债权债务账目的登记工作。

24. 【答案】 √【解答】根据《中华人民共和国会计法》的规定，会计从业资格证书实行注册登记制度。

25. 【答案】 ×【解答】根据《中华人民共和国会计法》的规定，在会计工作交接中，接替会计人员在交接时因疏忽没有发现所接收的会计资料在真实性，完整性方面存在问题，如果事后在这一方面发现的问题，仍由原移交会计人员承担相应的法律责任。

26. 【答案】 ×【解答】会计人员如有侵占企业财产，私分国有财产和罚没财产行为应当按照《中华人民共和国刑法》的有关规定分别定罪、处罚。

27. 【答案】 √【解答】根据《中华人民共和国票据法》的规定，对金额、出票日期、收款人名称进行更改的票据，为无效票据。

28. 【答案】 ×【解答】根据《中华人民共和国票据法》的规定，票据出票日期使用小写填写的，开户银行不可以受理。

29. 【答案】 ×【解答】基本存款账户的存款人可以通过本账户办理转账结算和现金缴存、支取。

30. 【答案】 √【解答】企业法人内部单位，只要是单独核算的，就可以申请开立基本存款账户。

《财经法规与职业道德》命题预测试卷（二）

题号	一	二	三	四	五	六	总分	统分人签字
得分								

得分	评卷人

一、单项选择题（每题1分，共40分）

1. 我国从事会计工作人员的基本任职条件是(　　)。

A. 具有会计专业技术资格　　B. 具有会计从业资格证书

C. 具有中专以上专业学历　　D. 担任会计专业职务

2. 下列各项中，不属于《中华人民共和国会计法》规定的行政处罚形式的是(　　)。

A. 警告　　B. 罚款

C. 吊销会计从业资格证书　　D. 行政拘留

3. 一般会计人员办理会计工作交接手续时(　　)负责监交。

A. 其他会计人员　　B. 审计人员

C. 会计机构负责人　　D. 单位负责人

4. 单位会计账簿记录与之相对应的实物、款项实有数核对相符，也称之为(　　)。

A. 账账相符　　B. 账证相符

C. 账实相符　　D. 账表相符

5. 根据会计基础工作规范的规定，会计机构负责人办理会计工作交接手续时，负责监交的人员应当是(　　)。

A. 一般会计人员　　B. 主管会计工作负责人

C. 单位负责人　　D. 单位负责人指定的人员

6. 对违反《中华人民共和国会计法》规定行为的，财政部门可以处以一定数额的罚款，这里的财政部门是指(　　)。

A. 乡级以上人民政府财政部门　　B. 县级以上人民政府财政部门

C. 市级以上人民政府财政部门　　D. 省级以上人民政府财政部门

7. 下列各项中，属于会计法律的是(　　)。

A. 中华人民共和国会计法　　B. 总会计师条例

C. 会计基础工作规范　　D. 企业会计制度

8. 下列关于发票使用要求的说法，正确的是(　　)。

A. 经税务机关批准，单位和个人可以转借发票
B. 未经税务机关批准，不得拆本使用发票
C. 经税务机关批准，单位和个人可以转让发票
D. 经税务机关批准，单位和个人可以代开发票

9. 银行审核支票付款的依据是支票出票人的(　　)。
A. 电话号码　　B. 身份证
C. 支票存根　　D. 预留银行签章

10. 信用卡销户时，单位卡账户的余额应(　　)。
A. 转入基本存款账户　　B. 转入一般存款账户
C. 转入临时存款账户　　D. 支取现金

11. 出票银行签发的，由其在见票时按照实际结算金额无条件支付给收款人或者持票人的票据是(　　)。
A. 银行汇票　　B. 银行本票
C. 商业承兑汇票　　D. 银行承兑汇票

12. 不符合发票开具要求的是(　　)。
A. 开具发票时应按号顺序填开，填写项目齐全、内容真实、字迹清楚
B. 填写发票应当使用中文
C. 可以拆本使用发票
D. 开具发票时限、地点应符合规定

13. 根据《支付结算办法》的规定，支票的提示付款期限最长不得超过(　　)。
A. 5 日　　B. 10 日
C. 20 日　　D. 30 日

14. 纳税人被工商行政管理机关吊销营业执照，应当自营业执照被吊销之日起(　　)日内，向原税务登记机关申报办理注销税务登记。
A. 自营业执照被吊销之日起 45　　B. 自营业执照被吊销之日起 30
C. 自营业执照被吊销之日起 15　　D. 自营业执照被吊销之日起 60

15. 根据《中华人民共和国税收征收管理法》的规定，企业向税务机关申报办理税务登记的时间是(　　)。
A. 自领取营业执照之日起 15 日内　　B. 自领取营业执照之日起 30 日内
C. 自申请营业执照之日起 45 日内　　D. 自申请营业执照之日起 60 日内

16. 根据《中华人民共和国会计法》的规定，行使会计工作管理职能的政府部门是(　　)。
A. 税务部门　　B. 财政部门
C. 审计部门　　D. 金融主管部门

17. 单位会计账簿记录与会计报表有关内容核对相符，也称之为(　　)。
A. 账实相符　　B. 账证相符
C. 账表相符　　D. 账账相符

18. 根据《中华人民共和国会计法》的规定，担任单位会计机构负责人的，除取得会计从业资格证书外，还应当具备的法定条件是(　　)。

A. 具备会计员专业技术职务资格或从事会计工作两年的经历

B. 具备助理会计师专业技术职务资格或从事会计工作两年的经历

C. 具备会计师以上专业技术职务资格或从事会计工作三年以上的经历

D. 具备注册会计师资格或者从事会计工作两年的经历

19. 按照《中华人民共和国会计法》的规定，单位有关负责人在对外提供的财务会计报告上签章的下列做法中，正确的是( )。

A. 签名　　B. 盖章

C. 签名或盖章　　D. 签名并盖章

20. 申请人符合会计从业资格考试报名基本条件且具备国家教育行政主管部门认可的中专以上（含中专）会计类专业学历（或学位）的，自毕业之日起( )年内免试会计基础、初级会计电算化（或珠算五级）。

A. 1　　B. 2

C. 3　　D. 5

21. 会计人员下列( )发生变更，可以不向会计从业资格管理机构办理从业档案信息变更登记。

A. 学历　　B. 学位

C. 会计岗位　　D. 专业技术职务资格

22. 会计档案的保管期限是从( )算起。

A. 审计报告之日　　B. 会计年度终了后第一天

C. 移交档案管理机构之日　　D. 会计资料的整理装订日

23. ( )是指政府有关部门依据有关法律、法规的规定和部门的职责权限，对有关单位的会计行为、会计资料所进行的监督检查。

A. 会计监督　　B. 政府监督

C. 审计监督　　D. 社会监督

24. 内部会计监督的对象为( )。

A. 本单位的各种活动

B. 本单位的单位负责人、会计机构及会计人员

C. 本单位执行法律的情况

D. 本单位的经济活动

25.《中华人民共和国会计法》特指的“会计主管人员”是指( )。

A. 单独设置会计机构的会计机构负责人

B. 主办会计、主管会计

C. 未单独设置会计机构而在有关机构中指定的行使会计机构负责人职权的负责人

D. 未设总会计师的单位中分管会计工作的行政副职领导

26. 根据《支付结算办法》的规定，签发票据时，可以更改的项目是( )。

A. 出票日期　　B. 收款人名称

C. 用途　　D. 票据金额

27. 根据《中华人民共和国票据法》的规定，下列各项中，属于基本当事人的是( )。

A. 出票人　　B. 背书人
C. 承兑人　　D. 保证人

28. 下列各项中，不符合《中华人民共和国票据法》规定的是(　　)。
A. 支票包括现金支票、转账支票和普通支票
B. 票据包括银行汇票、商业汇票、本票和支票
C. 银行汇票的提示付款期限为自出票之日起 1 个月
D. 支票的提示付款期限自出票日期 1 个月

29. 支票的提示付款期限为自出票日起(　　)。
A. 7 日　　B. 10 日
C. 1 个月　　D. 3 个月

30. 在票据转让中，转让汇票的背书人与受让汇票的被背书人在汇票上的签章依次前后衔接称为(　　)。
A. 背书继承　　B. 背书承继
C. 背书连续　　D. 背书续原

31. 银行汇票的付款人是(　　)。
A. 银行汇票申请人　　B. 出票银行
C. 代理付款银行　　D. 申请人开户银行

32. 从事生产、经营的纳税人，应当自领取营业执照之日起(　　)日内申报办理税务登记。
A. 20　　B. 30
C. 50　　D. 60

33. (　　)是发票的主管机关，负责发票印刷、领购、开具、取得、保管、缴销的管理和监督。
A. 财政管理机关　　B. 税务管理机关
C. 工商管理机关　　D. 物价管理机关

34. 税务机关依照有关法律、法规的规定，按照一定的程序，核定纳税人在一定经营时期内的应纳税经营额及收益额，并以此为计税依据，确定其应纳税额。这种征收方式属于(　　)。
A. 查账征收　　B. 查验征收
C. 定期定额征收　　D. 查定征收

35. (　　)是职业道德中的最高境界。
A. 爱岗敬业　　B. 诚实守信
C. 办事公道　　D. 奉献社会

36. “理万金分文不沾”、“常在河边走，就是不湿鞋”体现的会计职业道德是(　　)。
A. 参与管理　　B. 廉洁自律
C. 提高技能　　D. 强化服务

37. 在会计职业活动中，如果发生道德冲突时要坚持原则，把(　　)利益放在第一位。
A. 个人利益　　B. 社会公众
C. 客户　　D. 业主

38. 下列有关道德惩罚与法律惩罚关系的表述中，正确的有(　　)。

A. 道德惩罚可以替代法律惩罚　　B. 法律惩罚可以替代道德惩罚
C. 法律惩罚和道德惩罚并行不悖　　D. 法律惩罚和道德惩罚相互排斥

39. 在我国会计职业道德规范中，(　　)是会计人员做到依法办事的核心内容。
A. 诚信为本　　B. 操守为重
C. 坚持准则　　D. 不做假账

40. 会计职业道德修养的最高境界是(　　)。
A. 慎独　　B. 慎欲
C. 慎微　　D. 慎省

得分	评卷人

二、多项选择题（每题1分，共30分）

1. 各单位要依法设置以下账簿(　　)。
A. 总账和日记账　　B. 发票登记簿
C. 明细账　　D. 其他辅助账簿

2. 从事代理记账工作的人员应遵守以下规则(　　)。
A. 依法履行职责
B. 保守商业秘密
C. 对委托人示意要求提供不实会计资料，应当拒绝
D. 对委托人提出的有关会计处理原则问题负有解释的责任

3. 我国会计法律制度的基本构成包括(　　)。
A. 会计法律　　B. 会计行政法规
C. 会计部门规章　　D. 会计规范性文件

4. 汇票中未记载付款地的，可以付款人的以下法定地点为付款地(　　)。
A. 营业场所　　B. 住所
C. 经常居住地　　D. 主要财产所在地

5. 可以支取现金的支票有(　　)。
A. 现金支票　　B. 转账支票
C. 普通支票　　D. 划线支票

6. 会计资料是在会计核算过程中形成的、记录和反映实际发生的经济业务事项的资料，包括(　　)。
A. 会计凭证　　B. 会计账簿
C. 财务会计报告　　D. 其他会计资料

7. 款项是指作为支付手段的货币资金，一般包括(　　)。
A. 现金　　B. 银行本票存款
C. 保函押金　　D. 各种备用金

8. 下列各项中，属于会计岗位的有(　　)。
A. 工资核算岗位　　B. 资金核算岗位
C. 计划管理岗位　　D. 会计档案管理岗位

9. 根据《会计专业职务试行条例》的规定，下列各项中，属于会计专业职务的

有(　　)。

A. 总会计师　　B. 高级会计师

C. 会计师　　D. 助理会计师、会计员

10. 单位、银行在票据上的签章和单位在结算凭证上的签章，为(　　)。

A. 该单位、银行的公章

B. 该单位、银行的财务章

C. 其法定代表人的签名或者盖章

D. 或其授权的代理人的签名或者盖章

11. 票据和结算凭证的记载事项中不得更改的内容包括(　　)。

A. 金额　　B. 出票或者签发日期

C. 收款人名称　　D. 用途

12. 下列银行账户中，可以办理现金支付的有(　　)。

A. 一般存款账户　　B. 临时存款账户

C. 基本存款账户　　D. 专用存款账户

13. 票据的基本当事人包括(　　)。

A. 背书人　　B. 出票人

C. 付款人　　D. 收款人

14. 关于支票叙述正确的有(　　)。

A. 单位和个人的各种款项结算，均可使用支票

B. 支票适用于异地、同城或同一票据交换区域

C. 用于支取现金的支票不能背书转让

D. 支票的提示付款期限自出票日起 10 天

15. 根据税收征收管理法律制度的有关规定，下列各项中，属于纳税人在申报办理税务登记时，应出示的证件和资料有(　　)。

A. 工商营业执照或其他核准执业证件　　B. 有关合同、章程和协议书

C. 组织机构统一代码证书　　D. 公司出资证明书

16. 需要办理注销登记的情形包括(　　)。

A. 从事生产经营的纳税人解散、撤销

B. 从事生产经营的纳税人住所、经营地点变动

C. 纳税人被工商行政管理机关吊销营业执照

D. 从事生产经营的纳税人破产

17. 下列体现会计职业道德“诚实守信”基本要求的有(　　)。

A. 做老实人、说老实话、办老实事　　B. 言行一致、表里如一

C. 保守商业秘密，不为利益所诱惑　　D. 公私分明、不贪不占

18. 会计职业道德教育的形式有(　　)。

A. 接受教育　　B. 学历教育

C. 自我教育　　D. 继续教育

19. 财政部门在开展下列工作时，可将会计人员职业道德情况纳入考核内容的有(　　)。

A. 会计从业资格证书年检　　B. 会计法执法检查

C. 会计人员评优表彰　　D. 会计专业技术资格的考评、聘用

20. 开展会计职业道德教育的意义在于(　　)。

A. 促使会计职业健康发展　　B. 培养会计职业道德情感

C. 树立会计职业道德观念　　D. 提高会计职业道德水平

21. 会计法律制度是指国家权力机关和行政机关制定的各种会计规范性文件的总称。下列各项中，属于会计法律制度的是(　　)。

A. 会计法律　　B. 会计行政法规

C. 会计规章　　D. 单位制定的内部监督制度

22. 根据《中华人民共和国会计法》的规定，下列各项中，单位出纳人员不得兼任的工作有(　　)。

A. 稽核　　B. 会计档案保管

C. 银行存款日记账登记工作　　D. 费用账目登记工作

23. 根据国家统一的会计制度的规定，单位对外提供的财务会计报告应当由单位有关人员签字并盖章。下列各项中，应当在单位对外提供的财务会计报告上签字并盖章的有(　　)。

A. 单位负责人　　B. 总会计师

C. 会计机构负责人　　D. 单位内部审计人员

24. 根据《会计专业职务试行条例》的规定，下列各项中，属于会计专业职务的有(　　)。

A. 总会计师　　B. 高级会计师

C. 会计师　　D. 助理会计师和会计员

25. 国有企业的单位负责人的(　　)不得担任本单位的会计机构负责人、会计主管人员。

A. 妻子　　B. 儿女

C. 兄弟　　D. 伯父

26. 银行结算账户一般分为(　　)。

A. 基本存款账户　　B. 特殊存款账户

C. 临时存款账户　　D. 专用存款账户

27. 单位存款人可以申请开立临时存款账户的情况包括(　　)。

A. 临时存款　　B. 设立临时机构

C. 异地临时经营活动　　D. 注册验资

28. 税务登记的种类包括(　　)。

A. 开业登记　　B. 变更登记

C. 停业、复业登记　　D. 外出经营报验登记

29. 会计职业道德的内容之一，就是要“坚持准则”，这里的“准则”包括(　　)。

A. 会计法律　　B. 会计法规

C. 会计制度　　D. 会计准则

30. 会计职业道德中的“提高技能”，其主要内容包括(　　)。

A. 会计及相关专业理论水平　　B. 会计实务操作能力

C. 沟通交流能力　　D. 职业判断能力

得分	评卷人

三、判断题（每题1分，共30分）

1. 行政责任是指犯有一般违法行为的单位或个人，依照法律、法规的规定应承担的法律责任。（ ）

2. 伪造会计凭证，是指用涂改、挖补等手段来改变会计凭证的真实内容，歪曲事实真相的行为。（ ）

3. 背书人是指被记名受让票据或接受票据转让的人。（ ）

4. 用于支取现金的支票不得背书转让。（ ）

5. 支票的金额、收款人名称，可以由出票人授权补记。（ ）

6. 会计职业道德具有一定的强制性。（ ）

7. 公司企业可以根据不同报表使用者的需要采取不同的编制基础、编制依据、编制原则和编制方法，分别编制并提供财务会计报告。（ ）

8. 会计档案的保管期限分为永久和定期两类，保管期限从会计年度终了后的第一天算起。（ ）

9. 因单位负责人对本单位会计工作和会计资料的真实性、完整性承担第一责任，所以会计人员对本单位的会计信息失真没有责任。（ ）

10. 票据出票日期使用小写的开户银行可以受理，但由此造成的损失由出票人自行承担。（ ）

11. 基本存款账户的存款人可以通过本账户办理转账结算和现金缴存，但不能办理现金支取。（ ）

12. 票据丧失后可以采取挂失止付、公示催告、普通诉讼三种形式进行补救。（ ）

13. 出票人签发空头支票，银行应予以退票，并按票面金额处以5%但不低于1 000元的罚款。（ ）

14. 纳税人在停业期间发生纳税义务的，应当按照税收法律、行政法规的规定申报缴纳税款。（ ）

15. 纳税人停业期满不能及时恢复生产经营的，应当在停业期满后向税务机关提出延长停业登记申请。（ ）

16. 公司、企业可以根据不同报表使用者的需要，采取不同的编制基础、编制依据、编制原则和编制方法分别编制并提供财务会计报告。（ ）

17. 会计档案的保管期限分为永久和定期两类，保管期限从会计档案交存之日起算。（ ）

18. 国家统一的会计制度，是指国务院财政部门根据《中华人民共和国会计法》制定的关于会计核算、会计监督、会计机构和会计人员以及会计工作管理的制度。（ ）

19. 《中华人民共和国会计法》中所指的单位负责人包括单位的副职领导人。（ ）

20. 会计资料移交后，如发现移交人员在其经办会计工作期间内所发生的问题，应由移交人员和接收人员共同对这些会计资料的合法性、真实性承担法律责任。（ ）

21. 财政部门有权对会计师事务所出具的审计报告的程序和内容进行监督。（ ）

22. 存款人可以通过一般存款账户办理现金支取。（ ）

23. 出票人签发空头支票，银行应予以退票、并按票面金额处以50%但不低于1 000元的罚款。（　　）

24. 个人银行结算账户仅限于办理现金存取业务，不得办理转账结算。（　　）

25. 银行汇票的提示付款期限为自出票日起1个月。（　　）

26. 对于设置了账簿的企业，税务机关就应当采用查账征收的方式征收税款。（　　）

27. 纳税人申报的计税依据明显偏低，又无正当理由的。税务机关有权核定其应纳税额。（　　）

28. 当单位利益与社会公利益发生冲突时，会计人员应首先考虑单位利益，然后再考虑社会公众利益。（　　）

29. 会计职业道德规范中的“坚持准则”，不仅指会计准则，而且包括会计法律、法规、国家统一的会计制度以及与会计工作相关的法律制度。（　　）

30. 会计职业道德是会计法律规范实施的重要的社会和思想基础，会计法律制度是促进会计职业道德规范形成和遵守的制度保障。（　　）

《财经法规与职业道德》命题预测试卷（二）答案及解答

一、单项选择题（每题1分，共40分）

1. 【答案】B【解答】我国从事会计工作人员必须具有会计从业资格证书。

2. 【答案】D【解答】行政拘留不属于会计法规定的行政处罚的形式。

3. 【答案】C【解答】一般会计人员办理会计工作交接手续时，由会计机构负责人负责监交。

4. 【答案】C【解答】单位会计账簿记录与之相对应的实物、款项实有数核对相符也称为账实相符。

5. 【答案】C【解答】根据会计基础工作规范的规定，会计机构负责人办理会计工作交接手续时，负责监交的人员应当是单位负责人。

6. 【答案】B【解答】对违反《中华人民共和国会计法》规定行为的，县级以上人民政府财政部门可以处以一定数额的罚款。

7. 【答案】A【解答】《中华人民共和国会计法》属于会计法律。

8. 【答案】B【解答】任何单位和个人不得转借、转让、代开发票；未经税务机关批准，不得拆本使用发票。

9. 【答案】D【解答】银行审核支票付款的依据是支票出票人的预留银行签章。

10. 【答案】A【解答】信用卡销户时，单位卡账户的余额应转入基本存款账户。

11. 【答案】A【解答】出票银行签发的，由其在见票时按照实际结算金额无条件支付给收款人或者持票人的票据是银行汇票。

12. 【答案】C【解答】未经税务机关批准，不得拆本使用发票。

13. 【答案】B【解答】根据《支付结算办法》的规定，支票的提示付款期限最长不得超过10日。

14. 【答案】C【解答】纳税人被工商行政管理机关吊销营业执照，应当自营业执照被吊销之日起15日内，向原税务登记机关申报办理注销税务登记。

15. 【答案】B【解答】根据我国《中华人民共和国税收征收管理法》的规定，企业向税务机关自领取营业执照之日起30日内申报办理税务登记。

16. 【答案】B【解答】根据《中华人民共和国会计法》的规定，行使会计工作管理职能的政府部门是财政部门。

17. 【答案】C【解答】单位会计账簿记录与会计报表有关内容核对相符，也称之为账表相符。

18. 【答案】C【解答】根据《中华人民共和国会计法》的规定，担任单位会计机构负责人的，除取得会计从业资格证书外，还应当具备的法定条件是具备会计师以上专业技术职务资格或从事会计工作三年以上的经历。

19. 【答案】D【解答】按照《中华人民共和国会计法》的规定，单位有关负责人在对外提供的财务会计报告上签章的下列做法中，正确的是签名或盖章。

20. 【答案】B【解答】申请人符合会计从业资格考试报名基本条件且具备国家教育行政主管部门认可的中专以上（含中专）会计类专业学历（或学位）的，自毕业之日起2年内免试会计基础、初级会计电算化（或珠算五级）。

21. 【答案】C【解答】会计人员会计岗位发生变更，可以不向会计从业资格管理机构办理从业档案信息变更登记。

22. 【答案】B【解答】会计档案的保管期限是从会计年度终了后第一天算起。

23. 【答案】B【解答】政府监督是指政府有关部门依据有关法律、法规的规定和部门的职责权限，对有关单位的会计行为、会计资料所进行的监督检查。

24. 【答案】D【解答】内部会计监督的对象为本单位的经济活动。

25. 【答案】C【解答】《中华人民共和国会计法》特指的“会计主管人员”是指未单独设置会计机构而在有关机构中指定的行使会计机构负责人职权的负责人。

26. 【答案】C【解答】根据《支付结算办法》的规定，签发票据时，可以更改的项目是用途。

27. 【答案】A【解答】根据《中华人民共和国票据法》的规定，下列各项中，属于基本当事人的是出票人。

28. 【答案】D【解答】支票的提示付款期限自出票日起10天。

29. 【答案】B【解答】支票的提示付款期限为自出票日起10天。

30. 【答案】C【解答】在票据转让中，转让汇票的背书人与受让汇票的被背书人在汇票上的签章依次前后衔接称为背书连续。

31. 【答案】A【解答】银行汇票是指出票银行签发的，由其在见票时按照实际结算金额无条付支付给付款人或者持票人的票据。

32. 【答案】B【解答】从事生产、经营的纳税人，应当自领取营业执照之日起30日内申报办理税务登记。

33. 【答案】B【解答】税务管理机关是发票的主管机关，负责发票印刷、领购、开具、取得、保管、缴销的管理和监督。

34. 【答案】C【解答】税务机关依照有关法律、法规的规定，按照一定的程序，核定纳税人在一定经营时期内的应纳税经营额及收益额，并以此为计税依据，确定其应纳税额。这种征收方式属于定期定额征收。

35. 【答案】D【解答】奉献社会是职业道德中的最高境界。

36. 【答案】B【解答】"理万金分文不沾"、"常在河边走，就是不湿鞋"体现的会计职业道德是廉洁自律。

37. 【答案】B【解答】在会计职业活动中，如果发生道德冲突时要坚持原则，把社会公众利益放在第一位。

38. 【答案】C【.解答】下列有关道德惩罚与法律惩罚关系的表述中，正确的有法律惩罚和道德惩罚并行不悖。

39. 【答案】C【解答】在我国会计职业道德规范中，坚持准则是会计人员做到依法办事的核心内容。

40. 【答案】A【解答】会计职业道德修养的最高境界是慎独。

二、多项选择题（每题2分，共30分）

1. 【答案】ACD【解答】各单位要依法设置：总账、明细账、日记账和其他辅助账簿。

2. 【答案】ABCD【解答】ABCD都是从事代理记账工作的人员应当遵守的规则。

3. 【答案】ABCD【解答】我国会计法律的基本构成包括会计法律、会计行政法规、会计部门规章、会计规范性文件。

4. 【答案】ABC【解答】根据《中华人民共和国票据法》的规定，汇票上未记载付款地的，付款人的营业场所、住所或经常居住地为付款地。

5. 【答案】AC【解答】现金支票只能用于支取现金；普通支票既可以支取现金，又可以转账。

6. 【答案】ABCD【解答】会计资料是在会计核算过程中形成的、记录和反映实际发生的经济业务事项的资料，包括会计凭证、会计账簿、财务会计报告和其他会计资料。

7. 【答案】ABCD【解答】款项是指作为支付手段的货币资金，一般包括现金、银行本票存款、保函押金、各种备用金等。

8. 【答案】ABD【解答】计划管理岗位不属于会计岗位。

9. 【答案】BCD【解答】根据《会计专业职务试行条例》的规定，下列各项中，属于会计专业职务的有高级会计师、会计师、助理会计师、会计员。

10. 【答案】ACD【解答】单位、银行在票据上的签章和单位在结算凭证上的签章，为该单位、银行的公章加其法定代表人的签名或者盖章或其授权的代理人的签名或者盖章。

11. 【答案】ABC【解答】金额、日期、收款人名称是票据和结算凭证中不得更改的内容。

12. 【答案】BC【解答】临时存款账户可以支取现金；基本存款账户办理存款人日常

经营活动的资金收付及其工资、奖金和现金的支取。

13. 【答案】BCD【解答】背书人不属于票据的基本当事人。

14. 【答案】ACD【解答】支票适用于在同一票据交换区域需要支付各种款项的单位和个人。

15. 【答案】ABC【解答】根据税收征收管理法律制度的规定，纳税人在申报办理税务登记时，应出示的证件和资料有工商营业执照或其他核准执业证件、有关合同、章程和协议书、组织机构统一代码证书和法定代表人或负责人或业主的居民身份证、护照或其他合法证件。

16. 【答案】ABCD【解答】ABCD 都属于需要办理注销登记的情形。

17. 【答案】ABCD【解答】“诚实守信”基本要求的有：做老实人、说老实话、办老实事；言行一致、表里如一；保守商业秘密，不为利益所诱惑；公私分明、不贪不占。

18. 【答案】AC【解答】会计职业道德教育的形式有自我教育、接受教育。

19. 【答案】ABCD【解答】财政部门在开展工作时，将会计人员职业道德情况纳入考核内容的有：会计从业资格证书年检、会计法执法检查、会计人员评优表彰、会计专业技术资格的考评、聘用等。

20. 【答案】ABCD【解答】ABCD 都属于开展会计职业道德教育的意义。

21. 【答案】ABC【解答】会计法律制度是指国家权力机关和行政机关制定的各种会计规范性文件的总称。下列各项中，属于会计法律制度的是会计法律、会计行政法规、会计规章。

22. 【答案】ABD【解答】根据《中华人民共和国会计法》的规定，下列各项中，单位出纳人员不得兼任的工作有稽核、会计档案保管、费用账目登记工作。

23. 【答案】ABC【解答】根据国家统一的会计制度的规定，单位对外提供的财务会计报告应当由单位有关人员签字并盖章。下列各项中，应当在单位对外提供的财务会计报告上签字并盖章的有单位负责人、总会计师、会计机构负责人。

24. 【答案】BCD【解答】根据《会计专业职务试行条例》的规定，下列各项中，属于会计专业职务的有高级会计师、会计师、助理会计师和会计员。

25. 【答案】ABCD【解答】国有企业的单位负责人的亲属不得担任本单位的会计机构负责人、会计主管人员。

26. 【答案】ACD【解答】银行结算账户一般分为基本存款账户、特殊存款账户、临时存款账户、专用存款账户。

27. 【答案】BCD【解答】单位存款人可以申请开立临时存款账户的情况包括设立临时机构、异地临时经营活动、注册验资。

28. 【答案】ABCD【解答】税务登记的种类包括开业登记、变更登记、停业、复业登记、外出经营报验登记、注销登记。

29. 【答案】ABCD【解答】会计职业道德的内容之一，就是要“坚持准则”，这里的“准则”包括会计法律、会计法规、会计制度、会计准则。

30. 【答案】ABCD【解答】会计职业道德中的“提高技能”，其主要内容包括会计及相关专业理论水平、会计实务操作能力、沟通交流能力、职业判断能力。

三、判断题（每题1分，共30分）

1. 【答案】√【解答】根据《中华人民共和国会计法》的规定，行政责任是指犯有一般违法行为的单位或个人，依照法律、法规的规定应承担的法律责任。

2. 【答案】×【解答】根据《中华人民共和国会计法》的规定，伪造会计凭证，是指以虚假的经济业务为前提来编制会计凭证的行为。

3. 【答案】×【解答】根据《中华人民共和国票据法》的规定，背书人是指在转让票据时，在票据背面或粘单上签字或盖章，并将该票据交付给受让人的票据收款人或持有人。

4. 【答案】√【解答】用于支取现金的支票不得背书转让。

5. 【答案】√【解答】根据《中华人民共和国票据法》的规定，支票的金额、收款人名称，可以由出票人授权补记。

6. 【答案】√【解答】会计职业道德具有一定的强制性。

7. 【答案】×【解答】根据《企业财务报告条例》第36条规定：企业向有关各方提供的财务会计报告，其编制基础、编制依据、编制原则和编制方法必须一致。

8. 【答案】√【解答】根据《中华人民共和国会计法》的规定，会计档案的保管期限分为永久和定期两类，保管期限从会计年度终了后的第一天算起。

9. 【答案】×【解答】虽然单位负责人对本单位会计工作和会计资料的真实性、完整性承担第一责任，但是会计人员对本单位的会计信息失真也有一定责任。

10. 【答案】×【解答】根据《中华人民共和国票据法》的规定，票据出票日期使用小写的开户银行不可以受理。

11. 【答案】×【解答】基本存款账户的存款人可以通过本账户办理转账结算和现金缴存、现金支取。

12. 【答案】√【解答】根据《中华人民共和国票据法》的规定，票据丧失后可以采取挂失止付、公示催告、普通诉讼三种形式进行补救。

13. 【答案】√【解答】根据《中华人民共和国票据法》的规定，出票人签发空头支票，银行应予以退票，并按票面金额处以5%但不低于1 000元的罚款。

14. 【答案】√【解答】根据《中华人民共和国税收征收管理法》的规定，纳税人在停业期间发生纳税义务的，应当按照税收法律、行政法规的规定申报缴纳税款。

15. 【答案】×【解答】根据《中华人民共和国税收征收管理法》的规定，纳税人停业期满不能及时恢复生产经营的，应当在停业期满前向税务机关提出延长停业登记申请。

16. 【答案】×【解答】根据《企业财务报告条例》第36条规定：企业向有关各方提供的财务会计报告，其编制基础、编制依据、编制原则和编制方法必须一致。

17. 【答案】×【解答】会计档案的保管期限分为永久和定期两类，保管期限从会计年度终了后第一天算起。

18. 【答案】√【解答】国家统一的会计制度，是指国务院财政部门根据《中华人民共和国会计法》制定的关于会计核算、会计监督、会计机构和会计人员以及会计工作管理的制度。

19. 【答案】×【解答】单位负责人是指单位的法定代表人或者法律、行政法规规定代表单位行使职权的主要负责人。

20. 【答案】×【解答】会计资料移交后，如发现移交人员在其经办会计工作期间内所发生的问题，即使接替人员在交接时因疏忽没有发现问题，也应由移交人员对这些会计资料的合法性、真实性承担法律责任。

21. 【答案】√【解答】财政部门对会计师事务所出具的审计报告有监督的责任。

22. 【答案】×【解答】一般存款账户可以办理现金交存。但不得办理现金支取。

23. 【答案】×【解答】出票人签发空头支票，银行应予以退票、并按票面金额处以5%但不低于1 000元的罚款。

24. 【答案】×【解答】个人银行结算账户可用于办理个人转账收付和现金支取。

25. 【答案】√【解答】银行汇票的提示付款期限为自出票日起1个月。

26. 【答案】×【解答】对于设置了账簿，但是有关账册不健全的单位应当采用查定征收的方式。

27. 【答案】√【解答】纳税人申报的计税依据明显偏低，又无正当理由的。税务机关有权核定其应纳税额。

28. 【答案】×【解答】在会计职业活动中，发生道德冲突时要坚持准则，把社会公众利益放在第一位。

29. 【答案】√【解答】坚持准则是指会计人员在处理业务过程中，要严格按照会计法律制度办事，不为主观或他人意志左右。这里所说的"准则"不仅指会计准则，而且包括会计法律、法规、国家统一的会计制度以及与会计工作相关的法律制度。

30. 【答案】√【解答】会计职业道德是会计法律规范实施的重要的社会和思想基础，会计法律制度是促进会计职业道德规范形成和遵守的制度保障。

《财经法规与职业道德》命题预测试卷（三）

题号	一	二	三	四	五	六	总分	统分人签字
得分								

得分	评卷人

一、单项选择题（每题1分，共50分）

1. 《中华人民共和国会计法》属于(　　)。

A. 会计法律　　B. 会计行政法规

C. 会计规章　　D. 会计规范文件

2. 对企业实际发生的经济业务事项按其性质进行归类、确定会计分录，并据以登记会计账簿的凭证是指(　　)。

A. 原始凭证　　B. 计账凭证

C. 销货凭证　　D. 购货凭证

3. 根据《会计人员继续教育暂行规定》，会计人员继续教育的形式包括接受培训和自学两种，初级会计人员继续教育每年接受培训的时间累计最少应为(　　)。

A. 20 小时　　B. 24 小时

C. 48 小时　　D. 68 小时

4. 某一外商投资企业业务收支以美元为主，也有少量的人民币收支业务，根据《中华人民共和国会计法》规定，为方便会计核算，该单位可以采用(　　)作为记账本位币。

A. 人民币　　B. 人民币和美元

C. 欧元　　D. 美元

5. 根据《会计从业资格管理办法》规定，持证人员从事会计工作，应当自从事会计工作之日起(　　)日内，向会计从业资格管理部门办理注册登记。

A. 15　　B. 30

C. 60　　D. 90

6. 一般会计人员离开会计岗位办理交接手续时，由(　　)监交。

A. 一般会计人员　　B. 会计机构负责人

C. 单位负责人　　D. 单位内部审计人员

7. 下列各项经济业务中，不属于《中华人民共和国会计法》规定应当办理会计手续，进行会计核算的事项为(　　)。

A. 款项和有价证券的收付

B. 记账本位币的变更

C. 资本、基金的增减和财物的收发、增减和使用

D. 收入、支出、费用、成本的计算

8. 根据有关规定，会计人员因故离职时应与接替人员办理工作交接手续。下列选项中，表述正确的是(　　)。

A. 会计人员调动工作或因故离职，未办清交接手续的，不得调动或离职

B. 一般会计人员办理交接手续，由单位负责人负责监交

C. 交接工作结束后，接替人员应当另立账册记账，以便分清各自职责

D. 交接工作结束后，原会计人员与接替人员双方应在移交清册上签章

9. 会计人员张某调到其他地区继续从事会计工作。在办理会计从业档案调转手续时，应当(　　)。

A. 持会计从业资格证书，直接到新单位所在地会计从业资格管理部门办理注册登记手续

B. 持会计从业资格证书，直接到新单位所在地会计从业资格管理部门更换新证

C. 会计从业资格证书全国通用，无需办理档案调转和重新注册登记手续

D. 到原注册登记的会计从业资格管理部门办理从业档案调转手续，并于办理调转手续后的 30 日内到新单位所在地会计从业资格管理部门重新办理注册登记手续

10. 各单位当年形成的会计档案，在会计年度终了后，暂由本单位财务会计部门保管(　　)。

A. 3 年　　B. 2 年

C. 1 年　　D. 半年

11. 在填写票据的出票日期时，下列各项中，“2 月 12 日”填写正确的是(　　)。

A. 贰月拾贰日　　B. 贰月壹拾贰日

C. 零贰月拾贰日　　D. 零贰月壹拾贰日

12. 票据记载事项是指依法在票据上记载票据相关内容的行为。下列关于票据记载事项的表述中，正确的是(　　)。

A. 票据记载事项可分为绝对记载事项和相对记载事项

B. 票据记载事项可分为绝对记载事项和任意记载事项

C. 票据记载事项可分为相对记载事项和任意记载事项

D. 票据记载事项可分为绝对记载事项，相对记载事项和任意记载事项

13. 在下列各项中，对基本存款账户与临时存款账户在管理上的区别，表述正确的是(　　)。

A. 基本存款账户能支取现金而临时存款账户不能支取现金

B. 基本存款账户不能向银行借款而临时存款账户可以向银行借款

C. 基本存款账户没有开设数量的限制而临时存款账户受开设数量的限制

D. 基本存款账户没有时间限制而临时存款账户实行有效期管理

14. 下列有关对票据的表述中，不正确的是(　　)。

A. 票据是由出票人依法签发的有价证券

B. 票据所记载的金额由出票人自行支付或委托付款人支付

C. 票据都有付款提示期限

D. 任何票据都可以用于办理结算或提取现金

15. 根据填写票据和结算凭证的基本要求，在填写月、日时，月为(　　)的，不应在其前加“零”。

A. 壹　　B. 贰

C. 叁　　D. 壹拾

16. 开户银行对已开户(　　)年，但未发生任何业务的账户，应通知存款人自发出通知30日内到开户银行办理销户手续，逾期视同自愿销户。

A. 半　　B. 一

C. 二　　D. 三

17. 纳税人停业期满未按期复业又不申请延长停业的，税务机关应当视为(　　)。

A. 自动注销税务登记

B. 已恢复营业，实施正常的税收征收管理

C. 自动延长停业登记

D. 纳税人已自动接受罚款处理

18. 增值税专用发票的式样由(　　)确定。

A. 县级税务机关　　B. 市级税务机关

C. 省级税务机关　　D. 国家税务总局

19. 税务机关根据纳税人的生产设备在正常状态下的生产、销售情况，对其生产的应税产品查定产量和销售额，然后依照税法规定的税率征收税款的方式称为(　　)。

A. 查账征收　　B. 查定征收

C. 查验征收　　D. 定期定额征收

20. 会计人员对于工作中知悉的商业秘密应依法保守，不得泄露，这是会计职业道德

中(　　)的具体体现。

A. 诚实守信　　B. 廉洁自律

C. 客观公正　　D. 坚持准则

21. 会计职业道德的基本工作准则是(　　)。

A. 诚实守信　　B. 提高技能

C. 服务群众　　D. 奉献社会

22. ABC 股份有限公司会计王某不仅熟悉会计电算化业务，而且对利用现代信息技术手段加强经营管理颇有研究。“非典”期间，王某向公司总经理建议，开辟网上业务洽谈，并实行优惠的折扣政策。公司采纳了王某的建议，当期销售额克服“非典”影响，保持了快速增长。下面不属于王某的行为体现出的会计职业道德有(　　)。

A. 爱岗敬业　　B. 坚持准则

C. 参与管理　　D. 强化服务

23. 现阶段，会计职业道德的主要内容不包括(　　)。

A. 团结协作、尊老爱幼　　B. 坚持准则、提高技能

C. 廉洁自律、客观公正　　D. 诚实守信、爱岗敬业

24. 下列不属于岗位职业道德继续教育范围的有(　　)。

A. 形势教育　　B. 品德教育

C. 法制教育　　D. 会计电算化教育

25. 《中华人民共和国会计法》规定，我国会计年度自(　　)。

A. 公历 1 月 1 日起至 12 月 31 日止

B. 农历 1 月 1 日起至 12 月 30 日止

C. 公历 4 月 1 日起至次年 3 月 31 日止

D. 公历 10 月 1 日起至次年 9 月 30 日止

26. 反映公司、企业现金和现金等价物的流入和流出情况的会计报表是(　　)。

A. 资产负债表　　B. 利润表

C. 现金流量表　　D. 股东权益增减变动表

27. 在中国境内的外商投资企业，会计记录使用的文字符合规定的是(　　)。

A. 只能使用中文

B. 只能使用外文

C. 在中文和外文中选一种

D. 应当使用中文，可以同时使用一种外文

28. 下列各项中，属于会计行政法规的有(　　)。

A. 《中华人民共和国会计法》　　B. 《企业财务会计报告条例》

C. 《会计基础工作规范》　　D. 《企业会计制度》

29. 单位内部会计监督的主体是(　　)。

A. 政府审计部门　　B. 单位负责人

C. 各单位的会计机构、会计人员　　D. 社会会计中介机构

30. 根据《会计从业资格管理办法》规定，持证人员离开会计工作岗位超过(　　)个月的，应当向原注册登记的会计从业资格管理机构办理备案。

A. 6　　B. 4

C. 3　　D. 1

31. (　　)对本单位的会计工作和会计资料的真实性完整性负责。

A. 单位负责人　　B. 总会计师

C. 会计机构负责人　　D. 会计人员

32. 根据《中华人民共和国会计法》规定，财政部门实施会计监督的内容不包括(　　)。

A. 各单位是否依法设置会计账簿

B. 各单位经营的业务项目是否合法

C. 各单位的会计资料是否真实、完整

D. 各单位从事会计工作的人员是否具备从业资格

33. 某国有企业因内部管理混乱造成财务会计报告不合法、不真实，对此，首先应当承担责任的是(　　)。

A. 该企业的会计人员　　B. 该企业的会计机构负责人

C. 该企业的总会计师　　D. 该企业的厂长或经理

34. 审核外来原始凭证，发现其金额有错误，应当(　　)。

A. 由原出具凭证的单位重开

B. 由原出具凭证单位划线更正并加盖单位公章

C. 报经本单位领导批准同意，在原凭证上更正并加盖单位公章

D. 按正确的金额更正并告知原出具凭证的单位

35. 以下属于会计专业技术职务的有(　　)。

A. 财务总监　　B. 总会计师

C. 主任会计师　　D. 助理会计师

36. 存款人的工资、奖金等现金的支取，应通过金融法律制度规定的账户办理，该账户是(　　)。

A. 一般存款账户　　B. 基本存款账户

C. 临时存款账户　　D. 专用存款账户

37. 银行汇票的持票人超过提示付款期限提示付款的，代理付款人（银行）不予受理。该提示付款期限是(　　)。

A. 自出票日起 1 个月　　B. 自出票日起 2 个月

C. 自出票日起 3 个月　　D. 自出票日起 6 个月

38. (　　)是出票银行签发的，由其在见票时按照实际结算金额无条件支付给收款人或持票人的票据。

A. 银行汇票　　B. 商业汇票

C. 托收承付　　D. 支票

39. 为了加强对住房基金和社会保障基金的管理，存款人应依法申请在银行开立(　　)。

A. 一般存款账户　　B. 基本存款账户

C. 专用存款账户　　D. 临时存款账户

40. 依法定方式签发票据，并将票据交付给收款人的人称为(　　)。

A. 背书人　　B. 出票人

C. 收款人　　D. 付款人

41. 下列有关支票的表述中，正确的是(　　)。

A. 转账支票可以用于支取现金，也可用于转账

B. 现金支票可以用于支取现金，也可用于转账

C. 普通支票可以用于支取现金，也可用于转账

D. 用于支取现金的支票可以背书转让

42. 纳税人在工商行政管理机关办理变更登记的，应当自工商行政管理机关办理变更登记之日起(　　)内，持有关证件到原税务登记机关申报办理变更税务登记。

A. 5 日　　B. 20 日

C. 30 日　　D. 60 日

43. 纳税人通过邮政部门办理交寄手续，并向邮政部门索取收据作为申报凭据的，其纳税申报的日期为(　　)。

A. 纳税人将申报材料交给邮局之日

B. 寄出地邮政局的邮戳日期

C. 寄入地邮政局的邮戳日期

D. 税务机关收到申报材料之日

44. 受托单位按照税务机关核发的代征证书的要求，以税务机关的名义向纳税人征收一些零散税款的征税方式称为(　　)。

A. 代扣代缴　　B. 代收代缴

C. 委托代征　　D. 自报核缴

45. 会计人员在工作中应主动就单位经营管理中存在的问题提出合理化建议，协助领导决策，这是会计职业道德中的(　　)所要求的。

A. 提高技能　　B. 参与管理

C. 坚持准则　　D. 爱岗敬业

46. 公司为获得一项工程合同，拟向工程发包的有关人员支付好处费 10 万元。公司市场部持公司董事长的批示到财务部领该笔款项。财务部经理张某认为该项支出不符合有关规定，但考虑到公司主要领导已作了同意的批示，遂同意拨付了此款项。下列对张某做法的认定中，正确的是(　　)。

A. 张某违反了爱岗敬业的会计职业道德要求

B. 张某违反了参与管理的会计职业道德要求

C. 张某违反了客观公正的会计职业道德要求

D. 张某违反了坚持准则的会计职业道德要求

47. 会计工作的特点决定了(　　)是会计职业道德之本。

A. 诚实守信　　B. 廉洁自律

C. 公平公正　　D. 坚持准则

48. (　　)在会计职业道德教育中具有基础性地位。

A. 会计类大专院校的职业道德教育

B. 获取会计从业资格中的职业道德教育

C. 岗位职业道德继续教育

D. 职称聘任过程中职业道德教育

49. 下列不属于会计职业道德自我教育范围的有(　　)。

A. 职业义务教育　　B. 职业荣誉教育

C. 职业节操教育　　D. 职业技术教育

50. 单位内部会计监督，可通过(　　)在处理会计业务过程中进行。

A. 单位内部会计机构、会计人员　　B. 单位内部纪检人员

C. 单位负责人　　D. 上级单位领导

得分	评卷人

二、多项选择题（每题1分，共20分）

1. 根据《中华人民共和国会计法》的规定，下列经济业务事项中，应当办理会计手续，进行会计核算的有(　　)。

A. 款项的收付　　B. 财物的增减

C. 资本的增减　　D. 债务的发生

2. 下列各项中，属于会计岗位的有(　　)。

A. 工资核算岗位　　B. 资金核算岗位

C. 计划管理岗位　　D. 会计档案管理岗位

3. 《会计从业资格管理办法》中所称的会计类专业，包括(　　)等。

A. 会计学　　B. 注册会计师专门化

C. 会计电算化　　D. 理财学

4. 财政部门对各单位实施监督的事项主要包括(　　)。

A. 是否依法设置会计账簿

B. 从事会计工作的人员是否具备会计从业资格

C. 会计凭证、会计账簿、财务会计报告和其他会计资料是否真实、完整

D. 会计核算是否符合《中华人民共和国会计法》和国家统一的会计制度的规定

5. 单位内部会计监督制度应当符合以下哪些要求(　　)。

A. 记账人员与经济业务事项或会计事项的审批人员、经办人员、财物保管人员的职责权限应当明确，并相互分离、相互制约

B. 重大对外投资、资产处置、资金调度和其他重要经济业务事项的决策和执行的相互监督、相互制约的程序应当明确

C. 财产清查的范围、期限和组织程序应当明确

D. 对会计资料定期进行内部审计的办法和程序应当明确

6. 下列哪些事项，存款人应向开户银行申请撤销银行结算账户(　　)。

A. 存款人变更名称但不变更银行账户名称的

B. 存款人因迁址需要变更开户银行的

C. 存款人因迁址但不变更开户银行的

D. 存款人被吊销营业执照的

7. 以下关于票据的叙述中，正确的包括(　　)。

A. 票据是出票人依法签发的有价证券

B. 票据金额应由出票人自己支付或委托付款人支付

C. 票据行为只包括出票、背书和承兑

D. 票据签章是票据行为生效的重要条件

8. 纳税人在进行纳税申报时，可以采用(　　)。

A. 直接申报　　B. 邮寄申报

C. 数据电文申报　　D. 口头申报

9. 会计职业道德与会计法律制度的联系主要体现(　　)。

A. 在作用上相互补充、协调　　B. 在内容上相互渗透、相互重叠

C. 在地位上相互转化、相互吸收　　D. 在实施过程中相互作用

10. 某公司是一家生产电子产品的大型国有控股公司。2002 年 12 月，由于产品销售不畅，公司面临亏损。公司董事长责令财会部经理胡某对会计报表做技术处理，实现当年盈利目标，并承诺如果做得好，将推荐他作为公司总会计师人选。胡某知道本年度公司亏损已成定局，如要落实董事长的盈利目标，只能在会计报表上做假。于是，胡某通过虚拟交易、向子公司转移广告费支出等方法，将公司会计报表从亏损做成盈利。分析上述案例中，下列对胡某行为的认定中正确的有(　　)。

A. 胡某的行为违背了参与管理的会计职业道德要求

B. 胡某的行为违背了坚持准则的会计职业道德要求

C. 胡某的行为违背了诚实守信的会计职业道德要求

D. 胡某的行为违背了客观公正的会计职业道德要求

11. 根据《中华人民共和国会计法》和《企业财务会计报告条例》的规定，下列各项中，属于财务会计报告组成部分的有(　　)。

A. 会计报表　　B. 会计报表附注

C. 财务情况说明书　　D. 注册会计师出具的审计报告

12. 下列各项中，属于《中华人民共和国会计法》规定的行政处罚的形式有(　　)。

A. 罚款　　B. 警告

C. 吊销税务登记证　　D. 吊销会计从业资格证书

13. 根据《会计人员继续教育暂行规定》，下列各项中，属于会计人员继续教育内容的有(　　)。

A. 会计法规制度　　B. 会计理论与实务

C. 企业管理　　D. 会计职业道德规范

14. 会计监督是会计的基本职能之一，依照《中华人民共和国会计法》的规定，我国会计监督的种类包括(　　)。

A. 单位内部监督　　B. 政府监督

C. 社会监督　　D. 单位上级主管部门的监督

15. 会计机构和会计人员在单位内部会计监督中的职权主要包括：(　　)。

A. 对违法的会计事项，有权拒绝办理

B. 对违法的会计事项，有权按照职权予以纠正

C. 发现账实不符、账款不符的，依法有权自行处理的，应当及时处理

D. 发现账实不符、账款不符的，如果无权处理的，应当立即向会计机构负责人报告，请求查明原因，做出处理

16. 签发的支票必须记载的事项有（　　）。

A. 出票日期　　B. 确定的金额

C. 付款人名称　　D. 出票人签章

17. 下列各项中，属于支付结算时应遵循的原则有（　　）。

A. 恪守信用，履约付款原则　　B. 谁的钱进谁的账原则

C. 谁的钱由谁支配原则　　D. 银行不垫款原则

18. 税收征收方式有（　　）等。

A. 查定征收　　B. 查验征收

C. 定期定额征收　　D. 代扣代缴

19. 会计职业道德教育的途径包括（　　）。

A. 会计学历教育　　B. 会计人员继续教育

C. 会计人员自我教育　　D. 会计专业技术资格考试

20. 会计职业道德教育的主要内容有（　　）。

A. 职业道德观念教育　　B. 职业道德规范教育

C. 职业道德警示教育　　D. 职业道德学历教育

得分	评卷人

三、判断题（每题1分，共30分）

1. 变造会计凭证、会计账簿及其他会计资料，是指以虚假的经济业务事项为前提编造不真实性的会计凭证、会计账簿及其他会计资料。（　　）

2. 目前我国实行的三位一体的会计监督体系中，以注册会计师为主体的监督属于国家监督。（　　）

3. 代理记账机构为委托人编制的财务会计报告，只需经委托人签名并盖章后，就可以对外提供。（　　）

4. 会计工作岗位可以一人一岗、一人多岗或者一岗多人。（　　）

5. 为提高会计工作效率，经单位会计机构负责人批准，出纳人员可以兼管会计档案保管和债权债务账目的登记工作。（　　）

6. 会计人员因病暂时不能工作的，可以不与接管人员办理工作交接手续。（　　）

7. 为了便于结算，一个单位可以同时在几家金融机构开立银行基本存款账户。（　　）

8. 银行汇票可用于转账，标明“现金”字样的银行汇票也可以提取现金。（　　）

9. 所有以自然人姓名开立的银行账户都应纳入个人银行结算账户管理。（　　）

10. 不论单位还是个人，签发支票的金额都不能超过银行存款的余额。（　　）

11. 未办理工商营业登记的，从事生产、经营的纳税人可以暂不办理税务登记。（　　）

12. 所有一般纳税人均可领购使用增值税专用发票。（　　）

13. 会计职业道德不仅要求调整会计人员的外在行为，还要求调整会计人员内在的精神世界。（　　）

14. 会计职业道德与会计法律制度一样，都是以国家的强制力来保障实施的。（　　）

15. 财政部门可以通过将会计从业资格证书注册登记管理与会计职业道德检查相结合的途径来实现对会计职业道德的监督检查。（　　）

16. 会计工作的社会监督，主要是指由注册会计师及其所在的会计师事务所依法对受托单位的经济活动进行审计、鉴证的一种监督制度。（　　）

17. 会计机构、会计人员对违反会计法和国家统一的会计制度规定的事项，有权拒绝办理或者按照职权予以纠正。（　　）

19. 一般会计人员办理会计工作的交接手续，由单位负责人负责监交。（　　）

20. 各单位应当根据会计业务需要自主决定是否单独设置会计机构。（　　）

21. 担任单位会计机构负责人的条件之一，是从事会计工作5年以上的工作经历。（　　）

22. 挂失止付是票据丧失后采取的必须措施。（　　）

23. 存款人签发空头支票的，持票人有权要求出票人赔偿支票金额2%的赔偿金。（　　）

24. 背书是指持票人以转让票据义务为目的，而在票据背面或者粘单上记载有关事项并签章的票据行为。（　　）

25. 票据保证是票据债务人以外的第三人，以担保债务人履行票据债务为目的，而在票据上所为的附属票据行为。（　　）

26. 税款征收中的查验征收方式主要对生产不固定，账册不健全的单位适用。（　　）

27. 发票种类的划分，由国家税务总局确定。（　　）

28. 会计法律制度不仅要求调整会计人员的外在行为，还要调整会计人员内在的精神世界，其调节的范围远比职业道德广泛。（　　）

29. 会计人员违反职业道德的，由所在单位进行处罚；情节严重的，由会计从业资格证书发证机关吊销其会计从业资格证书。（　　）

30. 会计职业道德应当靠广大会计人员自觉遵守，对违反会计职业道德的行为，不能进行惩罚。（　　）

《财经法规与职业道德》命题预测试卷（三）答案及解答

一、单项选择题（每题1分，共50分）

1. 【答案】A【解答】《中华人民共和国会计法》属于会计法律。

2. 【答案】B【解答】对企业实际发生的经济业务事项按其性质进行归类、确定会计分录，并据以登记会计账簿的凭证是指记账凭证。

3. 【答案】B【解答】根据《会计人员继续教育暂行规定》，会计人员继续教育的形式包括接受培训和自学两种，初级会计人员继续教育每年接受培训的时间累计最少应为24小时。

4. 【答案】D【解答】某一外商投资企业业务收支以美元为主，也有少量的人民币收支业务，根据《中华人民共和国会计法》规定，为方便会计核算，该单位可以采用美元作为记账本位币。

5. 【答案】D【解答】根据《会计从业资格管理办法》规定，持证人员从事会计工作，应当自从事会计工作之日起90日内，向会计从业资格管理部办理注册登记。

6. 【答案】B【解答】一般会计人员离开会计岗位办理交接手续时，由会计机构负责人监交。

7. 【答案】B【解答】记账本位币的变更不属于《中华人民共和国会计法》规定应当办理会计手续，进行会计核算的事项。

8. 【答案】A【解答】根据有关规定，会计人员调动工作或因故离职，未办清交接手续的，不得调动或离职。

9. 【答案】D【解答】会计人员张某调到其他地区继续从事会计工作。在办理会计从业档案调转手续时，应当到原注册登记的会计从业资格管理部门办理从业档案调转手续，并于办理调转手续后的30日内到新单位所在地会计从业资格管理部门重新办理注册登记手续。

10. 【答案】C【解答】各单位当年形成的会计档案，在会计年度终了后，暂由本单位财务会计部门保管1年。

11. 【答案】D【解答】在填写票据的出票日期时，将“2月12日”填写正确的是零贰月壹拾贰日。

12. 【答案】D【解答】票据记载事项是指依法在票据上记载票据相关内容的行为。票据记载事项可分为绝对记载事项，相对记载事项和任意记载事项。

13. 【答案】D【解答】根据规定，基本存款账户没有时间限制而临时存款账户实行有效期管理。

14. 【答案】D【解答】下列有关对票据的表述中，“任何票据都可以用于办理结算或提取现金”是不正确的。

15. 【答案】C【解答】根据填写票据和结算凭证的基本要求，在填写月、日时，月为叁的，不应在其前加“零”。

16. 【答案】B【解答】开户银行对已开户一年，但未发生任何业务的账户，应通知存款人自发出通知30日内到开户银行办理销户手续，逾期视同自愿销户。

17. 【答案】B【解答】纳税人停业期满未按期复业又不申请延长停业的，税务机关应当视为已恢复营业，实施正常的税收征收管理。

18. 【答案】D【解答】增值税专用发票的式样由国家税务总局确定。

19. 【答案】B【解答】税务机关根据纳税人的生产设备在正常状态下的生产、销售情况，对其生产的应税产品查定产量和销售额，然后依照税法规定的税率征收税款的方式称为查定征收。

20. 【答案】A【解答】会计人员对于工作中知悉的商业秘密应依法保守，不得泄露，这是会计职业道德中诚实守信的具体体现。

21.【答案】A【解答】会计职业道德的基本工作准则是诚实守信。

22.【答案】B【解答】ABC股份有限公司会计王某不仅熟悉会计电算化业务，而且对利用现代信息技术手段加强经营管理颇有研究。“非典”期间，王某向公司总经理建议，开辟网上业务洽谈，并实行优惠的折扣政策。公司采了王某的建议，当期销售额克服“非典”影响，保持了快速增长。下面不属于王某的行为体现出的会计职业道德是坚持准则。

23.【答案】A【解答】现阶段，会计职业道德的主要内容不包括团结协作、尊老爱幼。

24.【答案】D【解答】会计电算化教育不属于岗位职业道德继续教育范围。

25.【答案】A【解答】《中华人民共和国会计法》规定，我国会计年度自公历1月1日起至12月31日止。

26.【答案】C【解答】反映公司、企业现金和现金等价物的流入和流出情况的会计报表是现金流量表。

27.【答案】D【解答】在中国境内的外商投资企业，会计记录使用的文字符合规定的是：应当使用中文，可以同时使用一种外文。

28.【答案】B【解答】《企业财务会计报告条例》属于会计行政法规。

29.【答案】C【解答】单位内部会计监督的主体是各单位的会计机构、会计人员。

30.【答案】A【解答】根据《会计从业资格管理办法》规定，持证人员离开会计工作岗位超过6个月的，应当向原注册登记的会计从业资格管理机构办理备案。

31.【答案】A【解答】单位负责人对本单位的会计工作和会计资料的真实性完整性负责。

32.【答案】B【解答】根据《中华人民共和国会计法》规定，各单位经营的业务项目是否合法不属于财政部门实施会计监督的内容。

33.【答案】D【解答】某国有企业因内部管理混乱造成财务会计报告不合法、不真实，对此，首先应当承担责任的是该企业的厂长或经理。

34.【答案】A【解答】审核外来原始凭证，发现其金额有错误，应当由原出具凭证的单位重开。

35.【答案】D【解答】助理会计师属于会计专业技术职务。

36.【答案】A【解答】存款人的工资、奖金等现金的支取，应通过金融法律制度规定的账户办理。该账户是一般存款账户。

37.【答案】A【解答】银行汇票的持票人超过提示付款期限提示付款的，代理付款人（银行）不予受理。该提示付款期限是自出票日起1个月。

38.【答案】A【解答】银行汇票是出票银行签发的，由其在见票时按照实际结算金额无条件支付给收款人或持票人的票据。

39.【答案】C【解答】为了加强对住房基金和社会保障基金的管理，存款人应依法申请在银行开立专用存款账户。

40.【答案】B【解答】依法定方式签发票据，并将票据交付给收款人的人称为出票人。

41.【答案】C【解答】根据规定，普通支票可以用于支取现金，也可用于转账。

42.【答案】C【解答】纳税人在工商行政管理机关办理变更登记的，应当自工商行政管理机关办理变更登记之日起30日内，持有关证件到原税务登记机关申报办理变更税务登记。

43.【答案】B【解答】纳税人通过邮政部门办理交寄手续，并向邮政部门索取收据作为申报凭据的，其纳税申报的日期为寄出地邮政局的邮戳日期。

44. 【答案】C【解答】受托单位按照税务机关核发的代征证书的要求，以税务机关的名义向纳税人征收一些零散税款的征税方式称为委托代征。

45. 【答案】B【解答】会计人员在工作中应主动就单位经营管理中存在的问题提出合理化建议，协助领导决策，这是会计职业道德中的“参与管理”所要求的。

46. 【答案】D【解答】公司为获得一项工程合同，拟向工程发包的有关人员支付好处费10万元。公司市场部持公司董事长的批示到财务部领该笔款项。财务部经理张某认为该项支出不符合有关规定，但考虑到公司主要领导已作了同意的批示，遂同意拨付了此款项。可以看出张某违反了“坚持准则”的会计职业道德要求。

47. 【答案】A【解答】会计工作的特点决定了诚实守信是会计职业道德之本。

48. 【答案】A【解答】会计类大专院校的职业道德教育在会计职业道德教育中具有基础性地位。

49. 【答案】D【解答】职业技术教育不属于会计职业道德自我教育范围。

50. 【答案】A【解答】单位内部会计监督，可通过单位内部会计机构、会计人员在处理会计业务过程中进行。

二、多项选择题（每题1分，共20分）

1. 【答案】ABCD【解答】根据《中华人民共和国会计法》的规定，下列经济业务事项中，应当办理会计手续，进行会计核算的有款项的收付、财物的增减、资本的增减、债务的发生。

2. 【答案】ABD【解答】下列各项中，属于会计岗位的有工资核算岗位、资金核算岗位、会计档案管理岗位。

3. 【答案】ABCD【解答】《会计从业资格管理办法》中所称的会计类专业，包括会计学、注册会计师专门化、会计电算化、理财学等。

4. 【答案】ABCD【解答】财政部门对各单位实施监督的事项主要包括是否依法设置会计账簿；从事会计工作的人员是否具备会计从业资格；会计凭证、会计账簿、财务会计报告和其他会计资料是否真实、完整；会计核算是否符合《中华人民共和国会计法》和国家统一的会计制度的规定。

5. 【答案】ABCD【解答】单位内部会计监督制度应当符合如下要求：记账人员与经济业务事项或会计事项的审批人员、经办人员、财物保管人员的职责权限应当明确，并相互分离、相互制约；重大对外投资、资产处置、资金调度和其他重要经济业务事项的决策和执行的相互监督、相互制约的程序应当明确；财产清查的范围、期限和组织程序应当明确；对会计资料定期进行内部审计的办法和程序应当明确。

6. 【答案】BD【解答】存款人因迁址需要变更开户银行的、存款人被吊销营业执照的，存款人应向开户银行申请撤销银行结算账户。

7. 【答案】ABD【解答】以下关于票据的叙述中，正确的包括票据是出票人依法签发的有价证券、票据金额应由出票人自己支付或委托付款人支付、票据签发是票据行为生效的重要条件。

8. 【答案】ABC【解答】纳税人在进行纳税申报时，可以采用直接申报、邮寄申报、数据电文申报。

9.【答案】ABCD【解答】会计职业道德与会计法律制度的联系主要体现在作用上相互补充、协调；在内容上相互渗透、相互重叠；在地位上相互转化、相互吸收；在实施过程中相互作用。

10.【答案】BCD【解答】某公司是一家生产电子产品的大型国有控股公司。2002 年 12 月，由于产品销售不畅，公司面临亏损。公司董事长责令财会部经理胡某对会计报表做技术处理，实现当年盈利目标，并承诺如果做得好，将推荐他作为公司总会计师人选。胡某知道本年度公司亏损已成定局，如要落实董事长的盈利目标，只能在会计报表上做假。于是，胡某通过虚拟交易、向子公司转移广告费支出等方法，将公司会计报表从亏损做成盈利。分析上述案例中，下列对胡某行为的认定中正确的有：胡某的行为违背了坚持准则的会计职业道德要求；胡某的行为违背了诚实守信的会计职业道德要求；胡某的行为违背了客观公正的会计职业道德要求。

11.【答案】ABC【解答】根据《中华人民共和国会计法》和《企业财务会计报告条例》的规定，下列各项中，属于财务会计报告组成部分的有会计报表、会计报表附注、财务情况说明书。

12.【答案】AD【解答】罚款、吊销会计从业资格证书属于《中华人民共和国会计法》规定的行政处罚的形式。

13.【答案】ABD【解答】根据《会计人员继续教育暂行规定》，会计法规制度、会计理论与实务、会计职业道德规范属于会计人员继续教育内容。

14.【答案】ABC【解答】会计监督是会计的基本职能之一，依照《中华人民共和国会计法》的规定，我国会计监督的种类包括单位内部监督、政府监督、社会监督。

15.【答案】ABC【解答】会计机构和会计人员在单位内部会计监督中的职权主要包括：对违法的会计事项，有权拒绝办理；对违法的会计事项，有权按照职权予以纠正；发现账实不符、账款不符的，依法有权自行处理的，应当及时处理。

16.【答案】ABCD【解答】签发的支票必须记载的事项有出票日期、确定的金额、付款人名称、出票人签章。

17.【答案】ABCD【解答】属于支付结算时应遵循的原则是：恪守信用，履约付款原则、谁的钱进谁的账原则、谁的钱由谁支配原则、银行不垫款原则。

18.【答案】ABCD【解答】税收征收方式有查定征收、查验征收、定期定额征收、代扣代缴等。

19.【答案】ABCD【解答】会计职业道德教育的途径包括会计学历教育、会计人员继续教育、会计人员自我教育、会计专业技术资格考试。

20.【答案】ABC【解答】会计职业道德教育的主要内容有职业道德观念教育、职业道德规范教育、职业道德警示教育。

三、判断题（每题 1 分，共 30 分）

1.【答案】×【解答】虚假的经济业务员事项为前提编造不真实性的会计凭证、会计账簿及其他会计资料的行为是伪造会计凭证、会计账簿及其他会计资料。

2.【答案】×【解答】目前我国实行的三位一体的会计监督体系中，以注册会计师为主体的监督属于社会监督。

3.【答案】×【解答】代理记账机构为委托人编制的财务会计报告，经代理记账机构负责人和委托人签名并盖章后，按照有关法律，行政法规和国家统一的会计制度的规定对外提供。

4.【答案】√【解答】会计工作岗位可以一人一岗、一人多岗或者一岗多人。

5.【答案】×【解答】出纳人员不得兼任稽核、会计档案保管和收入费用债权债务账目的登记工作。

6.【答案】×【解答】会计人员因病暂时不能工作的，应当与接管人员办理工作交接手续。

7.【答案】×【解答】单位银行结算账户的存款人只能在银行开立一个基本存款账户。

8.【答案】√【解答】银行汇票可用于转账，标明“现金”字样的银行汇票也可以提取现金。

9.【答案】×【解答】以自然人姓名开立的储蓄账户不属于个人银行结算账户。

10.【答案】√【解答】支票的出票人签发的支票的金额不得超过付款时在付款人处实有的金额。

11.【答案】×【解答】根据《税务登记管理办法》的规定，凡有法律、法规规定的应税收入、应税财产或者应税行为的各类纳税人，均应当按照有关规定办理税务登记。

12.【答案】×【解答】一般纳税人如有法定情形的，不得领购使用增值税专用发票。

13.【答案】√【解答】会计职业道德不仅要求调整会计人员的外在行为，还要求调整会计人员内在的精神世界。

14.【答案】×【解答】会计法律制度由国家强制力保障实施；而会计职业道德既有国家法律的相应要求，又需要会计人员的自觉遵守。

15.【答案】√【解答】财政部门可以通过将会计从业资格证书注册登记管理与会计职业道德检查相结合的途径来实现对会计职业道德的监督检查。

16.【答案】√【解答】会计工作的社会监督，主要是指由注册会计师及其所在的会计师事务所依法对受托单位的经济活动进行审计、鉴证的一种监督制度。

17.【答案】√【解答】会计机构、会计人员对违反会计法和国家统一的会计制度规定的事项，有权拒绝办理或者按照职权予以纠正。

18.【答案】×【解答】财政部门对会计师事务所出具的审计报告进行监督。

19.【答案】×【解答】一般会计人员办理会计工作的交接手续，由会计机构负责人或者会计主管人员负责监交。

20.【答案】√【解答】各单位应当根据会计业务需要自主决定是否单独设置会计机构。

21.【答案】×【解答】担任单位会计机构负责人的，除了取得会计从业资格外，还应当具备会计师以上的专业技术职务或者从事会计工作3年以上的经历。

22.【答案】×【解答】挂失止付不是票据丧失后采取的必须措施。持票人丧失票据后，可以直接采取公示催告或普通诉讼的方式进行补救。

23.【答案】√【解答】存款人签发空头支票的，持票人有权要求出票人赔偿支票金额2%的赔偿金。

24.【答案】×【解答】背书是指持票人以转让票据权利为目的，而在票据背面或者粘单上记载有关事项并签章的票据行为。

25. 【答案】√【解答】票据保证是票据债务人以外的第三人，以担保债务人履行票据债务为目的，而在票据上所为的附属票据行为。

26. 【答案】×【解答】查验征收税款的方式主要是对零星、分散的高税率产品适用。

27. 【答案】×【解答】发票种类的划分，由省级以上税务机关确定。

28. 【答案】×【解答】会计职业道德不仅要求调整会计人员的外在行为，还要调整会计人员内在的精神世界，其调节的范围远比法律广泛。

29. 【答案】×【解答】会计人员违反职业道德的，由所在单位进行处罚；情节严重的，由会计从业资格证书发证机关吊销其会计从业资格证书。

30. 【答案】×【解答】会计职业道德尽管应当靠广大会计人员自觉遵守，但是，它也具有一定的强制力，对违反会计职业道德的行为，应当进行一定惩罚。

《财经法规与职业道德》命题预测试卷（四）

题号	一	二	三	四	五	六	总分	统分人签字
得分								

得分	评卷人

一、单项选择题（每题1分，共20分）

1. 从事会计工作的人员，必须(　　)。

A. 取得会计从业资格证书

B. 具备会计师以上专业技术职务资格

C. 从事会计工作三年以上经历

D. 参加过会计人员继续教育

2. 甲公司发现其持有由乙公司签发的销售金额为40万元的转账支票为空头支票后，可以向乙公司要求赔偿的金额是(　　)。

A. 20 000元　　B. 12 000元

C. 8 000元　　D. 2 000元

3. 对违反《中华人民共和国会计法》规定行为的，财政部门可以处以一定数额的罚款，这里的财政部门是指(　　)。

A. 乡级以上人民政府财政部门　　B. 县级以上人民政府财政部门

C. 市级以上人民政府财政部门　　D. 省级以上人民政府财政部门

4. 财务会计报告不包括(　　)。

A. 会计报表　　B. 会计报表附注
C. 纳税申报表　　D. 财务情况说明书

5. 下列各项中，不属于代理记账业务范围的是(　　)。
A. 出具审计报告　　B. 提供财务会计报告
C. 进行会计核算　　D. 向税务机构提供税务资料

6. 一般会计人员办理会计工作交接手续时，负责监交的人员应当是(　　)。
A. 其他会计人员　　B. 会计机构负责人、会计主管人员
C. 单位负责人　　D. 主管单位有关人员

7. 下列各项中，不属于会计岗位的是(　　)。
A. 出纳　　B. 档案管理
C. 商场收银员　　D. 财产物资核算岗位

8. 根据《会计专业职务试行条例》的规定，下列各项中，不属于会计专业职务的有(　　)。
A. 总会计师　　B. 高级会计师
C. 会计师　　D. 助理会计师、会计员

9. 反映公司、企业现金和现金等价物的流入和流出情况的会计报表是(　　)。
A. 资产负债表　　B. 利润表
C. 现金流量表　　D. 股东权益增减变动表

10. 我国有关法律规定：“会计人员应当遵守职业道德，提高业务素质”。该法律为(　　)。
A. 《中华人民共和国注册会计师法》　　B. 《中华人民共和国会计法》
C. 《中华人民共和国审计法》　　D. 《中华人民共和国统计法》

11. 下列各项中不属于票据行为的是(　　)。
A. 出票人签发票据并将其交付给收款人的行为
B. 票据遗失向银行挂失止付的行为
C. 汇票付款人承诺在汇票到期日支付汇票金额并签章的行为
D. 票据债务人以外的人在票据上记载有关事项并签章的行为

12. 税务登记不包括(　　)。
A. 开业登记　　B. 变更登记
C. 核定应纳税额　　D. 注销登记

13. 存款人更改名称，但不改变开户银行及账号的，应于(　　)个工作日内向开户银行提出银行结算账户的变更申请。
A. 2　　B. 5
C. 10　　D. 15

14. 接受汇票出票人的付款委托同意承担支付票款义务的人，是指(　　)。
A. 被背书人　　B. 背书人
C. 承兑人　　D. 保证人

15. 会计账簿记录与实物、款项实有数核对相符的简称是指(　　)。
A. 账账相符　　B. 账证相符

C. 账实相符　　D. 账表相符

16. 单位内部会计监督，可通过(　　)在处理会计业务过程中进行。

A. 单位内部会计机构、会计人员　　B. 单位内部纪检人员

C. 单位负责人　　D. 上级单位

17. 根据会计法的规定，担任会计机构负责人的，除取得会计从业资格证书外，还应当具备一定的专业技术职务资格或一定年限的会计工作经历。该资格和年限为(　　)。

A. 会计师；3 年　　B. 助理会计师；2 年

C. 会计师；2 年　　D. 助理会计师；3 年

18. 在填写票据出票日期时，“10 月 30 日” 应填写成(　　)。

A. 拾月叁拾日　　B. 零拾月零叁拾日

C. 壹拾月叁拾日　　D. 零壹拾月零叁拾日

19. 下列关于增值税专用发票说法不正确的是(　　)。

A. 增值税专用发票是指专门用于结算销售货物和提供加工、修理修配劳务使用的一种发票

B. 增值税专用发票只限于增值税一般纳税人领购使用

C. 增值税小规模纳税人不得领购使用

D. 一般纳税人在任何情形下都可以领购使用增值税专用发票

20. 下列可用于支付工资及奖金的账户是(　　)。

A. 一般存款账户　　B. 基本存款账户

C. 临时存款账户　　D. 专用存款账户

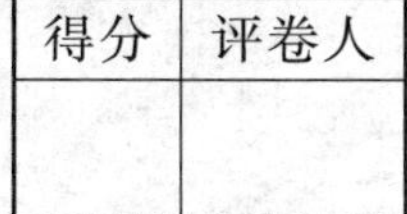

得分	评卷人

二、多项选择题（每小题 1 分，共 40 题）

1. 下列各项中，属于《会计法》规定的单位内部会计监督制度要求的有(　　)。

A. 记账人员与会计事项的审批人员相互分离、相互制约

B. 重大对外投资与执行相互监督、相互制约

C. 财产清查的范围、期限和组织程序应当明确

D. 对会计资料定期进行内部审计的办法和程序应当明确

2. 下列各项中，按规定可以在银行申请开立基本存款账户的有(　　)。

A. 民办非企业组织

B. 外国驻华机构

C. 个体工商户

D. 企业法人内部实行独立核算的销售部门

3. 下列各项中，属于违反《中华人民共和国会计法》规定的行为有(　　)。

A. 随意变更会计处理方法的行为

B. 未按照规定建立并实施单位内部会计监督制度的行为

C. 向不同的会计资料使用者提供的财务会计报告编制依据不一致的行为

D. 任用不具有会计从业资格的人员从事会计工作的行为

4. 持票人丧失票据时，可采取的补救措施有(　　)。

A. 挂失止付　B. 公示催告

C. 提起诉讼　D. 登报作废

5. 下列各项中，属于支付结算时应遵循的原则有(　　)。

A. 恪守信用，履约付款原则　B. 谁的钱进谁的账原则

C. 谁的钱由谁支配原则　D. 银行不垫款原则

6. 下列各项中，体现会计职业道德“诚实守信”要求的有(　　)。

A. 言行一致、表里如一　B. 做老实人、说老实话、办老实事

C. 保守商业秘密，不为利益所诱惑　D. 不弄虚作假，信誉至上

7. 下列应进行税务登记的有(　　)。

A. 有应税收入　B. 有应税财产

C. 有应税行为　D. 扣缴义务人发生扣缴义务的

8. 我国税款征收的确定方式包括(　　)。

A. 查账征收　B. 税收保全

C. 定期定额征收　D. 查验征收

9. 下列各项中，体现会计职业道德关于“客观公正”规范要求的有(　　)。

A. 公平正直　B. 如实反映

C. 实事求是　D. 不偏不倚

10. 关于支票叙述正确的有(　　)。

A. 单位和个人的各种款项结算，均可使用支票

B. 现金支票可以用于支取现金，也可以用于转账

C. 用于支取现金的支票不能背书转让

D. 支票的提示付款期限自出票日起 10 天

11. 关于银行汇票叙述正确的有(　　)。

A. 填明“现金”字样的银行汇票可以挂失止付

B. 填明“现金”字样的银行汇票不得背书转让

C. 填明“现金”字样的银行汇票只能提取现金

D. 填明“现金”字样的银行汇票不得用于转账

12. 下列各项表述中，正确的有(　　)。

A. 票据是出票人依法签发的有价证券

B. 票据所记载的金额由出票人自己支付或委托付款人支付

C. 票据行为包括出票、背书和承兑三种

D. 票据签章是票据行为生效的重要条件

13. 下列各情形，税务机关有权核定应纳税额的有(　　)。

A. 纳税人按税法规定应当设置账簿但未设置账簿的

B. 纳税人设置账簿但账目混乱，难以查账的

C. 纳税人发生纳税义务，未按照规定的期限办理纳税申报，逾期仍不申报的

D. 纳税人成本资料、收入凭证、费用凭证残缺不全，难以查账的

14. 为了减少核定应纳税额的随意性，使核定的税额更接近纳税人实际情况和法定负担水平，税务机关按以下方式进行核定(　　)。

A. 参照当地同类企业或者类似企业中经营规模和收入水平相近的纳税人的收入额和利润率核定

B. 按照成本加合理费用和利润核定

C. 按照耗用的原材料、燃料、动力等推算或者核算核定

D. 按照其他合理的方法核定

15. 需要办理注销登记的情形包括(　　)。

A. 从事生产经营的纳税人解散、撤销的

B. 从事生产经营的纳税人住所、经营地点变动，涉及改变税务登记机关的

C. 纳税人被工商行政管理机关吊销营业执照的

D. 从事生产经营的纳税人破产的

16. 专用存款账户用于办理各项专用资金的收付。适用于(　　)等专项管理和使用的资金。

A. 基本建设资金　　B. 更新改造资金

C. 单位银行卡备用金　　D. 工会设在单位的组织机构经费

17. 下列各项中，符合《支付结算办法》规定的有(　　)。

A. 用繁体字书写中文大写金额数字

B. 中文大写金额数字的“角”之后不写“整”（或“正”）字

C. 阿拉伯小写金额数字前面应填写人民币符号

D. 票据出票日期用阿拉伯数字填写

18. 根据《中华人民共和国会计法》的规定，各单位要依法设置的会计账簿包括(　　)。

A. 总账　　B. 明细账

C. 日记账　　D. 其他辅助账簿

19. 根据《中华人民共和国会计法》的规定，下列各项中，属于会计核算内容的是(　　)。

A. 款项和有价证券的收付　　B. 财物的收发、增减和使用

C. 资本、基金的增减　　D. 财务成果的计算和处理

20. 根据《中华人民共和国票据法》的规定，票据行为包括(　　)。

A. 出票　　B. 背书

C. 承兑　　D. 保证

21. 会计人员如果泄露本单位的商业秘密，可能导致的后果将会有(　　)。

A. 会计人员的信誉受到损失　　B. 单位的经济利益受到损失

C. 会计行业声誉受到损失　　D. 会计人员将承担法律责任

22. 一般存款账户用于办理存款人的(　　)。

A. 借款转存　　B. 借款归还

C. 现金缴存　　D. 现金支取

23. 财务会计报告应当由(　　)签名并盖章。

A. 单位负责人　　B. 主管会计工作的负责人

C. 会计机构负责人　　D. 总会计师

24. 下列各项中，可以支取现金的支票有(　　)。

A. 现金支票　　B. 转账支票
C. 普通支票　　D. 划线支票

25. 下列各项中，体现会计职业道德“爱岗敬业”要求的有(　　)。
A. 工作一丝不苟　　B. 工作尽职尽责
C. 工作精益求精　　D. 工作兢兢业业

26. 各单位应定期将会计账簿记录与相应的会计凭证记录逐笔核对，检查以下内容是否一致(　　)。
A. 编号　　B. 时间
C. 经济业务内容　　D. 金额和记账方向

27. 爱岗敬业的基本要求包括(　　)。
A. 正确认识会计职业，树立职业荣誉感
B. 热爱会计工作，敬重会计职业
C. 严肃认真，一丝不苟
D. 忠于职守，尽职尽责

28. 会计档案是指记录和反映经济业务事项的重要历史资料和证据，包括(　　)。
A. 会计凭证　　B. 财务计划
C. 财务会计报告　　D. 会计账簿

29. 会计人员进行职业道德自我教育的方法有(　　)。
A. 自我解剖法　　B. 自重自省法
C. 自警自励法　　D. 自律慎独法

30. 财政部门可对各单位的下列哪些情况实施监督(　　)。
A. 是否依法设置会计账簿
B. 从事会计工作的人员是否具备从业资格
C. 会计核算是否符合本法和国家统一的会计制度的规定
D. 各单位的会计资料是否真实、完整

31. 出纳人员不得兼管以下工作(　　)。
A. 稽核　　B. 会计档案保管
C. 收入、费用的登记工作　　D. 债权债务账目的登记工作

32. 从事代理记账工作的人员应遵守以下规则(　　)。
A. 依法履行职责
B. 保守商业秘密
C. 对委托人示意要求提供不实会计资料，应当拒绝
D. 对委托人提出的有关会计处理原则问题负有解释的责任

33. 对受打击报复的会计人员，应当恢复其(　　)。
A. 名誉　　B. 原有职务
C. 职位　　D. 级别

34. 根据我国《中华人民共和国刑法》的规定，刑罚包括主刑和附加刑。下列各项中，属于附加刑的是(　　)。
A. 罚金　　B. 罚款

C. 剥夺政治权利　　D. 管制

35. (　　)是办理支付结算的主体。

A. 银行　　B. 农村信用合作社

C. 单位　　D. 个人

36. 下列有关会计工作交接的说法正确的是(　　)。

A. 临时离职需要接替的，会计机构负责人或单位负责人必须指定专人接替，并办理会计工作交接手续

B. 临时离职或者因病不能工作的会计人员恢复工作时，应当与接替或代理人员办理接替手续

C. 有价证券的数量要与会计账簿记录一致，有价证券面额与发行价不一致时，按照会计账簿余额交接

D. 公章、收据、空白支票、发票等必须交接清楚

37. 单位银行结算账户按用途分为(　　)。

A. 基本存款账户　　B. 一般存款账户

C. 专用存款账户　　D. 临时存款账户

38. 根据《中华人民共和国票据法》的规定，下列各项中，属于支票上可以有出票人授权补记的事项有(　　)。

A. 金额　　B. 收款人名称

C. 付款人名称　　D. 出票日期

39. 下列各项中，属于票据非基本当事人的是(　　)。

A. 出票人　　B. 收款人

C. 保证人　　D. 承兑人

40. 根据《中华人民共和国票据法》的规定，票据的种类包括(　　)。

A. 汇票　　B. 本票

C. 支票　　D. 股票

得分	评卷人

三、判断题（每小题1分，共30分）

1. 票据和结算凭证上的所有记载事项均不得更改。(　　)

2. 银行结算账户是指存款人在经办银行开立的办理资金收付结算的人民币活期存款账户。(　　)

3. 根据《中华人民共和国票据法》的规定，未填明“现金”字样和代理付款人的银行汇票丧失，不得挂失止付。(　　)

4. 个体工商户凭营业执照以字号或经营者姓名开立的银行结算账户纳入个人银行结算账户管理。(　　)

5. 伪造会计凭证是指用涂改、挖补的手段改变会计凭证的真实内容歪曲事实真相的行为。(　　)

6. 临时存款账户的有效期最长不得超过2年。(　　)

7. 银行汇票的出票金额可以手写，也可以用压数机压印。(　　)

8. 行使追索权的票据当事人，有可能是代为清偿票据债务的保证人、背书人。 ( )

9. 只有从事生产、经营的纳税人才需要办理税务登记。 ( )

10. 从事生产经营的纳税人不得转借、转让发票；但根据需要可以代开。 ( )

11. 移交人员办理完交接手续后，仍需对原工作期间经办的会计资料的真实性、完整性负责。 ( )

12. 国务院财政部门和省、自治区、直辖市人民政府财政部门，有权对注册会计师、会计师事务所和注册会计师协会进行监督、指导。 ( )

13. 查账征收方式适用于生产经营规模小，又确无建账能力，经主管税务机关审核批准可以不设置账簿或暂缓建账的小型纳税人。 ( )

14. 根据《中华人民共和国会计法》的规定，单位负责人是指单位法定代表人或者法律、行政法规规定代表单位行使职权的主要负责人。 ( )

15. 我国《中华人民共和国会计法》是会计法律制度中层次最高的法律规范，是指导会计工作的最高准则。 ( )

16. 单位在会计核算时，应严格按照交易或事项的法律形式作为会计核算的依据，而不需要考虑交易或事项的经济实质。 ( )

17. 各单位必须根据将要发生的经济业务事项进行会计核算，填制会计凭证。 ( )

18. “付款日期”为绝对记载事项，如不记载则票据无效。 ( )

19. 伪造、变造会计凭证、会计账簿，编制虚假财务会计报告构成犯罪的，依法追究刑事责任。 ( )

20. 单位银行结算账户的存款人只能在银行开立一个基本存款账户。 ( )

21. 会计职业道德由国家强制力保障实施，而会计法律制度需要会计人员的自觉遵守。 ( )

22. 预算又称国家预算、政府预算或财政预算，是按法定程序编制、审查和批准的国家年度财政收支计划，是国家组织分配财政资金的重要工具，也是国家宏观调控的重要经济杠杆。 ( )

23. 预算管理职权是指确定和支配国家预算的权力和对于国家预算的编制、审查、批准、执行、调整、监督权力的总称。 ( )

24. 财政年度又称预算年度。国家预算的有效起止期限，通常为2年。 ( )

25. 预算调整是指经全国人民代表大会批准的中央预算和经地方各级人民代表大会批准的本级预算，在执行中因特殊情况需要增加支出或者减少收入，使原批准的收支平衡的预算的总支出超过总收入，或者使原批准的预算中举借债务的数额增加的部分变更。 ( )

26. 政府采购法是政府采购法律制度中最重要的内容，是政府采购的最主要依据。 ( )

27. 货物是指各种形态和种类的物品，包括原材料、燃料、设备、产品等。 ( )

28. 工程是指建设工程，包括建筑物和构筑物的新建、改建、装修、拆除、修缮等。 ( )

29. 未纳入集中采购目录的采购项目，采购人不可以自行采购。 ( )

30. 国库单一账户体系下，财政性资金收入收缴方式从现行的就地缴库、集中缴库和自收汇缴三种方式，改为实行集中汇缴。 ( )

《财经法规与职业道德》命题预测试卷（四）答案及解答

一、单项选择题（每题1分，共20分）

1.【答案】A【解答】从事会计工作的人员，必须取得会计从业资格证书。

2.【答案】C【解答】出票人签发空头支票的，持票人有权要求2%的赔偿金。

3.【答案】B【解答】对于违反会计法规定的行为，县级以上人民政府财政部门可以处以一定数额的罚款。

4.【答案】C【解答】财务会计报告包括会计报表、会计报表附注、财务情况说明书。

5.【答案】A【解答】出具审计报告不属于代理记账的业务范围。

6.【答案】B【解答】一般会计人员办理会计工作交接手续时，由会计机构负责人（会计主管人员）监交。

7.【答案】C【解答】商场收银员不属于会计岗位。

8.【答案】A【解答】总会计师不属于会计专业职务。

9.【答案】C【解答】反映公司、企业现金和现金等价物的流入和流出情况的会计报表是现金流量表。

10.【答案】B【解答】《中华人民共和国会计法》规定，“会计人员应当遵守职业道德，提高业务素质”。

11.【答案】B【解答】票据遗失向银行挂失止付的行为不属于票据行为。

12.【答案】C【解答】税务登记包括开业登记、变更登记、停业复业登记、注销登记等，不包括核定应纳税额。

13.【答案】B【解答】存款人更改名称，但不改变开户银行及账号的，应于5个工作日内向开户银行提出银行结算账户的变更申请。

14.【答案】C【解答】承兑人是指接受汇票出票人的付款委托同意承担支付票款义务的人。

15.【答案】C【解答】会计账簿记录与实物、款项实有数核对相符的简称是账实相符。

16.【答案】A【解答】单位内部会计监督，可通过单位内部会计机构、会计人员在处理会计业务过程中进行。

17.【答案】A【解答】担任会计机构负责人的，除取得会计从业资格证书外，还应当具备会计师的专业技术职务资格或从事会计工作3年以上的经历。

18.【答案】D【解答】在填写票据出票日期时，“10月30日”应填写成“零壹拾月零叁拾日”。

19. 【答案】D【解答】一般纳税人在法定情况下不得领购使用增值税专用发票。

20. 【答案】B【解答】基本存款账户是可以用于支付工资及奖金的账户。

二、多项选择题（每题1分，共40分）

1. 【答案】ABCD【解答】ABCD都属于《中华人民共和国会计法》规定的单位内部会计监督制度要求。

2. 【答案】ABCD【解答】ABCD都属于在银行开立基本存款账户的主体。

3. 【答案】ABCD【解答】ABCD都属于违反《中华人民共和国会计法》规定的行为。

4. 【答案】ABC【解答】登报作废不属于持票人丧失票据时可以采取的补救措施。

5. 【答案】ABCD【解答】支付结算时应遵循的原则有恪守信用、履约付款原则，谁的钱进谁的账、由谁支配原则，银行不垫款原则。

6. 【答案】ABCD【解答】ABCD都是正确答案。

7. 【答案】ABCD【解答】ABCD都是正确答案。

8. 【答案】ACD【解答】税收保全不属于税款的确定方式。

9. 【答案】ABCD【解答】ABCD都是正确答案。

10. 【答案】ACD【解答】现金支票只能用于支取现金，不能用于转账。

11. 【答案】ABCD【解答】填明“现金”字样的银行汇票只能提取现金，不得背书转让，但可以挂失止付。

12. 【答案】ABD【解答】票据行为包括出票、背书、承兑、保证。

13. 【答案】ABCD【解答】ABCD都属于税务机关核定应纳税额的情形。

14. 【答案】ABCD【解答】ABCD都属于税务机关核定应纳税额的方式。

15. 【答案】ABCD【解答】ABCD都属于注销税务登记的情形。

16. 【答案】ABCD【解答】ABCD都属于办理专用存款账户的情形。

17. 【答案】ABC【解答】票据出票日期必须使用中文大写填写。

18. 【答案】ABCD【解答】各单位要依法设置的会计账簿包括总账、明细账、日记账和其他辅助账簿。

19. 【答案】ABCD【解答】ABCD都是会计核算的内容。

20. 【答案】ABCD【解答】票据行为包括出票、背书、承兑、保证。

21. 【答案】ABCD【解答】ABCD都属于泄露本单位的商业秘密导致的后果。

22. 【答案】ABC【解答】一般存款账户可以办理现金缴存，但不得办理现金支取。

23. 【答案】ABCD【解答】ABCD都属于财务会计报告的签章主体。

24. 【答案】AC【解答】转账支票和划线支票不得用于支取现金。

25. 【答案】ABCD【解答】ABCD都属于爱岗敬业的基本要求。

26. 【答案】ABCD【解答】ABCD都是正确答案。

27. 【答案】ABCD【解答】ABCD都是正确答案。

28. 【答案】ACD【解答】财务计划不属于会计档案。

29. 【答案】ABCD【解答】ABCD都是正确答案。

30. 【答案】ABCD【解答】ABCD都是正确答案。

31. 【答案】ABCD【解答】ABCD都是正确答案。

32. 【答案】ABCD【解答】ABCD 都是正确答案。

33. 【答案】ABCD【解答】ABCD 都是正确答案。

34. 【答案】AC【解答】罚金、剥夺政治权利属于刑罚中的附加刑。管制属于主刑，罚款属于行政处罚，不是刑罚。

35. 【答案】ABCD【解答】ABCD 都是办理支付结算的主体。

36. 【答案】ABCD【解答】ABCD 的说法都是正确的。

37. 【答案】ABCD【解答】单位银行结算账户按用途分为基本存款账户、一般存款账户、专用存款账户和临时存款账户。

38. 【答案】AB【解答】支票的金额、收款人名称可以由出票人授权补记。

39. 【答案】CD【解答】出票人、收款人属于票据的基本当事人；承兑人、保证人属于票据的非基本当事人。

40. 【答案】ABC【解答】票据包括汇票、本票、支票。

三、判断题（每题 1 分，共 30 分）

1. 【答案】×【解答】票据和结算凭证上的用途等记载事项可以更改。

2. 【答案】√【解答】银行结算账户是指存款人在经办银行开立的办理资金收付结算的人民币活期存款账户。

3. 【答案】√【解答】《中华人民共和国票据法》的规定，未填明“现金”字样和代理付款人的银行汇票丧失，不得挂失止付。

4. 【答案】×【解答】个体工商户凭营业执照以字号或经营者姓名开立的银行结算账户纳入单位银行结算账户管理。

5. 【答案】×【解答】变造会计凭证是指用涂改、挖补的手段改变会计凭证的真实内容歪曲事实真相的行为。

6. 【答案】√【解答】临时存款账户的有效期最长不得超过 2 年。

7. 【答案】×【解答】银行汇票的出票金额用压数机压印。

8. 【答案】√【解答】行使追索权的票据当事人，除票载收款人和最后的被背书人以外，还有可能是代为清偿票据债务的保证人、背书人。

9. 【答案】×【解答】凡是有应税收入、应税财产、应税行为的各类纳税人都需要办理税务登记，不单单是从事生产、经营的纳税人。

10. 【答案】×【解答】从事生产、经营的纳税人不得转借、转让、代开发票。

11. 【答案】√【解答】移交人员办理完交接手续后，仍需对原工作期间经办的会计资料的真实性、完整性负责。

12. 【答案】√【解答】国务院财政部门和省、自治区、直辖市人民政府财政部门，有权对注册会计师、会计师事务所和注册会计师协会进行监督、指导。

13. 【答案】×【解答】查账征收主要是用于会计账册健全的单位。

14. 【答案】√【解答】单位负责人是指单位法定代表人或者法律、行政法规规定代表单位行使职权的主要负责人。

15. 【答案】√【解答】《中华人民共和国会计法》是会计法律制度中层次最高的法律规范，是指导会计工作的最高准则。

16.【答案】×【解答】单位在会计核算时，应严格按照交易或事项的经济实质作为会计核算的依据，而不需要考虑交易或事项的法律形式。

17.【答案】×【解答】各单位必须根据实际发生的经济业务事项进行会计核算。

18.【答案】×【解答】“付款日期”为相对记载事项，如不记载不导致票据无效。

19.【答案】√【解答】伪造、变造会计凭证、会计账簿，编制虚假财务会计报告构成犯罪的，依法追究刑事责任。

20.【答案】√【解答】单位银行结算账户的存款人只能在银行开立一个基本存款账户。

21.【答案】×【解答】会计法律制度由国家强制力保障实施，而会计职业道德需要会计人员的自觉遵守。

22.【答案】√【解答】预算法明确规定。

23.【答案】√【解答】预算法明确规定：预算管理职权是指确定和支配国家预算的权力和对于国家预算的编制、审查、批准、执行、调整、监督权力的总称。

24.【答案】√【解答】预算法明确规定：财政年度又称预算年度。国家预算的有效起止期限，通常为1年

25.【答案】√【解答】预算调整符合预算法规定。

26.【答案】√【解答】是政府采购法明确规定的。

27.【答案】√【解答】是政府采购法明确规定的。

28.【答案】√【解答】是政府采购法明确规定的。

29.【答案】×【解答】根据《政府采购法》的规定，未纳入集中采购目录的采购项目，采购人可以自行采购。

30.【答案】×【解答】国库单一账户体系下，财政性资金收入收缴方式从现行的就地缴库、集中缴库和自收汇缴三种方式，改为实行直接缴库和集中汇缴。

《财经法规与职业道德》命题预测试卷（五）

题号	一	二	三	四	五	六	总分	统分人签字
得分								

得分	评卷人

一、单项选择题（每题1分，共20分）

1. 预算法发布时间(　　)。

A. 1995年1月1日　　B. 1991年1月1日

C. 1994 年 1 月 1 日　　D. 1995 年 11 月 22 日

2. 以下哪些不属于支出经济分类科目(　　)。

A. 一般公共服务　　B. 公共安全

C. 社会保障和就业　　D. 工商企业

3. 以下哪些不属于支出经济分类科目(　　)。

A. 工资福利支出　　B. 商品和服务支出

C. 对个人和家庭的支出　　D. 基本建设支出

4. 国库是指(　　)，是财政代表政府控制预算执行，保管政府资产和负债的一系列的管理职能。

A. 国家金库　　B. 人民银行

C. 工商银行　　D. 银行金库

5. 下列有关营业税的征税范围，正确的是(　　)。

A. 提供的应税劳务、转让的无形资产或销售的不动产

B. 在中华人民共和国境内提供的应税劳务、销售的不动产

C. 在中华人民共和国境内提供的应税劳务、转让的有形资产或销售的不动产

D. 在中华人民共和国境内提供的应税劳务、转让的无形资产或销售的不动产

6. 以下有关营业税应税行为，正确的是(　　)。

A. 指无偿提供应税劳务的行为

B. 指无偿转让不动产所有权的行为

C. 指有偿转让无形资产所有权或使用权的行为

D. 单位或个体经营者聘用的员工也属于营业税的征收范围

7. 按照现行税法规定，与征税范围有关的正确说法是(　　)。

A. 对提供应税劳务、转让无形资产或销售不动产行为一律征收增值税

B. 对所有货物销售及加工、修理修配行为一律征收营业税

C. 对于纳税人经营行为既涉及货物销售，又涉及提供营业税劳务的经营行为、税法称之为“兼营行为”

D. 纳税人除了主营届营业税征税范围的项目外，也还兼营属于增值税征税范围的项目，税法称之为“兼营行为”

8. 以下有关兼营行为的划分不正确的是(　　)。

A. 纳税人的经营行为，必须在不同税种征税范围的经营项目总体核算、总体申报纳税

B. 纳税人兼营行为不分别核算或不能准确核算的，其应税劳务与货物或非应税劳务一并征收增值税，不征收营业税

C. 纳税人兼营的应税劳务是否一并征收增值税，由国家税务总局所属征收机关确定

D. 纳税人兼营的销售货物或提供非应税劳务，与属于营业税征收范围的应税劳务，分别核算，分别就不同项目的营业额（或销售额）按营业税或增值税的有关规定申报纳税

9. 下列(　　)不属于营业税纳税人的特殊规定。

A. 除铁路运输外，对于其他陆路运输业务以及水路运输、航空运输、管道运输业务，纳税人为从事运输业务并计算盈亏的单位

B. 企业租赁或承包给他人经营的，以承租人或承包人为纳税人

C. 单位和个体户的员工、雇工在为本单位或雇主提供劳务时，就构成了纳税人

D. 在中华人民共和国境内提供公路、内河货物运输劳务的单位和个人，属于“交通运输业”营业税纳税义务人

10. 电影发行单位以出租电影拷贝形式，将电影拷贝播映权在一定限期内转让给电影放映单位的行为按(　　)税目征收营业税。

A. 销售不动产　　B. 转让无形资产

C. 娱乐业　　D. 文化体育业

11. 下列各项中，不属于增值税征税范围的是(　　)。

A. 货物期货　　B. 典当业的死当物品销售业务

C. 集邮商品的生产环节　　D. 邮政所销售邮票、首日封、邮折

12. 工业企业以黄酒为酒基生产的配制酒，按(　　)的税率征收消费税。

A. 粮食白酒　　B. 薯类白酒

C. 其他酒　　D. 酒精

13. 纳税人将自产自用的应税消费品，用于连续生产应税消费品的(　　)。

A. 视同销售纳税　　B. 于移送使用时纳税

C. 按组成计税价格纳税　　D. 不纳税

14. 纳税人委托个体经营者加工应税消费品，一律(　　)消费税。

A. 受托人代收代缴

B. 不缴纳

C. 从受托方收回后在委托方所在地缴纳

D. 委托方提货时在受托方所在地缴纳

15. 委托加工的一般应税消费品，没有同类消费品销售价格的，按组成计税价格计算纳税，其组成计税价格等于(　　)。

A. （材料成本＋加工费）/（1＋消费税税率）

B. （材料成本＋加工费）/（1－消费税税率）

C. （材料成本＋加工费）/（1＋增值税税率）

D. （材料成本＋加工费）/（1－增值税税率）

16. 根据企业所得税法规定，依照外国（地区）法律成立且实际管理机构不在中国境内，但在中国境内设立机构、场所的，或者在中国境内未设立机构、场所，但有来源于中国境内所得的企业，是(　　)。

A. 本国企业　　B. 外国企业

C. 居民企业　　D. 非居民企业

17. 根据企业所得税法规定，依法在中国境内成立，或者依照外国（地区）法律成立但实际管理机构在中国境内的企业，是(　　)。

A. 本国企业　　B. 外国企业

C. 居民企业　　D. 非居民企业

18. 《中华人民共和国企业所得税法》规定的企业所得税的税率为(　　)。

A. 20%　　B. 25%

C. 30%　　D. 33%

19. 国家需要重点扶持的高新技术企业，减按(　　)的税率征收企业所得税。

A. 10%　　B. 12%

C. 15%　　D. 20%

20. 下列取得的收入不属于企业所得税法所称的转让财产收入(　　)。

A. 生物资产　　B. 股权

C. 债权　　D. 欠款利息

得分	评卷人

二、多项选择题（每小题1分，共40题）

1. 预算又称(　　)。

A. 国家预算　　B. 政府预算

C. 财政预算　　D. 基层预算

2. 预算法是我国第一部财政基本法律，它的颁布施行，对于(　　)具有十分重要的意义。

A. 强化预算的分配和监督职能　　B. 健全财政预算制度

C. 加强国家宏观调控　　D. 保障经济和社会的健康发展

3. 国家预算的作用(　　)。

A. 财力分配作用　　B. 调节制约作用

C. 计划分析作用　　D. 反映监督作用

4. 国家实行一级政府一级预算，共五级预算，以下哪些属于五级范围的(　　)。

A. 中央级预算

B. 省、自治区级预算

C. 县、自治区不设区的市、辖区级预算

D. 乡、民族乡、镇级预算

5. 预算收入指在预算年度内通过一定的形式和程序，有计划地筹措到的归国家支配的资金，它是实现国家职能的财力保证。预算收入主要包括：

A. 税收收入　　B. 非税收入

C. 社会保险基金收入　　D. 债务收入

6. 政府收支分类体系由那三部分构成(　　)。

A. 收入分类　　B. 支出功能分类

C. 支出分类　　D. 支出经济分类

7. 以下哪些属于支出经济分类科目(　　)。

A. 工资福利支出　　B. 商品和服务支出

C. 对个人和家庭的补助　　D. 基本建设支出

8. 以下哪些属于支出功能分类科目(　　)。

A. 一般公共服务　　B. 公共安全

C. 社会保障和就业　　D. 教育

9. 预算编制原则(　　)。

A. 依法理财原则　　B. 公共财政原则

C. 综合预算原则　　D. 科学合理原则

10. 政府采购法律制度的构成(　　)。

A. 政府采购基本法　　B. 招标投标法

C. 合同法　　D. 地方性法规及地方政府规章

11. 政府采购法具体内容应包括(　　)。

A. 总则　　B. 采购方式及程序

C. 监督　　D. 法律责任

12. 政府采购的对象有(　　)三大类。

A. 货物　　B. 工程

C. 服务　　D. 其他

13. 政府采购的功能主要有哪几方面(　　)。

A. 宏观调控　　B. 活跃市场经济

C. 推进反腐倡廉　　D. 保护民族产业

14. 政府采购的执行模式(　　)。

A. 集中采购　　B. 分散采购

C. 单独采购　　D. 团购

15. 政府采购的方式有几种：(　　)。

A. 公开招标　　B. 邀请招标

C. 竞争性谈判　　D. 单一来源采购

16. 政府采购法律责任的主体包括(　　)。

A. 政府采购监督管理部门　　B. 供应商

C. 采购人　　D. 采购代理机构

17. 国库单一账户体系主要由(　　)组成。

A. 国库单一账户　　B. 财政零余额账户

C. 预算单位零余额账户　　D. 特设专户

18. 以下(　　)不属于营业税征收范围的一般规定。

A. 提供的劳务发生在境内　　B. 从境外载运旅客或货物入境

C. 组织游客出境旅游　　D. 所转让的无形资产在境内、境外均可使用

E. 销售的动产在境内

19. 下列关于特殊销售行为征税政策的陈述，正确的是(　　)。

A. 寄售业代委托人销售寄售物品的业务应征收增值税

B. 货物期货应当在期货的实物交割环节计算征收增值税

C. 销售自产货物并同时提供建筑业劳务的行为，应当征收增值税

D. 将自产、委托加工的货物分配给股东或者投资者视同销售，外购货物赠送，是自用消费，不视同销售

20. 五级超额累进税率不适用于(　　)。

A. 个体产生生产经营所得　　B. 工资、薪金所得

C. 劳务报酬所得　　D. 财产租赁所得

21. 下列各项属于工资、薪金所得的为(　　)。

A. 年终加薪　　B. 劳动分红
C. 津贴　　D. 稿酬收入

22. 个人所得税纳税人对企事业单位的承包、承租经营所得包括(　　)。
A. 个人承包、承租经营所得　　B. 投资的股息所得
C. 个人按月取得的工薪性质的所得　　D. 储蓄存款的利息所得
E. 个人转包、转租取得的所得

23. 工资、薪金所得包括(　　)。
A. 年终加薪　　B. 劳动分红
C. 误餐补助　　D. 独生子女补贴

24. 下列关于个人举报、协查各种违法行为而获得的奖金的说法中不正确的为(　　)。
A. 减征个人所得税　　B. 暂免征收个人所得税
C. 并入当月工资计征个人所得税　　D. 按偶然所得征收个人所得税

25. 根据企业所得税法规定，企业分为(　　)。
A. 本国企业　　B. 外国企业
C. 居民企业　　D. 非居民企业

26. 《中华人民共和国企业所得税法》规定的企业所得税的税率有(　　)。
A. 20%　　B. 25%
C. 30%　　D. 33%

27. 在计算应纳税所得额时，下列(　　)固定资产不得计算折旧扣除。
A. 未使用的房屋、建筑物　　B. 接受捐赠的固定资产
C. 以经营租赁方式租入的固定资产　　D. 单独估价作为固定资产入账的土地

28. 企业实际发生的与取得收入有关的、合理的支出，准予在计算应纳税所得额时扣除。其中包括：(　　)。
A. 企业生产的成本、费用　　B. 企业的税金
C. 企业的损失　　D. 赞助支出

29. 在计算应纳税所得额时，下列支出不得扣除：(　　)。
A. 税收滞纳金　　B. 被没收财物的损失
C. 法定比例范围内的公益性捐赠支出　　D. 向投资者支付的股息

30. 企业的下列(　　)收入为不征税收入。
A. 财政拨款　　B. 依法收取并纳入财政管理的政府性基金
C. 国务院规定的不征税收入　　D. 国债利息收入
E. 符合条件的非营利组织的收入

31. 企业的下列(　　)收入为免税收入。
A. 国债利息收入
B. 符合条件的居民企业之间的股息、红利等权益性投资收益
C. 在中国境内设立机构、场所的居民企业从非居民企业取得与该机构、场所有实际联系的股息、红利等权益性投资收益
D. 符合条件的非营利组织的收入
E. 国债处置收益

32. 企业的下列所得，可以免征、减征企业所得税的有(　　)。

A. 从事农、林、牧、渔业项目的所得

B. 从事国家重点扶持的公共基础设施项目投资经营的所得

C. 从事符合条件的环境保护、节能节水项目的所得

D. 符合条件的技术转让所得

33. 非居民企业在中国境内的场所包括(　　)。

A. 管理机构　　B. 营业机构

C. 办事机构　　D. 营业代理人

34. 特许权使用费收入是指企业提供(　　)取得的收入。

A. 专利权　　B. 非专利技术

C. 商标权　　D. 土地使用权

35. 企业发生非货币性资产交换以及将货物、财产、劳务用于(　　)，应当视同销售货物、提供劳务。

A. 捐赠　　B. 偿债

C. 赞助　　D. 在建工程

36. 生产性生物资产，是指企业为生产农产品、提供劳务或者出租等而持有的生物资产，包括(　　)。

A. 经济林　　B. 薪炭林

C. 产畜　　D. 家禽、役畜

37. 企业的下列研究开发费用支出，可以在计算应纳税所得额时加计扣除(　　)。

A. 开发新技术　　B. 开发新产品

C. 开发新工艺　　D. 受让新技术

38. 视同机构、场所的“营业代理人”的必须同时具备条件是(　　)。

A. 接受外国企业委托的主体是中国境内的单位或个人

B. 代理活动必须是经常性的行为。

C. 代理的具体行为，包括代其签订合同，或者储存、交付货物

D. 接受居民企业委托的中国境内的单位或个人

39. 下列属于居民企业的是：(　　)。

A. 注册地与实际管理机构均在中国

B. 注册地或实际管理机构所在地其一在中国

C. 作出和形成企业的经营管理重大决定和决策的地点在中国

D. 依法在中国境内成立，或者依照外国（地区）法律成立但实际管理机构在中国境内的企业

40. 企业所得税法中规定的收入总额。包括(　　)：

A. 销售货物收入　　B. 提供劳务收入

C. 转让财产收入　　D. 股息、红利等权益性投资收益

E. 利息、租金收入　　F. 特许权使用费收入

G. 接受捐赠收入

得分	评卷人

三、判断题（每题 1 分，50 分）

1. 增值税具有避免重复征税的优点。（　）

2. 增值税征税范围中境内销售货物是指销售的货物的起运地或所在地在境内。（　）

3. 某运输公司从事运输业务又对外修理汽车是混合销售行为。（　）

4. 某公司在同一县城设有甲乙两个统一核算的门市部，该公司将货物从甲门 X 市部移送到乙门市部用于销售，应视同销售。（　）

5. 某建筑公司附属预制厂生产的水泥预制构件，用于本公司建筑工程的不缴增值税。（　）

6. 某人销售自己使用多年的摩托车应缴纳增值税。（　）

7. 零税率就是免税。（　）

8. 增值税起征点的规定适用所有纳税人（单位和个人）。（　）

9. 采取赊销方式销售货物，其纳税义务发生的时间为收到货款的当天。（　）

10. 增值税纳税人，以 1 个月为一期纳税的，自期末之日起 10 日内申报纳税。（　）

11. 任何企业只要将货物出口，就可以办理出口退税。（　）

12. 消费税实行从量定额征收。（　）

13. 所有的汽车都要征收消费税。（　）

14. 纳税人自产自用的应税消费品，用于连续生产应税消费品的，在移送环节，依法缴纳消费税。（　）

15. 缴纳消费税的纳税人一般要缴纳增值税。（　）

16. 将不同税率的应税消费品组成成套消费品销售的，从高适用税率。（　）

17. 金银首饰在生产环节征收消费税。（　）

18. 委托加工应税消费品，由受托方于委托方提货时代收代缴消费税。（　）

19. 纳税人使用与消费税规定的计量单位不同时，按纳税人经质量监督部门确定的标准换算。（　）

20. 缴纳消费税的纳税人一般要缴纳增值税。（　）

21. 营业税是价外税。（　）

22. 典当业按金融业缴纳营业税 。（　）

23. 公园内的游艺场（射击、碰碰车、游戏机等）按文化体育业缴纳营业税。（　）

24. 单位或个人自建建筑物后销售，其自建行为视同提供应税劳务；因此分别按建筑业、销售不动产缴纳两道营业税。（　）

25. 混合销售行为只征收增值税，不征收营业税。（　）

26. 企业租赁或承包给别人经营的，以承租人或承包人为纳税人。（　）

27. 个人转让专利权，以受让者为营业税扣缴义务人。（　）

28. 融资租赁业务以承租人实际收取的全部价款和价外费用为营业额，计征营业税。（　）

29. 旅游业务，以全部收费减去为旅游者付给其他单位的食、宿、交通、门票和其他代付费用后的余额为营业额。（　）

30. 教育费附加是随地方税征收的一种地方附加。（ ）

31. 纳税人以以旧换新方式销售金银首饰，按其实际收取的不含增值税的全部价款为计税依据。（ ）

32. 企业所得税法实施条例是由国务院制定的行政法规，是企业所得税法的下位法。（ ）

33. 由于个人独资企业不适用企业所得税法，所以一人有限公司也不适用企业所得税法。（ ）

34. 境外的个人独资企业和合伙企业可能会成为企业所得税法规定的我国非居民企业纳税人，也可能会成为企业所得税法规定的我国居民企业纳税人。（ ）

35. 不适用企业所得税法的个人独资企业和合伙企业，包括依照外国法律法规在境外成立的个人独资企业和合伙企业。（ ）

36. 我国企业所得税法对居民企业的判定标准采取的是登记注册地标准和实际管理控制地标准相结合的原则，依照这一标准在境外登记注册的企业属于非居民企业。（ ）

37. 非居民企业偶尔委托个人在中国境内从事生产经营活动的，则该个人不视为非居民企业在中国境内设立的机构、场所。（ ）

38. 非居民企业在中国境内设立机构、场所的，应当就其来源于中国境内的所得按25%的税率缴纳企业所得税。（ ）

39. 具有法人资格的企业才能成为居民纳税企业。（ ）

40. 居民企业承担无限纳税义务，非居民企业承担有限纳税义务。（ ）

41. 居民企业适用税率25%，非居民企业适用税率20%。（ ）

42. 国家级高新技术开发区内的高新技术企业才能享受15%优惠税率的规定。（ ）

43. 在计算应纳税所得额时，企业财务、会计处理办法与税收法律、行政法规的规定不一致的，应当依照税收法律、行政法规的规定计算。（ ）

44. 企业对外投资期间，投资资产的成本在计算应纳税所得额时准予扣除。（ ）

45. 不征税收入是新企业所得税法中新创设的一个概念，与"免税收入"的概念不同，属于税收优惠的范畴。（ ）

46. 企业所得税法中的亏损和财务会计中的亏损含义是不同的。企业所得税法所称亏损，是指企业将每一纳税年度的收入总额减除不征税收入、免税收入和各项扣除以后小于零的数额。（ ）

47. 企业所得税法中的转让财产收入是指企业转让固定资产、无形资产、流动资产、股权、股票、债券、债权等所取得的收入。（ ）

48. 企业所得税法的收入总额包括财政拨款、税收返还和依法收取并纳入财政管理的行政事业性收费和政府性基金。（ ）

49. 企业取得的所得税返还（退税）和出口退税的增值税进项属于不征税收入项目。（ ）

50. 根据企业所得税法的规定，在我国目前的税收体系中，允许税前扣除的税收种类主要有消费税、营业税、资源税和城市维护建设税、教育费附加，以及房产税、车船税、耕地占用税、城镇土地使用税、车辆购置税、印花税等。（ ）

《财经法规与职业道德》命题预测试卷（五）答案及解答

一、单项选择题（每题 1 分，共 20 分）

1.【答案】A【解答】1994 年第八届全国人大第 2 次会议通过《预算法》，自 1995 年 1 月 1 日起施行。

2.【答案】D【解答】按照支出功能分类可分为：一般公共服务、外交、国防、公共安全、教育、科学技术、文化体育与传媒、社会保障和就业、社会保险基金支出、医疗卫生、环境保护、城乡社区事务、农林水事务、交通运输、工业商业金融等事务、其他支出、转移性支出。

3.【答案】C【解答】支出经济分类设类、款两级，科目设置：工资福利支出、商品和服务支出、对个人和家庭的补助、基本建设支出、其他资本性支出等。

4.【答案】A【解答】国库是负责统一办理国家预算收支的出纳机关。办理国家预算资金的收纳和库款的支拨，反映国家预算执行情况，是国家预算执行的一项基础工具。

5.【答案】D【解答】营业税条例规定：在中华人民共和国境内提供的应税劳务、转让的无形资产或销售的不动产。

6.【答案】C【解答】A、B 项都改为“有偿”；D 项“单位或个体经营者聘用的员工不属于营业税的征收范围”。

7.【答案】D【解答】A 项应改为“一律征收营业税”；B 项应改为“一律征收增值税”；C 项应改为“混合销售行为”。

8.【答案】A【解答】A 项应改为“纳税人的兼营行为，必须将不同税种征税范围的经营项目分别核算，分别申报纳税”。

9.【答案】C【解答】C 项应改为“不构成纳税人”。

10.【答案】B【解答】转让无形资产，指纳税人以取得货币、货物或其经济利益为前提，转让无形资产的所有权或使用权的行为。无形资产指不具备实物形态，能长期使用并能带来经济利益的权利、技术。

11.【答案】D【解析】增值税征税范围确定的特殊情况包括：①货物期货（包括商品期货和贵金属期货）；②银行销售金银的业务；③典当业的死当物品销售业务和寄售业代委托人销售寄售物品的业务；④集邮商品（如邮票、首日封、邮折等）的生产以及邮政部门以外的其他单位和个人销售的。D 项属于营业税的征税范围。

12.【答案】C【解析】消费税条例规定。

13.【答案】D【解析】消费税条例规定。

14. 【答案】C【解析】消费税条例规定。

15. 【答案】B【解析】消费税条例规定。

16. 【答案】D【解析】企业所得税法规定。

17. 【答案】C【解析】企业所得税法规定。

18. 【答案】B【解析】企业所得税法规定。

19. 【答案】C【解析】企业所得税法规定。

20. 【答案】D【解析】企业所得税法规定。

二、多项选择题（每小题1分，共40题）

1. 【答案】ABC【解答】预算又称国家预算、政府预算或财政预算，是按法定程序编制、审查和批准的国家年度财政收支计划，是国家组织分配财政资金的重要工具，也是国家宏观调控的重要经济杠杆。应选A、B、C。

2. 【答案】ABCD【解答】法是我国第一部财政基本法律，它的颁布施行，对于强化预算的分配和监督职能，健全财政预算制度，加强国家宏观调控，保障经济和社会的健康发展，具有十分重要的意义。因此，应选A、B、C、D。

3. 【答案】ABCD

4. 【答案】ABCD【解答】我国预算法明确规定：国家实行一级政府一级预算，共五级预算：第一级为中央级预算。第二级为省、自治区级预算。第三级为直辖市级预算。第四级为县、自治区不设区的市、辖区级预算。第五级为乡、民族乡、镇级预算。

5. 【答案】ABCD【解答】国家预算收入，包括各种税收收入、社会保险基金收入、非税收入、贷款转贷回收本金收入、债务收入、转移性收入等。

6. 【答案】ABD【解答】政府收支分类体系由“收入分类”、“支出功能分类”、“支出经济分类”三部分构成。

7. 【答案】ABCD【解答】支出经济分类设类、款两级，科目设置：工资福利支出、商品和服务支出、对个人和家庭的补助、基本建设支出、其他资本性支出等。

8. 【答案】ABCD【解答】按照支出功能分类可分为：一般公共服务、外交、国防、公共安全、教育、科学技术、文化体育与传媒、社会保障和就业、社会保险基金支出、医疗卫生、环境保护、城乡社区事务、农林水事务、交通运输、工业商业金融等事务、其他支出、转移性支出。

9. 【答案】ABCD【解答】依法理财原则、公共财政原则、综合预算原则、科学合理原则公开透明原则。

10. 【答案】ABCD【解答】政府采购法律制度是一个完整的体系，即除了政府采购基本法外，还应有与之相配套的招标投标法、合同法、产品质量法、反不正当竞争法、有关政府采购的部门规章、地方性法规及地方政府规章等。

11. 【答案】ABC【解答】政府采购法具体内容应包括：总则、采购方式及程序、监督、履约、纠纷的解决、法律责任和附则等内容。

12. 【答案】ABC【解答】政府采购的对象有货物、工程和服务三大类。

13. 【答案】ABCD【解答】政府采购的功能：（1）节约财政支出，提高采购资金的使用效益。（2）宏观调控。（3）活跃市场经济。（4）推进反腐倡廉。（5）保护民族产业。

14.【答案】ABC【解答】我国政府采购的组织实施实行集中采购和分散采购相结合。

15.【答案】ABCD【解答】《政府采购法》第二十六条规定政府采购的方式有六种：公开招标、邀请招标、竞争性谈判、单一来源采购、询价、国务院政府采购监督管理部门认定的其他采购方式。

16.【答案】ABCD【解答】政府采购法律责任的主体包括采购人、采购代理机构、供应商、政府采购监督管理部门。

17.【答案】ABCD【解答】国库单一账户体系主要由国库单一账户、财政零余额账户、预算单位零余额账户、预算外资金户、特设专户组成。

18.【答案】BDE【解答】B 项应改为“从境内载运旅客或货物出境”；D 项应改为“所转让的无形资产在境内使用”；E 项应改为“销售的不动产在境内”。

19.【答案】ABC【解答】将自产、委托加工或购买的货物分配给股东或者投资者，应视同销售计算增值税应纳税额。

20.【答案】BCD【解答】B 是 9 级超额累进税率，C、D 是比例税率。

21.【答案】ABC【解答】D 属于稿酬所得。

22.【答案】ACE【解答】个人所得税法明确规定的 。

23.【答案】AB【解答】按税法规定，误餐补助、独生子女补贴不属于工资薪金所得。

24.【答案】ACD【解答】个人所得税法规定，个人举报、协查各种违法行为而获得的奖金暂免征收个人所得税。

25.【答案】CD【解答】企业所得税法规定。

26.【答案】AB【解答】企业所得税法明确规定。

27.【答案】CD【解答】企业所得税法明确规定。

28.【答案】ABC【解答】企业所得税法明确规定。

29.【答案】ABD【解答】企业所得税法明确规定。

30.【答案】ABC【解答】企业所得税法明确规定。

31.【答案】ABD【解答】企业所得税法明确规定。

32.【答案】ABCD【解答】企业所得税法明确规定。

33.【答案】ABC【解答】企业所得税法明确规定。

34.【答案】ABC【解答】企业所得税法明确规定。

35.【答案】ABC【解答】企业所得税法明确规定。

36.【答案】ABC【解答】企业所得税法明确规定。

37.【答案】ABC【解答】企业所得税法明确规定。

38.【答案】ABC【解答】企业所得税法明确规定。

39.【答案】ABCD【解答】企业所得税法明确规定。

40.【答案】ABCDEFG【解答】企业所得税法明确规定。

三、判断题（每题 1 分，50 分）

1.【答案】√【解答】增值税具有避免重复征税的优点。

2. 【答案】√【解答】增值税征税范围中境内销售货物是指销售的货物的起运地或所在地在境内。

3. 【答案】√【解答】某运输公司从事运输业务又对外修理汽车是混合销售行为。

4. 【答案】×【解答】某公司在同一县城设有甲乙两个统一核算的门市部，该公司将货物从甲门 x 市部移送到乙门市部用于销售，应视同销售。

5. 【答案】×【解答】某建筑公司附属预制厂生产的水泥预制构件，用于本公司建筑工程的不缴增值税。

6. 【答案】×【解答】某人销售自己使用多年的摩托车应缴纳增值税。

7. 【答案】×【解答】零税率就是免税。

8. 【答案】×【解答】增值税起征点的规定适用所有纳税人（单位和个人）。

9. 【答案】×【解答】采取赊销方式销售货物，其纳税义务发生的时间为收到货款的当天。（ ）

10. 【答案】√【解答】增值税纳税人，以 1 个月为一期纳税的，自期末之日起 10 日内申报纳税。

11. 【答案】×【解答】任何企业只要将货物出口，就可以办理出口退税。

12. 【答案】×【解答】消费税实行从量定额征收。

13. 【答案】×【解答】所有的汽车都要征收消费税。

14. 【答案】√【解答】纳税人自产自用的应税消费品，用于连续生产应税消费品的，在移送环节，依法缴纳消费税。

15. 【答案】√【解答】缴纳消费税的纳税人一般要缴纳增值税。

16. 【答案】√【解答】将不同税率的应税消费品组成成套消费品销售的，从高适用税率。（ ）

17. 【答案】×【解答】金银首饰在生产环节征收消费税。

18. 【答案】√【解答】委托加工应税消费品，由受托方于委托方提货时代收代缴消费税。（ ）

19. 【答案】√【解答】纳税人使用与消费税规定的计量单位不同时，按纳税人经质量监督部门确定的标准换算。

20. 【答案】√【解答】缴纳消费税的纳税人一般要缴纳增值税。

21. 【答案】√【解答】营业税是价外税。

22. 【答案】√【解答】典当业按金融业缴纳营业税 。

23. 【答案】×【解答】公园内的游艺场（射击、碰碰车、游戏机等）按文化体育业缴纳营业税。

24. 【答案】×【解答】单位或个人自建建筑物后销售，其自建行为视同提供应税劳务；因此分别按建筑业、销售不动产缴纳两道营业税。

25. 【答案】×【解答】混合销售行为只征收增值税，不征收营业税。

26. 【答案】√【解答】企业租赁或承包给别人经营的，以承租人或承包人为纳税人。

27. 【答案】√【解答】个人转让专利权，以受让者为营业税扣缴义务人。

28. 【答案】√【解答】融资租赁业务以承租人实际收取的全部价款和价外费用为营业额，计征营业税。

29. 【答案】√【解答】旅游业务，以全部收费减去为旅游者付给其他单位的食、宿、交通、门票和其他代付费用后的余额为营业额。

30. 【答案】√【解答】教育费附加是随地方税征收的一种地方附加。

31. 【答案】√【解答】纳税人以以旧换新方式销售金银首饰，按其实际收取的不含增值税的全部价款为计税依据。

32. 【答案】√【解答】企业所得税法实施条例是由国务院制定的行政法规，是企业所得税法的下位法。

33. 【答案】×【解答】由于个人独资企业不适用企业所得税法，所以一人有限公司也不适用企业所得税法。

34. 【答案】√【解答】境外的个人独资企业和合伙企业可能会成为企业所得税法规定的我国非居民企业纳税人，也可能会成为企业所得税法规定的我国居民企业纳税人。

35. 【答案】×【解答】不适用企业所得税法的个人独资企业和合伙企业，包括依照外国法律法规在境外成立的个人独资企业和合伙企业。

36. 【答案】×【解答】我国企业所得税法对居民企业的判定标准采取的是登记注册地标准和实际管理控制地标准相结合的原则，依照这一标准在境外登记注册的企业属于非居民企业。

37. 【答案】√【解答】非居民企业偶尔委托个人在中国境内从事生产经营活动的，则该个人不视为非居民企业在中国境内设立的机构、场所。

38. 【答案】×【解答】非居民企业在中国境内设立机构、场所的，应当就其来源于中国境内的所得按25%的税率缴纳企业所得税。

39. 【答案】×【解答】具有法人资格的企业才能成为居民纳税企业。

40. 【答案】√【解答】居民企业承担无限纳税义务，非居民企业承担有限纳税义务。

41. 【答案】×【解答】居民企业适用税率25%，非居民企业适用税率20%。

42. 【答案】×【解答】国家级高新技术开发区内的高新技术企业才能享受15%优惠税率的规定。

43. 【答案】√【解答】在计算应纳税所得额时，企业财务、会计处理办法与税收法律、行政法规的规定不一致的，应当依照税收法律、行政法规的规定计算。

44. 【答案】×【解答】企业对外投资期间，投资资产的成本在计算应纳税所得额时准予扣除。

45. 【答案】×【解答】不征税收入是新企业所得税法中新创设的一个概念，与“免税收入”的概念不同，属于税收优惠的范畴。

46. 【答案】×【解答】企业所得税法中的亏损和财务会计中的亏损含义是不同的。企业所得税法所称亏损，是指企业将每一纳税年度的收入总额减除不征税收入、免税收入和各项扣除以后小于零的数额。

47. 【答案】×【解答】企业所得税法中的转让财产收入是指企业转让固定资产、无形资产、流动资产、股权、股票、债券、债权等所取得的收入。

48. 【答案】×【解答】企业所得税法的收入总额包括财政拨款、税收返还和依法收取并纳入财政管理的行政事业性收费和政府性基金。

49. 【答案】√【解答】企业取得的所得税返还（退税）和出口退税的增值税进项属于

不征税收入项目。

50. **【答案】**√**【解答】**根据企业所得税法的规定，在我国目前的税收体系中，允许税前扣除的税收种类主要有消费税、营业税、资源税和城市维护建设税、教育费附加，以及房产税、车船税、耕地占用税、城镇土地使用税、车辆购置税、印花税等

附二　新财经法规与会计职业道德考试大纲

第一章　会计法律制度

第一节　会计法律制度的构成

一、会计法律

由全国人民代表大会及其常务委员会经过一定立法程序制定的有关会计工作的法律。我国目前有两部会计法律，分别是《会计法》和《注册会计师法》。

二、会计行政法规

由国务院制定并发布，或者由国务院有关部门拟定并经国务院批准发布，调整经济生活中某些方面会计关系的法律规范。如国务院发布的《企业财务会计报告条例》、《总会计师条例》。

三、国家统一的会计制度

国务院财政部门根据《会计法》制定的关于会计核算、会计监督、会计机构和会计人员以及会计工作管理的制度，包括会计部门规章和会计规范性文件。

第二节　会计工作管理体制

一、会计工作的行政管理

国务院财政部门主管全国的会计工作，县级以上地方各级人民政府财政部门管理本行政区域内的会计工作。财政部门履行的会计行政管理职能主要有：

（一）会计准则制度及相关标准规范的制定和组织实施

（二）会计市场管理

（三）会计专业人才评价
（四）会计监督检查

二、会计工作的自律管理

（一）中国注册会计师协会
（二）中国会计学会

三、单位会计工作管理

（一）单位负责人要组织、管理好本单位的会计工作
（二）会计人员的选拔任用由所在单位具体负责

第三节 会 计 核 算

一、总体要求

（一）会计核算依据
（二）对会计资料的基本要求

二、会计凭证

三、会计账簿

四、财务会计报告

五、会计档案

六、其他

我国会计法律制度还对会计年度、记账本位币、会计处理方法等做了明确规定。

第四节 会 计 监 督

一、单位内部会计监督

（一）单位内部会计监督主体和对象
1. 单位内部会计监督的主体是各单位的会计机构和会计人员
2. 内部会计监督的对象是单位的经济活动

（二）单位内部会计监督制度的基本要求

1. 记账人员与经济业务事项或会计事项的审批人员、经办人员、财物保管人员的职责权限应当明确，并相互分离、相互制约。

2. 重大对外投资、资产处置、资金调度和其他重要经济业务事项的决策和执行的相互监督、相互制约的程序应当明确。

3. 财产清查的范围、期限和组织程序应当明确。

4. 对会计资料定期进行内部审计的办法和程序应当明确。

（三）会计机构和会计人员在单位内部会计监督中的职责

1. 依法开展会计核算和监督，对违反《会计法》和国家统一的会计制度规定的会计事项，有权拒绝办理或者按照职权予以纠正。

2. 对单位内部的会计资料和财产物资实施监督。

二、会计工作的政府监督

（一）会计工作的政府监督的概念

（二）财政部门会计监督检查的主要内容

1. 对单位依法设置会计账簿的检查。

2. 对单位会计资料真实性、完整性的检查。

3. 对单位会计核算情况的检查。

4. 对单位会计人员从业资格和任职资格的检查。

5. 对会计师事务所出具的审计报告的程序和内容的检查。

三、会计工作的社会监督

（一）会计工作的社会监督的概念

（二）注册会计师审计与内部审计的关系

（三）会计师事务所业务范围

1. 依据《注册会计师法》承办的审计业务。

2. 会计咨询、会计服务业务。

第五节　会计机构和会计人员

一、会计机构的设置

（一）单位会计机构的设置

（二）会计机构负责人（会计主管人员）的任职资格

（三）会计人员回避制度

二、代理记账

（一）代理记账的业务范围
（二）委托代理记账的委托人的义务
（三）代理记账机构及其从业人员的义务
（四）法律责任

三、会计从业资格

（一）会计从业资格证书的适用范围
（二）会计从业资格的取得
（三）会计从业资格证书管理
（四）会计人员继续教育
1. 会计人员继续教育的对象和特点。
2. 会计人员继续教育的内容。
3. 会计人员继续教育的形式和学时要求。

四、会计专业职务与会计专业技术资格

（一）会计专业职务
（二）会计专业技术资格

五、会计工作岗位设置

（一）设置会计工作岗位的基本原则
（二）主要会计工作岗位

六、会计人员的工作交接

（一）交接的范围
（二）交接的程序
（三）交接人员的责任

第六节　法律责任

一、法律责任的概念

二、不依法设置会计账簿等会计违法行为的法律责任

三、其他会计违法行为的法律责任

第二章 支付结算法律制度

第一节 概 述

一、支付结算的概念和特征

（一）支付结算的概念

（二）支付结算的特征

1. 支付结算必须通过中国人民银行批准的金融机构进行，未经中国人民银行批准的非银行金融机构和其他单位不得作为中介机构经营支付结算业务；

2. 支付结算是一种要式行为；

3. 支付结算的发生取决于委托人的意志；

4. 支付结算实行统一管理和分级管理相结合的管理体制；

5. 支付结算必须依法进行。

二、支付结算的基本原则

（一）恪守信用，履约付款

（二）谁的钱进谁的账，由谁支配

（三）银行不垫款

三、支付结算的主要支付工具

（一）汇票

（二）本票

（三）支票

（四）信用卡

（五）汇兑

（六）托收承付

（七）委托收款

四、支付结算的主要法律依据

五、办理支付结算的具体要求

（一）单位、个人和银行应当按照《人民币银行结算账户管理办法》的规定开立、使用

账户

（二）单位、个人和银行办理支付结算，必须使用按中国人民银行统一规定印制的票据和结算凭证

（三）填写票据和结算凭证的基本要求

（四）填写票据和结算凭证应当规范，做到要素齐全，数字正确，字迹清晰，不错不漏，不潦草，防止涂改

（五）票据和结算凭证上的签章和其他记载事项应当真实，不得伪造、变造

第二节 现 金 管 理

一、开户单位使用现金的范围

二、现金使用的限额

三、现金收支的基本要求

四、建立健全现金核算与内部控制

第三节 银行结算账户

一、银行结算账户的概念

二、银行结算账户的分类

三、银行结算账户管理应当遵守的基本原则

（一）一个基本账户原则

（二）自主选择银行开立银行结算账户原则

（三）守法合规原则

（四）存款信息保密原则

四、银行结算账户的开立、变更和撤销

（一）银行结算账户的开立

（二）银行结算账户的变更

（三）银行结算账户的撤销

五、基本存款账户

（一）基本存款账户使用范围

（二）基本存款账户开户要求
（三）开立基本存款账户的程序

六、一般存款账户

（一）一般存款账户的使用范围
（二）一般存款账户的开户要求
（三）开立一般存款账户的程序

七、专用存款账户

（一）专用存款账户的使用范围
（二）专用存款账户开户要求
（三）开立专用存款账户的程序

八、临时存款账户

（一）临时存款账户的使用范围
（二）临时存款账户开户要求
（三）开立临时存款账户的程序
（四）临时存款账户使用中应注意的问题

九、个人银行结算账户

（一）个人银行结算账户使用范围
（二）个人银行结算账户开户要求
（三）开立个人银行结算账户的程序
（四）个人银行结算账户使用中应注意的问题

十、异地银行结算账户

（一）异地银行结算账户使用范围
（二）异地银行结算账户开户要求
（三）开立异地银行结算账户的程序

十一、银行结算账户的管理

（一）中国人民银行的管理
（二）银行的管理
（三）存款人的管理

十二、违反银行账户结算管理制度的罚则

（一）存款人违反账户管理制度的处罚
（二）银行及其有关人员违反账户管理制度的处罚

第四节 票据结算方式

一、票据的概念和种类

（一）票据的概念
（二）票据的种类

二、支票

（一）支票的概念
（二）支票的种类
（三）支票的出票
（四）支票的付款
（五）支票的办理要求

三、商业汇票

（一）商业汇票的概念和种类
（二）商业汇票的出票
（三）商业汇票的承兑
（四）商业汇票的付款
（五）商业汇票的背书
（六）商业汇票的保证

四、信用卡

（一）信用卡的概念和种类
（二）信用卡的申领与销户
（三）信用卡的资金来源
（四）信用卡使用的主要规定

五、汇兑

（一）汇兑的概念和分类
（二）办理汇兑的程序
（三）汇兑的撤销和退汇

第三章 税收法律制度

第一节 税收概述

一、税收的概念与分类

（一）税收概念与分类

1. 税收的概念。

2. 税收的作用：

（1）税收是国家组织财政收入的主要形式；

（2）税收是国家调控经济运行的重要手段；

（3）税收具有维护国家政权的作用；

（4）税收是国际经济交往中维护国家利益的可靠保证。

（二）税收的特征

1. 强制性；

2. 无偿性；

3. 固定性。

（三）税收的分类

1. 按征税对象分类。可将全部税收划分为流转税类、所得税类、财产税类、资源税类和行为税类五种类型。

2. 按征收管理的分工体系分类。可分为工商税类、关税类。

3. 按照税收征收权限和收入支配权限分类。可分为中央税、地方税和中央地方共享税。

4. 按照计税标准不同进行的分类。可分为从价税、从量税和复合税。

二、税法及构成要素

（一）税收与税法的关系

1. 税法的概念。

2. 税收与税法的关系。

（二）税法的分类

1. 按照税法的功能作用的不同，将税法分为税收实体法和税收程序法。

2. 按照主权国家行使税收管辖权的不同，可分为国内税法、国际税法、外国税法。

3. 按照税法法律级次划分，分为税收法律、税收行政法规、税收规章和税收规范性文件。

（三）税法的构成要素

1. 征税人。
2. 纳税义务人。
3. 征税对象。
4. 税目。
5. 税率。

（1）比例税率。
（2）定额税率。
（3）累进税率。

6. 计税依据。

（1）从价计征。
（2）从量计征。
（3）复合计征。

7. 纳税环节。
8. 纳税期限。
9. 纳税地点。
10. 减免税。

（1）减税和免税。
（2）起征点。
（3）免征额。

11. 法律责任。

第二节 主要税种

一、增值税

（一）增值税的概念与分类

1. 增值税的概念。
2. 增值税的分类。

（1）生产型增值税。
（2）收入型增值税。
（3）消费型增值税。

（二）增值税一般纳税人

（三）增值税税率

（四）增值税应纳税额

1. 销项税额。
2. 销售额。

3. 进项税额。
（五）增值税小规模纳税人
（六）增值税征收管理
1. 纳税义务发生的时间。
2. 纳税期限。
3. 纳税地点。

二、消费税

（一）消费税的概念与计税方法
1. 消费税的概念。
2. 消费税的计税。
（二）消费税纳税人
（三）消费税税目与税率
1. 消费税税目。
2. 消费税税率。
（四）消费税应纳税额
1. 销售额的确认。
2. 销售量的确认。
3. 从价从量复合计征。
4. 应税消费品已纳税款扣除。
（五）消费税征收管理
1. 纳税义务发生时间。
2. 纳税期限。
3. 纳税地点。

三、营业税

（一）营业税的概念
（二）营业税纳税人
（三）营业税的税目、税率
1. 营业税税目。
2. 营业税税率。
（四）营业税应纳税额
（五）营业税征收管理
1. 纳税义务发生时间。
2. 纳税期限。
3. 纳税地点。

四、企业所得税

（一）企业所得税的概念

（二）企业所得税征税对象

（三）企业所得税税率

（四）企业所得税应纳税所得额

1. 收入总额。

2. 不征税收入。

3. 免税收入。

4. 准予扣除的项目。

（1）成本。

（2）费用。

（3）税金。

（4）损失。

5. 不得扣除的项目。

6. 亏损弥补。

（五）企业所得税征收管理

1. 纳税地点。

2. 纳税期限。

3. 纳税申报。

五、个人所得税

（一）个人所得税概念

（二）个人所得税纳税义务人

（三）个人所得税的应税项目和税率

1. 个人所得税应税项目。

2. 个人所得税税率。

（四）个人所得税应纳税所得额

1. 工资、薪金所得。

2. 个体工商户的生产经营所得。

3. 对企事业单位的承包经营、承租经营所得。

4. 劳务报酬所得。

5. 稿酬所得。

6. 利息、股息、红利所得。

（五）个人所得税征收管理

1. 自行申报纳税义务人。

2. 代扣代缴。

第三节　税 收 征 管

一、税务登记

（一）开业登记
（二）变更登记
（三）停业、复业登记
（四）注销登记
（五）外出经营报验登记
（六）纳税人税种登记
（七）扣缴义务人扣缴税款登记

二、发票开具与管理

（一）发票的种类
1. 增值税专用发票。
2. 普通发票。
3. 专业发票。
（二）发票的开具要求
1. 单位和个人应在发生经营业务、确认营业收入时，才能开具发票。
2. 开具发票时应按号码顺序填开，填写项目齐全、内容真实、字迹清楚、全部联次一次性复写或打印，内容完全一致，并在发票联和抵扣联加盖单位财务印章或者发票专用章。
3. 填写发票应当使用中文。民族自治地区可以同时使用当地通用的一种民族文字；外商投资企业和外资企业可以同时使用一种外国文字。
4. 使用电子计算机开具发票必须报主管税务机关批准，并使用税务机关统一监制的机打发票。
5. 开具发票时限、地点应符合规定。
6. 任何单位和个人不得转借、转让、代开发票。

三、纳税申报

（一）直接申报
（二）邮寄申报
（三）数据电文申报
（四）简易申报
（五）其他方式

四、税款征收

（一）查账征收

（二）查定征收
（三）查验征收
（四）定期定额征收
（五）代扣代缴
（六）代收代缴
（七）委托征收
（八）其他方式

五、税务代理

（一）税务代理的概念
（二）税务代理的特点
1. 中介性。
2. 法定性。
3. 自愿性。
4. 公正性。
（三）税务代理的法定业务范围

六、税收检查及法律责任

（一）税收检查
1. 税收保全措施。
2. 税收强制执行。
（二）法律责任
1. 税务违法行政处罚。
（1）责令限期改正。
（2）罚款。
（3）没收财产。
（4）收缴未用发票和暂停供应发票。
（5）停止出口退税权。
2. 税务违法刑事处罚。
3. 税务行政复议。

第四章 财政法规制度

第一节 预算法律制度

一、预算法律制度的构成

（一）《预算法》
（二）《预算法实施条例》

二、国家预算

（一）国家预算的概念
（二）国家预算的作用
1. 财力保证作用。
2. 调节制约作用。
3. 反映监督作用。
（三）国家预算的级次划分
（四）国家预算的构成
1. 中央预算。
2. 地方预算。
3. 总预算。
4. 部门单位预算。

三、预算管理的职权

（一）各级人民代表大会的职权
1. 全国人民代表大会的职权。
2. 县级以上地方各级人民代表大会的职权。
3. 乡、民族乡、镇的人民代表大会的职权。
（二）各级财政部门的职权
1. 国务院财政部门的职权。
2. 地方各级政府财政部门的职权。
（三）各部门、各单位的职权
1. 各部门的职权。
2. 各单位的职权。

四、预算收入与预算支出

（一）预算收入
（二）预算支出

五、预算组织程序

（一）预算的编制
1. 预算年度。
2. 预算草案的编制依据。
3. 预算草案的编制内容。
（二）预算的审批
（三）预算的执行
（四）预算的调整

六、决算

七、预决算的监督

第二节 政府采购法律制度

一、政府采购法律制度的构成

（一）政府采购法
（二）政府采购部门规章
（三）政府采购地方性法规和政府规章

二、政府采购的概念

（一）政府采购的主体范围
（二）政府采购的资金范围
（三）政府集中采购目录和政府采购限额标准
（四）政府采购的对象范围

三、政府采购的原则

（一）公开透明原则
（二）公平竞争原则
（三）公正原则
（四）诚实信用原则

四、政府采购的功能

（一）节约财政支出，提高采购资金的使用效益
（二）强化宏观调控
（三）活跃市场经济
（四）推进反腐倡廉
（五）保护民族产业

五、政府采购的执行模式

（一）集中采购
（二）分散采购

六、政府采购当事人

（一）采购人
（二）供应商
（三）采购代理机构

七、政府采购方式

1. 公开招标。
2. 邀请招标。
3. 竞争性谈判。
4. 单一来源。
5. 询价。

八、政府采购的监督检查

第三节　国库集中收付制度

一、国库集中收付制度

二、国库单一账户体系
（一）国库单一账户体系的概念
（二）国库单一账户体系的构成

三、财政收入收缴方式和程序

（一）收缴方式
1. 直接缴库。

2. 集中汇缴。
（二）收缴程序
1. 直接缴库程序。
2. 集中汇缴程序。

四、财政支出支付方式和程序

（一）支付方式
1. 财政直接支付。
2. 财政授权支付。
（二）支付程序
1. 财政直接支付程序。
2. 财政授权支付程序。

第五章　会计职业道德

第一节　会计职业道德概述

一、会计职业道德概念

二、会计职业道德功能

（一）指导功能
（二）评价功能
（三）教化功能

三、会计职业道德与会计法律制度

（一）会计职业道德与会计法律制度的关系
（二）会计职业道德与会计法律制度的主要区别
1. 性质不同。
2. 作用范围不同。
3. 表现形式不同。
4. 实施保障机制不同。
（三）会计行为的法治与德治

第二节　会计职业道德规范的主要内容

一、爱岗敬业

（一）爱岗敬业的含义
（二）爱岗敬业的基本要求
1. 热爱会计工作，敬重会计职业。
2. 严肃认真，一丝不苟。
3. 忠于职守，尽职尽责。

二、诚实守信

（一）诚实守信的含义
（二）诚实守信的基本要求
1. 做老实人，说老实话，办老实事，不搞虚假。
2. 实事求是，如实反映。
3. 保守秘密，不为利益所诱惑。
4. 执业谨慎，信誉至上。

三、廉洁自律

（一）廉洁自律的含义
（二）廉洁自律的基本要求
1. 树立正确的人生观和价值观。
2. 公私分明，不贪不占。

四、客观公正

（一）客观公正的含义
（二）客观公正的基本要求
1. 依法办事。
2. 实事求是，不偏不倚。
3. 保持独立性。

五、坚持准则

（一）坚持准则的含义
（二）坚持准则的基本要求
1. 熟悉准则。
2. 遵循准则。

3. 坚持准则。

六、提高技能

（一）提高技能的含义

（二）提高技能的基本要求

1. 要有不断提高会计专业技能的意识和愿望。
2. 要有勤学苦练的精神和科学的学习方法。

七、参与管理

（一）参与管理的含义

（二）参与管理的基本要求

1. 努力钻研业务，熟悉财经法规和相关制度，提高业务技能，为参与管理打下基础。
2. 熟悉服务对象的经营活动和业务流程，使参与管理的决策更具针对性和有效性。

八、强化服务

（一）强化服务的含义

（二）强化服务的基本要求

1. 强化服务意识。
2. 提高服务质量。

第三节　会计职业道德教育与修养

一、会计职业道德教育

（一）会计职业道德教育的含义

（二）会计职业道德教育的内容

1. 职业道德观念教育。
2. 职业道德规范教育。
3. 职业道德警示教育。

（三）会计职业道德教育途径

1. 岗前职业道德教育。
2. 岗位职业道德继续教育。

二、会计职业道德修养

（一）会计职业道德修养的含义

（二）会计职业道德修养的环节

1. 形成正确的会计职业道德认知。

2. 培养高尚的会计职业道德情感。
3. 树立坚定的会计职业道德信念。
4. 养成良好的会计职业道德行为。

（三）会计职业道德修养的方法

1. 不断地进行“内省”。
2. 要提倡“慎独”精神。
3. 虚心向先进人物学习。

第四节　会计职业道德建设

一、财政部门的组织推动

（一）采用多种形式开展会计职业道德宣传教育

（二）会计职业道德建设与会计从业资格证书注册登记管理相结合

（三）会计职业道德建设与会计专业技术资格考评、聘用相结合

（四）会计职业道德建设与会计法执法检查相结合

（五）会计职业道德建设与会计人员表彰奖励制度相结合

二、会计职业组织的行业自律

三、社会各界齐抓共管